中國學術思想 研究輯刊

十五編

林慶彰 主編

第 16 冊

漢宋《孝經》學論考（上）

羅聖堡 著

花木蘭文化出版社

國家圖書館出版品預行編目資料

漢宋《孝經》學論考（上）／羅聖堡 著 — 初版 — 新北市：
花木蘭文化出版社，2013〔民102〕
目 6+176 面；19×26 公分
（中國學術思想研究輯刊 十五編；第 16 冊）
ISBN：978-986-322-122-7（精裝）
1. 孝經　2. 研究考訂
030.8　　　　　　　　　　　　　　　　　　　102001953

ISBN-978-986-322-122-7

9 789863 221227

中國學術思想研究輯刊
十五編　第十六冊　　　　　　ISBN：978-986-322-122-7

漢宋《孝經》學論考（上）

作　　　者　羅聖堡
主　　　編　林慶彰
總 編 輯　杜潔祥
出　　　版　花木蘭文化出版社
發 行 所　花木蘭文化出版社
發 行 人　高小娟
聯絡地址　235 新北市中和區中安街七二號十三樓
　　　　　電話：02-2923-1455／傳眞：02-2923-1452
網　　　址　http://www.huamulan.tw 信箱 sut81518@gmail.com
印　　　刷　普羅文化出版廣告事業
封面設計　劉開工作室
初　　　版　2013 年 3 月
定　　　價　十五編 18 冊（精裝）新台幣 30,000 元

漢宋《孝經》學論考（上）

羅聖堡　著

作者簡介

羅聖堡，1983 年生。國立臺灣大學中文系、中國文學研究所碩士班畢業，現就讀於國立臺灣大學中國文學研究所博士班。

提　　要

　　早期《孝經》受漢唐學者所重視，然而宋代以降，學者對於此書的作者、時代與思想內容有所疑慮，進而對《孝經》有所批評，朱熹的《孝經刊誤》，正是這方面的代表作品。本文以經文的考釋為始，綜合宋儒、清儒與近代的出土文獻，進一步提出，《孝經》以儒家思想為骨幹，又吸收墨、道兩家的思想，是韓非以前的先秦顯學。至於《孝經》學史的研究，本文探討由漢至宋《孝經》學史的發展。漢初因其政治與制度上的理由，《孝經》恢復先秦顯學的地位，影響往後的禮制與政治；佐以讖緯的興起，《孝經》與《孝經》讖緯的衍生說法，更是深植於民間風俗，是漢代《孝經》學的主流。關於漢唐之間的空白，本文利用《孝經注疏》，論證《孝經》是魏晉六朝時期，溝通名教與自然的重要根據；另一方面，經由唐代君臣的詮釋，《孝經》脫離了災異式的思維，又發揮其所本有的諫諍觀念。進入宋代，《孝經》對司馬光等人有特殊涵義，不過在疑經考辨的風氣之下《孝經》的影響力與重要性逐漸衰微 即使後來有陸九淵等人的努力，《孝經》的衰落已無可挽回。

目

次

第一章 緒 論

　　《孝經》的著成與內涵，是研究《孝經》的兩大主題，[註1] 參考前人的研究成果，考證、義理雖分爲二，考證實有義理的闡發，即使專論《孝經》的思想，論述之中也多見考證，本文以論考爲題，除了是文獻回顧的啓示，同時擬在前輩先賢研究成績的基礎之上，析論經文層次的兩大主題。再將此書置於歷史的脈絡，探討經學史有幾種常見的問題。首先是《孝經》經文的流傳，除了西漢以降流行的文本，又有古文本的發現，此爲《孝經》的今古文問題。在今古文的基礎上，又有題名鄭玄與孔安國的注解，兩種都有可疑之處。至於《孝經》學史的研究，又以唐玄宗注、北宋邢昺疏之《孝經注疏》，南宋朱熹《孝經刊誤》與清儒考證最受關注，[註2] 這些問題可略分爲漢、唐與宋代以來的兩大系統，本章藉此溯源，概論《孝經》的常見問題，並藉由研究現況的呈現與回顧，繼續研討延伸的相關議題。

[註1]　參考李鍌：〈六十年來孝經學〉，《六十年之國學（一）》（臺北：正中書局，1977 年 11 月，正中文庫第九輯），頁 613～666。何廣棪：〈晚近孝經研究論文彙目〉，《碩堂文存三編》（臺北：里仁書局，1995 年 6 月），頁 17～33。林慶彰主編：《經學研究論著目錄（1912～1987）》（臺北：漢學研究中心，1994 年 4 月），下冊，頁 787～796。《經學研究論著目錄（1988～1992）》（臺北：漢學研究中心，1995 年 6 月），下冊，頁 1103～1107。《經學研究論著目錄（1993～1997）》（臺北：漢學研究中心，1995 年 6 月），下冊，頁 1371～1373。按：李鍌關於《孝經》所分析之諸問題，已納入後文關於《孝經》基本問題的梳理。

[註2]　參考楊家駱：〈清代孝經學考（上）〉、〈清代孝經學考（下）〉，《學粹》第 3 卷第 1、3 期（1960 年 12 月、1961 年 2 月），頁 11～13、13～18。陳鐵凡：《孝經學源流》（臺北：國立編譯館，1986 年 7 月），頁 219～282。

第一節　漢唐以來的主要問題

　　今古經文異同，與鄭《注》、孔《傳》眞僞，是漢、唐學人的主要問題。兩者層面雖然不同，但鄭《注》、孔《傳》分別爲今古文的代表注解，經文的差異，影響傳注的解釋；傳注之眞僞，也牽動所屬經文，兩者間有連帶關係。除了上述兩題備受關注，今文的來源實屬不明，以下根據問題發生的順序，先說明漢代今古文的不同。

一、漢代的今古文

　　《漢書》是《孝經》諸多問題基本資料的淵藪，《漢書‧藝文志》云：

> 《孝經》者，孔子爲曾子陳孝道也。夫孝，天之經，地之義，民之行也。舉大者言，故曰「孝經」。漢興，長孫氏、博士江翁、少府后倉、諫大夫翼奉、安昌侯張禹傳之，各自名家，經文皆同。唯孔氏壁中古文爲異，「父母生之，續莫大焉」、「故親生之膝下」，諸家說不安處，古文字、讀皆異。〔註3〕

認爲《孝經》的內容是孔子所述，曾子是孔子陳述的對象，而《孝經》書題乃「舉大者言」，標舉全書的最大主題，至於漢代今古文的分別，今文有長孫氏、江翁、后倉、翼奉、張禹等五家，在「父母生之，續莫大焉」、「故親生之膝下」之處，這些今文「諸家說不安處」，又與古文本有字體、訓讀上的差異，這是《漢書‧藝文志》對《孝經》作者、題名與今古異文的解釋。顏師古《注》又引西漢劉向云：

> 古文字也，「庶人」章分爲二也，「曾子敢問」章爲三，又多一章，
> 凡二十二章。〔註4〕

劉向雖以首句指稱《孝經》章節，但東晉以前，《孝經》尚無〈庶人章〉或〈曾子敢問章〉等章名標題。〔註5〕劉向所云「庶人」章即今〈庶人章〉，「曾子敢問」章爲今文〈聖治章〉，古文除了在上述各章「字讀皆異」，章節起訖上也

〔註3〕　〔漢〕班固，〔唐〕顏師古注：《漢書》（北京：中華書局，1962 年 6 月），〈藝文志〉，第 6 冊，頁 1719。

〔註4〕　同上註。

〔註5〕　漢代只有緯書《援神契》題〈天子〉至〈庶人〉五章章名，梁朝皇侃又沿用此題。經過唐玄宗君臣的商議，今文章名才固定下來。見唐玄宗注，〔宋〕邢昺疏：《孝經注疏》（臺北：藝文印書館，2001 年，影印嘉慶二十年江西南昌府學十三經注疏阮刻本），卷 1，頁 1 上。

有不同，古文又比今文多了一章。

　　據《漢書・藝文志》所述，《孝經》今古文的不同是「字讀」、「分章」與「古文又多一章」，除此之外，廖平認爲還有學派上的分野，〔註6〕謂漢初《孝經》學有今古兩派，〔註7〕古《孝經》學主周公，今《孝經》學主孔子，〔註8〕兩派宗主雖然不同，實都源於孔子思想。孔子早期有從周之志，晚年感嘆世道不行，自作〈王制〉、《春秋》，此孔子前後期的不同，即是今古學的差別。〔註9〕在今古之學的分野裏，《孝經》屬於古學，〔註10〕由於有本質上的差別，漢代今文學派在詮釋古學《孝經》時，自然會有〈漢志〉所謂「諸家說不安處」，之後出現的古文學派，如《左傳》、《孝經》，又要破除今學的誤解，遂有今古之學的紛爭。〔註11〕

〔註6〕　廖平的見解雖有爭議，但《今古學考》的影響實大，故本章於此略作討論。關於廖平的見解與影響，參考陳德述、黃開國、蔡方鹿：《廖平學術思想研究》（成都：四川省社會科學院出版社，1987年8月），頁31～55、214～219。李學勤：《〈今古學考〉與〈五經異義〉》，《失落的文明》（上海：上海文藝出版社，1997年12月），頁425～429。陳文豪：《廖平經學思想研究》（臺北：文津出版社，1995年2月）。

〔註7〕　廖平說：「漢初，經學分三派，魯、齊、古是也。分二派，今古是也。分三派者，《詩》（原注：《魯詩》、《齊詩》、《韓詩》、《毛詩》）、《春秋》（《穀梁》魯、《公羊》齊、《左傳》古）、《禮》（魯：高堂生傳《士禮》、齊：后倉、古：《周禮》）、《論語》（《魯論》、《齊論》、《論語》古也。）四經是也。分兩派者，《易》、《尚書》、《孝經》三經是也。」見李燿仙主編：《廖平選集》（成都：巴蜀書社，1998年7月），上冊，頁84。

〔註8〕　廖平認爲〈漢志〉是「漢人今古分派之始」，又說：「經在先秦前已有兩派，一主孔子，一主周公，如三《傳》是也。」見李燿仙主編：《廖平選集》，上冊，頁37。

〔註9〕　廖平認爲：「孔子初年問禮，有『從周』之言，是尊王命、畏大人之意也。至于晚年，哀道不行，不得假手自行其意，以挽弊補偏：于是以心所欲爲者，書之〈王制〉，寓之《春秋》，……予謂從周爲孔子少壯之學，因革爲孔子晚年之意者，此也。」見李燿仙主編：《廖平選集》，上冊，頁68～69。

〔註10〕　廖平認爲：「予意以《孝經》爲古學，《春秋》爲今學，《論語》爲古今雜。……至于《孝經》有今學，《春秋》有古學，《論語》有今古兩派，此皆後來附會流派，孔子當日不如此分別也。」見李燿仙主編：《廖平選集》，上冊，頁72。

〔註11〕　廖平又說：「〈藝文志〉《孝經》下云：『各家經文皆同，惟孔氏壁中古文爲異。』『父母生之，續莫大焉』、『故親生之膝下』，諸家說不全處，古文皆異（筆者按：〈漢志〉原文爲「古文字、讀皆異。」）』《孝經》古文異今文，不審是先秦原文，抑漢後譯改？然必有不安，其說乃異，是今文自招之也。《左傳》破今學，其所以立異處，亦如《孝經》多由今說不安，或弟子主張太過，或義例繁雜不能畫一之處，古傳則必立一說以易之。」見李燿仙主編：《廖平選集》，

　　廖平以許慎《五經異義》證明今古學派的存在，〔註12〕又說古學有後人偽造的嫌疑，應以孔子晚年〈王制〉為是。〔註13〕參考錢穆與陳瑞庚兩位學者的考證，〈王制〉並非孔子時代的作品，〔註14〕《左傳》也非漢儒偽造，〔註15〕廖平立論的各項根據，尚餘許慎《五經異義》可再分析。

　　許慎《五經異義》曾引「《孝經說》」，今《禮記・郊特牲》《疏》文有：

　　　今《孝經說》曰：「社者，土地之主。土地廣博，不可徧敬，封五主以為社。」古《左氏說》：「共工為后土，后土為社。」許君謹案亦曰：《春秋》稱公社，今人謂社神為社公，故知社是上公，非地祇。

　　　今《孝經說》：「稷者，五穀之長。穀眾多不可徧敬，故立稷而祭之。」古《左氏說》：「列山氏之子曰柱。死，祀以為稷。稷是田正，周棄亦為稷，自商以來祀之。」許君謹案：禮緣生及死，故社稷人事之，既祭稷穀，不得但以稷米祭稷，反自食，同《左氏》義。〔註16〕

這兩則「今《孝經說》」應為《孝經・諸侯章》「富貴不離其身，然後能保其社稷」的解釋。許慎引「今《孝經說》」來討論社、稷之祭。第一則討論社祭。《周禮》大宗伯職為「掌建邦之天神、人鬼、地示之禮」，天神、人鬼、地示

上冊，頁80。

〔註12〕李燿仙主編：《廖平選集》，上冊，頁38～41。

〔註13〕廖平認為：「大小戴《記》凡合於《周禮》、《左傳》、《毛詩》者，盡為古學；合於〈王制〉者，盡為今學。」〈王制〉是今學的判準。關於古學經籍，《周禮》是「燕、趙人在六國」時書；而「史公不見《左傳》，則天漢以前固無其書」。古學經籍晚於孔子時代，並非孔子早期從周之古學，故廖平認為〈王制〉所代表的今學較為可靠。見李燿仙主編：《廖平選集》，上冊，頁102、86、93。

〔註14〕參考陳瑞庚：《王制著成之時代及其制度與周禮之異同》（臺北：嘉新水泥公司文化基金會，1972年5月），頁39～40。

〔註15〕參考錢穆：〈劉向歆父子年譜〉、〈兩漢博士家法考〉，《兩漢經學今古文平議》（北京：商務印書館，2001年7月），頁3～261。按：錢先生的系統說法見〈年譜・自序〉、〈兩漢博士家法考〉「《史記》中之古文」與「今學與古學」兩節。除了〈自序〉與〈家法考〉，年譜中有些條目也值得注意，分別是「元平元年，丁未」條，論劉向之前，路溫舒已言及《左傳》；「地節三年，甲寅」條，論張敞古今兼通，不分《左傳》、《公羊》之別；「神爵三年，壬戌」條，駁崔述：劉歆時服制始與五行相配之說；「元帝初元元年，癸酉，張敞卒」條，論「古文」與「經說」無關；「河平三年，乙未」條，論班斿家有賜書，為秘府之副本，如劉歆偽造，班氏必知；「哀帝建平元年，乙卯」條，論劉歆校書非王莽所薦；「元始五年，乙丑」條，論劉歆與王莽之關係，不如康有為所言之密切。

〔註16〕以上見〔漢〕鄭玄注，〔唐〕孔穎達等疏：《禮記注疏》，卷25，頁23下。

爲祭祀的三大對象。〔註17〕「今《孝經說》」認爲社祭是祭拜大地之神，也就
是大宗伯職之地示；「古《左氏說》」即《左傳》昭公二十九年文，「《春秋》
稱公社」指《左傳》所稱「五行之官」，五官「列受氏姓，封爲上公，祀爲貴
神。社稷五祀，是尊是奉」，〔註18〕根據此解，許愼認爲社祭祭祀的對象是人
神，也就是大宗伯職之人鬼。第二則討論稷祭。「今《孝經說》」認爲稷祭是
祭祀稷神；「古《左氏說》」則是前引《左傳》「有烈山氏之子曰柱爲稷，自夏
以上祀之。周棄亦爲稷，自商以來祀之」。〔註19〕社稷祭祀的對象都是人鬼，
許愼以《左傳》爲是，不採「今《孝經說》」。

　　考察許愼的引述，東漢有與《左傳》相異的「今《孝經說》」，但沒有相
對於「今《孝經說》」的「古《孝經說》」。關於這個問題，〈玉藻〉《疏》文引
《五經異義》：

> 古《周禮》、《孝經說》：「明堂，文王之廟，夏后氏世室，殷人重屋，
> 周人明堂。東西九筵，筵九尺，南北七筵，堂崇（□）〔一〕筵，五
> 室。凡室二筵，蓋之以茅。」〔註20〕

〈考工記〉匠人職有「夏后氏世室」、「殷人重屋」、「周人明堂，度九尺之筵。
東西九筵，南北七筵，堂崇一筵，五室凡室二筵」，〔註21〕古《周禮》其實
就是《周禮》，廖平又連古《周禮》之「古」，讀爲「古《孝經說》」。〔註22〕
依照廖平的解讀，「今《孝經說》」爲長孫氏等五家之學，〔註23〕此處「《孝
經說》」爲古學派之「古《孝經說》」，廖平此讀合理與否、「《孝經說》」所指
爲何、漢代《孝經》是否有學派分野的現象，對此三項子題，往後將作進一
步的考察。

　　不論《五經異義》是否有「古《孝經說》」的存在，《五經異義》引述「《孝
經說》」的內容，爲漢代《孝經》學之側面。至於漢代的古文《孝經》學，《經
典釋文‧序錄》言東漢馬融有《古文孝經傳》，〔註24〕余蕭客與王仁俊自胡三省

〔註17〕　〔漢〕鄭玄注，〔唐〕賈公彥疏：《周禮注疏》，卷18，頁1上。

〔註18〕　〔晉〕杜預注，〔唐〕孔穎達等疏：《左傳注疏》，卷53，頁5下。

〔註19〕　〔晉〕杜預注，〔唐〕孔穎達等疏：《左傳注疏》，卷53，頁10下。

〔註20〕　〔漢〕鄭玄注，〔唐〕孔穎達等疏：《禮記注疏》，卷29，頁3下。

〔註21〕　〔漢〕鄭玄注，〔唐〕賈公彥疏：《周禮注疏》，卷41，頁25～27上。

〔註22〕　李燿仙主編：《廖平選集》，上冊，頁38。

〔註23〕　李燿仙主編：《廖平選集》，上冊，頁37。

〔註24〕　〔唐〕陸德明，吳承仕疏證，秦青點校：《經典釋文序錄疏證》（北京：中華
　　　　　書局，1984年3月），頁134。

《資治通鑑注》輯「上帝，泰一之神，在紫微宮，天之最尊者」之語，〔註25〕認為是馬融《孝經傳》對《孝經·聖治章》「宗祀文王於明堂，以配上帝」的注解。根據《隋書·經籍志》，馬融另有《尚書》、《毛詩》、《周禮》注解，諸書都見「上帝」一詞，侯康又說：「〈隋志〉已列馬《注》於亡書內，胡身之無緣得見。據《書》《釋文》，則此乃『肆類於上帝』注，或注《孝經》亦與之同，而胡身之從他書轉引耶？」〔註26〕馬融傳注亡於隋唐之際，胡《注》無法引述原文，今《經典釋文·尚書音義》有：「馬云：『上帝，太一神，在紫微宮，天之最尊者。』」〔註27〕胡三省應即此轉引，然而此語雖非馬融《孝經傳》，不能排除馬融也用「泰一之神」來解釋《孝經》的可能，《孝經傳》與《尚書注》或有相似的解說。

綜合以上所言，《孝經》今古文有文字的不同、訓讀的差異，古文在今文〈庶人章〉分為兩章、今文〈聖治章〉分為三章，今古文又有分章起訖之別。關於漢儒的《孝經》解說，今《禮記疏》所存《五經異義》與馬融《尚書注》的解釋，涉及祭祀與禮儀的討論，這是漢代《孝經》學的部份內容。

二、今文《孝經》的來源

《漢書·藝文志》記西漢五家之學，到了《經典釋文》與《隋書·經籍志》，五家經文有一共同來源，由於〈隋志〉襲《釋文》而來，此處僅以《釋文》為例，《經典釋文·序錄》云：

> 《孝經》……亦遭焚燼，河間人顏芝為秦禁，藏之。漢氏尊學，芝子貞出，是為今文。長孫氏、博士江翁、少府后倉、諫大夫翼奉、安昌侯張禹傳之，各自名家。凡十八章。〔註28〕

〔註25〕〔清〕余蕭客：《古經解鉤沈》（臺北：商務印書館，1974 年，四庫全書珍本第五集第 56 冊），卷 24，頁 6 上。〔清〕王仁俊輯：《玉函山房輯佚書續編三種》（上海：上海古籍出版社，1989 年 9 月，據上海圖書館藏光緒年間刊本影印），頁 65。〔宋〕司馬光，〔元〕胡三省注，北京中華書局「標點資治通鑑小組」點校：《資治通鑑》（北京：中華書局，1956 年 6 月），第 3 冊，頁 1144。

〔註26〕〔清〕侯康：《補後漢書藝文志》（北京：北京出版社，2000 年，四庫未收書輯刊第 30 輯影印清光緒 17 年廣雅書局刻本），卷 2，頁 1 上。

〔註27〕〔唐〕陸德明，鄧仕樑、黃坤堯校訂索引：《新校索引經典釋文》（臺北：學海出版社，1988 年，影印清康熙年間通志堂經解刻本），卷 3，頁 4 下。

〔註28〕〔唐〕陸德明，吳承仕疏證，秦青點校：《經典釋文序錄疏證》，頁 133。

秦始皇焚《詩》、《書》、百家語，〔註29〕《孝經》多引《詩》、《書》作結，或在焚書的範圍之內。至於顏氏獻《孝經》事，徐復觀認為此事於漢代文獻無徵，《孝經》於西漢初期的流傳實屬不明，它可能是西漢中期以後的作品。〔註30〕

　　徐復觀先生論漢儒僞《孝經》之說，到《中國經學史的基礎》時，又否定了如此看法，〔註31〕然而徐先生雖推翻己說，漢代史料不見顏氏獻書卻是事實，這可能是六朝學者的通行說法。這些漢代授受不清的源流，六朝時代卻更加清楚。〈序錄〉說《毛詩》：「子夏傳曾申，申傳魏人李克，克傳魯人孟仲子，孟仲子傳根牟子，根牟子傳趙人孫卿子，孫卿子傳魯人大毛公。」〔註32〕荀子是傳授《毛詩》的大師之一，不過《漢書》只說：「又有毛公之學，自謂子夏所傳，而河間獻王好之，未得立。」〔註33〕再如《左傳》，《釋文》敘述：「左丘明作《傳》以授曾申，申傳衛人吳起，起傳其子期，期傳楚人鐸椒，椒傳趙人虞卿，卿傳同郡荀卿名況，況傳武威張蒼，蒼傳洛陽賈誼，誼傳至其孫嘉。」〔註34〕劉歆《別錄》僅止於張蒼，〔註35〕而張蒼傳賈誼之說，《漢書》云：「漢興，北平侯張蒼及梁太傅賈誼、京兆尹張敞、太中大夫劉公子皆修《春秋左氏傳》。誼為《左氏傳》訓故，授趙人貫公，為河間獻王博士。」〔註36〕張蒼、賈誼並無師承關係。〔註37〕藉由上述二例，六朝通行的授受源流，可能是添加衍生而來，將顏氏獻書視為《孝經》源流的參考說法，或許是比較妥當的作法。

〔註29〕〔漢〕司馬遷：《史記》（北京：中華書局，1982年11月），〈秦始皇本紀〉，第1冊，頁255。
〔註30〕徐復觀：〈中國孝道思想的形成演變及其歷史中的諸問題〉，《中國思想史論集》（臺北：臺灣學生書局，1975年5月），頁176～182。
〔註31〕徐復觀：《中國經學史的基礎》，《徐復觀論經學史兩種》（上海：上海書店出版社，2005年1月），頁133。
〔註32〕〔唐〕陸德明，吳承仕疏證，秦青點校：《經典釋文序錄疏證》，頁87。
〔註33〕〔漢〕班固，〔唐〕顏師古注：《漢書》，〈藝文志〉，第6冊，頁1708。
〔註34〕〔唐〕陸德明，吳承仕疏證，秦青點校：《經典釋文序錄疏證》，頁121。
〔註35〕見〔晉〕杜預注，〔唐〕孔穎達等疏：《左傳注疏》，卷1，頁1下～2上。
〔註36〕〔漢〕班固，〔唐〕顏師古注：《漢書》，〈儒林傳〉，第11冊，頁3620。
〔註37〕錢穆先生又辨之曰：「向《別錄》又謂蒼傳洛陽賈誼，然《史》稱蒼絀賈生、公孫臣等言正朔服色事。」張、賈兩人有學術見解上的衝突，絕非後人所述之師承關係。參考錢穆：《先秦諸子繫年》（北京：商務印書館，2001年8月），頁101。

三、孔《傳》、鄭《注》之眞僞與近代對鄭《注》的普遍看法

舊題孔安國與鄭玄的註解，是兩漢《孝經》學的代表作品，不過兩書作者都有疑義。孔《傳》亡佚之後，隋代又重現於世，官方應否採納古文及其傳注義疏，是隋唐學者的重大問題。劉知幾曾辨鄭《注》非鄭玄作品，司馬貞又斥古文、孔《傳》更爲可疑，司馬貞論云：

> 古文二十二章，元出孔壁，先是安國作《傳》，緣遭巫蠱，世未之行。
> 荀昶集注之時，尚有孔《傳》，中朝遂亡其本。近儒欲崇古學，妄作
> 此《傳》，假稱孔氏，輒穿鑿改更，又僞作〈閨門〉一章，劉炫詭隨，
> 妄稱其善。且〈閨門〉之義，近俗之語，非宣尼之正説。案其文云：
> 「閨門之内，具禮矣乎，嚴兄妻子臣，緣百姓徒役也。」是比妻子於
> 徒役，文句凡鄙，不合經典。又分〈庶人章〉，從「故自天子」以下，
> 別爲一章，仍加「子曰」二字。然「故」者連上之辭，既是章首，不
> 合言「故」。古文既亡，後人妄開此等數章，以應二十二章之數。非
> 但經文不眞，抑且傳習淺僞。又註「因天之時，因地之利」，其略曰：
> 「脱衣就功，暴其肌體，朝暮從事，露髮跣足，少而習之，其心安焉。」
> 此語雖傍出諸子，而引之爲注，何言之鄙俚乎。與鄭氏所云：「分別
> 五土，視其高下，高田宜黍稷，下田宜稻麥。」優劣懸殊，曾何等級？
> 今議者欲取近儒詭説、殘經缺《傳》，而廢鄭《注》，理實未可。望請
> 准式，《孝經》鄭《注》，與孔《傳》依舊俱行。〔註38〕

認爲重現本的内容鄙俗，比不上鄭《注》的雅正，這是他論孔《傳》僞作的根據。司馬貞認爲孔《傳》不眞，連帶懷疑經文的内容。司馬貞論「故」字不宜開頭，這是僞者妄作的痕跡，〔註39〕但除了分章起訖的差別，古文「故自天子」以下一章，内容仍與今文相同，較大的問題還是古文多出的〈閨門章〉。司馬貞以〈閨門章〉「比妻子於徒役，文句凡鄙，不合經典」，進而論此異文爲僞，古文異文是否如此不堪，似乎可作作進一步的討論。

相較於古文經傳之眞僞，鄭《注》問題相對單純，學者的討論也較有共識。劉知幾舉十二條證據，辨析鄭《注》作者，僅爲鄭姓無名氏，將此鄭氏

〔註38〕〔宋〕王溥：《唐會要》（上海：上海古籍出版社，2006 年 12 月），下冊，頁1666。

〔註39〕劉炫雖有僞作的前科，但據司馬貞語可知，劉炫並非古文《孝經》與孔《傳》僞作者。另一方面，司馬貞也沒有因鄭廢孔的想法，他希望兩書「依舊俱行」，這似乎是孔《傳》流行的反映。

認作鄭玄，出於荀昶之附會。以下參考近代各家說法，〔註40〕再對劉知幾的十二驗進行分類與討論。

　　南齊陸澄云：「世有一《孝經》，題爲鄭玄注，觀其用辭，不與注書相類。案玄自序所注書，亦無《孝經》。」〔註41〕經過陳鐵凡的比較，鄭《注》雖與鄭玄其他注解略有不同，但相同之處仍屬多數，不可以幾例牴觸，就斥鄭《注》爲僞。〔註42〕至於「玄自序所注書亦無《孝經》」，劉知幾的第一、二、三、四、五、九驗，即是以此推論鄭玄著述不及《孝經》。劉知幾徵引的文獻包括唐人所見鄭玄〈自序〉、《鄭志》、《鄭記》、弟子趙商所著之碑銘及鄭玄弟子紀錄鄭玄之著述，上述文獻今多不見，此六驗有參考價值。

　　上述六驗是劉知幾論證的主要根據，其他六驗則可視爲旁證。劉知幾的第十、十一驗都以王肅爲核心，劉知幾認爲，王肅、鄭玄勢如水火，但王肅沒有攻擊鄭玄的《孝經》學，因此推論鄭玄實無《孝經》注解。第十二驗則認爲魏晉學者都沒有徵引到鄭玄的《孝經注》，此驗邏輯同王肅二驗，不過《禮記正義‧郊特牲》疏文有：

> 肅又難鄭云：「『后稷配天』，《孝經》言配天，明夫后稷不稱天也。〈祭法〉及昭二十九年《傳》云句龍能平水土，『故祀以爲社』，不云『祀以配社』，明知社即句龍也。」爲鄭學者通之云：「后稷非能與天同功，唯尊祖配之，故云不得稱天。句龍與天同功，故得云祀以爲社，而得稱社也。」肅又難云：「《春秋》說：『伐鼓於社，責上公』，不云『責地祇』，明社是上公也。又〈月令〉『命民社』，鄭注云『社，后土也』；《孝經注》云『后稷，土也』，句龍爲后土。鄭既云『社，后土』，則句龍也，是鄭自相違反。」爲鄭學者通之云：「『伐鼓責上公』者，以日食臣侵君之象，故以責上公言之。句龍爲后土之官，其地神亦名后土，故《左傳》云『君戴皇天而履后

〔註40〕參考〔清〕皮錫瑞：《孝經鄭注疏》（西安：陝西人民出版社，2007年，四部文明商周文明卷第20冊影印光緒年間皮氏師伏堂叢書本），卷上，頁1～4。蔡汝堃：《孝經通考》（臺北：臺灣商務印書館，1967年4月），頁45～58。張巖：〈孝經鄭注眞僞辨疑〉，《孝經通識》（臺北：臺灣商務印書館，1970年11月），頁1～13。李鍌：〈六十年來孝經學〉《六十年之國學（一）》（臺北：正中書局，1977年11月，正中文庫第九輯），頁613～666。

〔註41〕〔梁〕蕭子顯：《南齊書》（北京：中華書局，1972年1月），〈列傳第二十〉，第2冊，頁684。

〔註42〕陳鐵凡：《孝經學源流》，頁154～159。

土」，地稱后土，與句龍稱后土名同而無異也。鄭注云『后土』者，
謂土神也，非謂句龍也。」〔註43〕

王肅認爲社祭祭祀的對象，是句龍等人神，即爲大宗伯職之人鬼系統，鄭學則主張社祭的對象爲大地之神，爲大宗伯職之地示系統。前引《左傳》昭公二十九年文云「共工氏有子曰句龍，爲后土」，〔註44〕王肅以此爲前提，認爲〈月令〉「命民社」鄭《注》「社，后土也」，即有以句龍爲社祭之意，此有別於鄭學主張的地示系統，故王肅評「鄭自相違反」。禮《疏》此引《孝經注》云「后稷土也」，惠棟校宋本《禮記疏》作「社謂后土」，〔註45〕《周禮疏》云：「《孝經注》直云『社謂后土』者，舉配食者而言耳。」〔註46〕王肅引《孝經注》論其「句龍爲后土」，則王肅所引鄭氏《孝經注》，應同〈月令〉鄭《注》「社后土」之說，當以惠棟所校爲是。依爲鄭學者的解釋，鄭玄所說「后土」實乃土神之意，不必牽合前《左傳》解爲句龍，但無論如何，王肅把「《孝經注》」當作鄭玄的作品，王肅曾批評鄭玄的《孝經》解說，又從王肅的引述鄭《注》可知，魏晉之前鄭《注》就被視爲鄭玄的作品，劉知幾此三驗不確。

其餘三驗，劉知幾以宋均對緯書的注解作爲根據，由於原書已逸，僅以劉氏所述略作討論。第六、七、八驗云：

《春秋緯·演孔圖》云：「康成注三《禮》、《詩》、《易》、《尚書》、《論語》。其《春秋》、《孝經》，別有評論。」宋均於《詩譜》云「序我先師北海鄭司農」，則均是玄之傳業子弟也。師所著述，無容不知，而云《春秋》、《孝經》唯有評論，非玄之所著，於此特明，其驗六也。

宋均《孝經緯注》引鄭《六藝論》敘《孝經》云：「『玄又爲之注』，司農論如是，而均無聞焉。有義無辭，令余昏惑。」舉鄭之語，而云無聞，其驗七也。

宋均《春秋緯註》云：「玄爲《春秋》、《孝經》略說。」則非註之謂。所言「玄又爲之註」者，汎辭耳，非事實。序《春秋》亦云「玄又爲之註」也，寧可復責以實註《春秋》乎，其驗八也。〔註47〕

〔註43〕〔漢〕鄭玄注，〔唐〕孔穎達等疏：《禮記注疏》，卷25，頁22下。
〔註44〕〔晉〕杜預注，〔唐〕孔穎達等疏：《左傳注疏》，卷53，頁10上。
〔註45〕見阮刻本所附《校勘記》。《禮記注疏》，卷25，校勘記，頁7上。
〔註46〕〔漢〕鄭玄注，〔唐〕賈公彥疏：《周禮注疏》，卷12，頁16下。
〔註47〕〔宋〕王溥：《唐會要》，下冊，頁1664。

第六驗《春秋緯・演孔圖》至宋均以上應爲宋均注文。宋均說鄭玄「《春秋》、《孝經》,別有評論」、「玄爲《春秋》、《孝經》略說」,宋均此語反而說明了鄭玄有《孝經》的相關看法。第七驗言「玄又爲之注」來自鄭玄《六藝論》,《公羊疏》云「鄭君先作《六藝論》訖,然後注書」,〔註48〕此所注之書實屬不明,但綜合《公羊疏》上下文與劉知幾第八驗文,此書或爲《春秋》類注解。實際上鄭玄並沒有《春秋》三傳的注解,不過《世說新語》傳說鄭玄曾欲注《左傳》,〔註49〕但將稿本都給了服虔,就此而言,鄭玄早有注解《左傳》、《孝經》之意圖,不用因爲鄭玄自序與事實的衝突,就否定了鄭玄有《春秋》、《孝經》的著作,故此三驗都不妨礙鄭玄有《孝經》的「評論」或是「略說」。

將劉知幾十二驗分作三類討論,第一、二、三、四、五、九驗,論鄭玄弟子不見鄭玄《孝經注》,六驗誠屬事實,但弟子不明其師《孝經》著作,並不等於鄭玄無注,第六、七、八驗,反而都看出鄭玄有注釋《孝經》的意圖,鄭玄自云「玄又爲之注」,似乎已有相當成果。再從第十、十一、十二驗的檢討可知,王肅就視鄭《注》爲鄭玄作品,它是魏晉以下鄭學者之依歸。職是之故,近代學者多信鄭《注》爲鄭玄所注,即便鄭《注》有後學依託的可能,比起亡佚重現的孔《傳》,鄭《注》的時代相對清楚,它是漢魏之際的作品。

第二節　兩宋以來的主要問題

一、朱熹對《孝經》的批評

朱熹的《孝經刊誤》是南宋以來最有影響力的《孝經》學作品,陳振孫評此書:「抱遺經于千載之後,而能卓然悟疑辨惑,非豪傑特起獨立之士,何以及此?後學所不敢仿傚,而亦不敢擬議也。」〔註50〕從朱熹書題可知,「悟疑辨惑」是《孝經刊誤》的主要特色。陳振孫雖給朱熹《孝經》學極高的評價,但朱熹並不注重《孝經》此書,《朱子語類》記:

> 問:「《孝經》一書,文字不多,先生何故不爲理會過?」曰:「此亦

〔註48〕〔漢〕何休,舊題徐彥疏:《公羊傳注疏》,〈公羊注疏序〉,頁4下。
〔註49〕〔南朝宋〕劉義慶,余嘉錫箋疏:《世說新語箋疏》(臺北:華正書局,1991年10月),上冊,頁192。
〔註50〕〔宋〕陳振孫,徐小蠻、顧美華點校:《直齋書錄解題》(上海:上海古籍出版社,1987年11月),頁71。

難說。據此書，只是前面一段是當時曾子聞於孔子者，後面皆是後人綴緝而成。」問：「如『天地之性人爲貴』，『人之行莫大於孝』，恐非聖人不能言此。」曰：「此兩句固好。如下面説『孝莫大於嚴父，嚴父莫大於配天』，則豈不害理！儻如此，則須是如武王、周公方能盡孝道，尋常人都無分盡孝道也，豈不啓人僭亂之心！其中煞有《左傳》及《國語》中言語。」或問：「莫是左氏引《孝經》中言語否？」曰：「不然。其言在《左氏傳》、《國語》中，即上下句文理相接，在《孝經》中卻不成文理，見程沙隨説。向時汪端明亦嘗疑此書是後人僞爲者。」〔註51〕

疑《孝經》爲後人所作，並非朱熹悟得之獨見，實有程迥、汪藻等先行者。朱熹以古文爲主，「前面一段是當時曾子聞於孔子者」，相當於今文〈開宗明義章〉至〈庶人章〉。他認爲若刪去此範圍內部份「子曰」與引《詩》、《書》處，文意將更爲貫通，〔註52〕故打破原本分章的隔閡，視之爲「經」一章。朱熹認爲經一章是孔、曾時代的紀錄，其餘則有見於《左傳》、《國語》之處，這恐怕是戰國時期的作品，故朱熹視之爲「傳」。〔註53〕

　　朱熹認爲這些同於《左傳》的內容十分可疑，同時「傳」文的說法並不恰當：

> 《孝經》疑非聖人之言。且如「先王有至德要道」，此是説得好處。然下面都不曾説得切要處著，但説得孝之效如此。如《論語》中説孝，皆親切有味，都不如此。〈士庶人章〉説得更好，只是下面都不親切。〔註54〕

朱熹認爲《孝經》、《論語》論孝不同，「傳」文比不上《論語》，他又批評「嚴父配天」之説：

> 「嚴父」只是周公於文王如此稱纔是，成王便是祖。此等處，儻有理會不得處。大約必是郊時是后稷配天，明堂則以文王配帝。《孝經》亦是湊合之書，不可盡信。但以義起，亦是如此。……如「配天」

〔註51〕 〔宋〕黎靖德編，王星賢點校：《朱子語類》（北京：中華書局，1986年3月），第6冊，卷82，頁2141。

〔註52〕 〔宋〕朱熹：《孝經刊誤》，《朱文公文集》（臺北：臺灣商務印書館，1965年，四部叢刊初編集部第59冊縮印明嘉靖刊本），卷66，總頁1215。按：朱子僅表達「可刪去」的意見，並沒有刪去經文。

〔註53〕 朱熹「經」「傳」之分章結構，參考陳鐵凡：《孝經學源流》，頁222～224。

〔註54〕 〔宋〕黎靖德編：《朱子語類》，第6冊，頁2142。

等說，亦不是聖人說孝來歷，豈有人人皆可以配天！豈有必配天斯
可以為孝！〔註55〕

對於《孝經》涉及的相關禮制，朱熹認為這些說法「不可盡信」，「嚴父配天」
並非聖人強調的孝道觀。總合來說，朱熹仍相信「經」文的內容，但此「經」
文有後人增衍，加上了「子曰」、《詩》、《書》，以至於割裂全章大義，後學又
抄錄了《左傳》等書，是為「傳」文，但這些「傳」文有相當錯誤的說法，
基於上述觀點，朱熹不常理會《孝經》。

二、孝道的涵義與範圍——以毛奇齡的批評為例

朱熹認為《孝經》有可疑內容，不常理會的態度，間接反應他看待此書
之價值，不過《孝經》強調人性道德與道德行為，這是他少數看重的地方。
暫且不論朱熹對《孝經》疑義之分析，藉由他的批評可知，除了人性與道德
行為的討論，《孝經》有祭祀禮制的一面，涉及更高層次的政治事務，這是《孝
經》的特色之一。朱熹批評《孝經》禮制與政治的面向，認為這妨礙了內在
道德的普遍性，不過這個批評似乎也反映了：《孝經》論述的孝道觀，跟一般
道德善行的孝順不同，這是對於孝道觀，特別是《孝經》論孝的認知差距。

毛奇齡《孝經問》是攻訐朱學的代表作品，他認為學者不該更動經典原
文，反對《孝經刊誤》與朱學者的仿傚，同時毛奇齡也意識到，《孝經》論孝
之範圍，與一般所認知的孝順善行不同，這裏僅舉兩例討論。

《孝經・三才章》云：

曾子曰：「甚哉！孝之大也。」子曰：「夫孝，天之經也，地之義也，
民之行也。天地之經，而民是則之。則天之明，因地之利，以順天
下。是以其教不肅而成，其政不嚴而治。先王見教之可以化民也，
是故先之以博愛，而民莫遺其親；陳之於德義，而民興行；先之以
敬讓，而民不爭；導之以禮樂，而民和睦；示之以好惡，而民知禁。
《詩》云：『赫赫師尹，民具爾瞻。』」〔註56〕

《孝經》論孝比之於天地，因此有「順」、「其教不肅而成」、「其政不嚴而治」
之功，擴及博愛、德義、敬讓、禮樂、和睦、好惡等等，這是「孝之大」的
範圍，至於「孝之大」與「先王見教」的關係，司馬光認為：

〔註55〕〔宋〕黎靖德編，王星賢點校：《朱子語類》，第6冊，頁2142〜2143。
〔註56〕唐玄宗注，〔宋〕邢昺疏：《孝經注疏》，卷3，頁3〜5。

教當作孝，聲之誤也。知孝天地之經，易以化民也。〔註57〕

「教」字應爲「孝」字，這雖可視爲更動《孝經》的先聲，但司馬光強調了「孝之大」的範圍，正因孝義有廣的涵義，故先王取之化民，是一種理想的政治教化。朱熹接受了司馬光的建議，但他認爲：

> 其曰「先王見教之可以化民」，又與上文不相屬，故溫公改教爲孝，乃得粗通，而下文所謂「德義」、「敬讓」、「禮樂」、「好惡」者，却不相應，疑亦裂取他書之成文，而強加裝綴，以爲孔子、曾子之問答，但未見其所出耳。然其前段文，雖非是，而理猶可通，存之無害。至於後段，則文既可疑，而謂聖人見孝可以化民，而後以身先之，於理又已悖矣。況先之以博愛，亦非立愛，惟親之序若之何？而能使民不遺其親耶？其所引《詩》，亦不親切，今定「先王見教」以下凡六十九字並刪去。〔註58〕

朱熹以孝與德義、敬讓、禮樂、好惡的內涵不相應，孝行不能上綱至政治教化階層，但若不照朱熹分別，此章論述孝之大的範圍，自然能包含政治教化與禮樂諸項。再照一般的理解，孝是對於父母之德，但《孝經》又說博愛，或有墨家的無父之慮，不能彰顯儒家強調的人倫之序，因此朱熹要將「先王見教」以下刪去。

對於朱熹的作法，毛奇齡相當不以爲然，他說：

> 聖人之言，矢口成文，無邊無幅，非如近人陋腹可量其短長，而齊其參錯。〈中庸〉「取人以身」，取人者，修身之效也，既而曰「思修身」、「不可以不知人」，則取人又修身之功矣。故此章初言孝，繼言教，而其言教則又雜出之以德義、敬讓、禮樂、好惡諸名，與近人之腹不合。亦思〈中庸〉初言人存，繼言修身，而其言修身則又雜出之以仁道、義禮、事親、知人諸名，向使齊其參錯而量其短長，則〈中庸〉不可刪乎？〔註59〕

毛奇齡以〈中庸〉爲例，〈中庸〉說「爲政在人，取人以身，脩身以道，脩道

〔註57〕〔宋〕司馬光：《古文孝經指解》，收入《孝經注解》（臺北：漢京文化事業有限公司，1985年，通志堂經解第35冊），頁7上。

〔註58〕〔宋〕朱熹：《孝經刊誤》，《朱文公文集》，卷66，總頁1216。

〔註59〕〔清〕毛奇齡：《孝經問》（臺北：藝文印書館，1965年，影印光緒年間南菁書院皇清經解續編刊本第1冊），卷24，頁8～9上。

以仁，仁者人也」，〔註60〕有德的執政者能招攬賢臣的幫助，在〈中庸〉的論
述中，個人的內在的道德修養正與外在的政治事務相互連結，彼此沒有主客
分別的關係。毛奇齡認為，《孝經》論孝與教化諸項的關係，正如〈中庸〉修
身以至於平天下的觀念，若能接受〈中庸〉的說法，沒有不接受《孝經》的
道理，《孝經》論孝與教化諸項是「連類推及，不分主客」，但這種大範圍的
孝論，與家庭範圍的孝道觀念不同，毛奇齡說「與近人之腹不合」，正是《孝
經》論孝與一般觀念的差異。

　　毛奇齡說《孝經》的涵義，內有修身之涵養，外有教化之發用，孝、教
諸名是不分主客、視為整體，而朱熹的分別，在毛奇齡看來，只是小人之腹，
把《孝經》的涵義看得小了。〔註61〕至於《孝經》的範圍，毛奇齡評朱熹以
《論語》為親切之說，提到：

> 《論語》親切者，孟懿子、武伯、子游、子夏，皆就其所問而答之，
> 故色養、敬養，祇就孝一節為言。此則夫子教之以大道，篇首明云
> 至德要道，班固所云「舉大者言」是也。且「身體髮膚受之父母」
> 諸語，在開首既已親切明了。即「不敢惡于人，不敢慢于人，高而
> 不危，滿而不溢」，以至「開天分地，謹身節用」，次第而入，又何
> 一非親切？行事亦何一是效？推而至于「孝治、聖治、郊祀配天、
> 宗祀明堂」，皆切實責備，並非取驗。朱氏凡于親切處，皆認是效，
> 而于「郊祀」、「配天」諸文，則又疑其踰越僭妄，有今將之心。是
> 孟子對咸丘蒙尚告之以「大孝尊親，以天下養」之義，而以吾道一
> 貫之曾子，乃僅僅以「服勞奉養，必有酒肉」之小節，呼而訓之，
> 豈曾氏之子反不若咸丘蒙哉？〔註62〕

毛奇齡也把《孝經》、《論語》來做比較，更把範圍擴及《孟子》。毛奇齡認為
《論語》論孝「祇就孝一節」，此為一般觀念的家庭孝行，他論朱熹孝義的侷
限太小，只看個人與父母的關係。《孝經》論孝為「舉大者」之「至德要道」，
此孝之大者，包含政治、禮制等教化的意義，同時《孝經》並不忽略孝之小
者，《孝經》「身體髮膚受之父母」就是一種親切之學。關於朱熹的效用之評，

〔註60〕〔宋〕朱熹：《四書章句集注》（臺北：大安出版社，1999 年 12 月），〈中庸〉，
　　　　頁 37。

〔註61〕毛奇齡說：「今言孝而必不使其及德義、禮樂、敬讓、好惡，是取孩孺學八比
　　　　之法，以律聖經，小人之腹也。」見毛奇齡：《孝經問》，卷 24，頁 9 上。

〔註62〕〔清〕毛奇齡：《孝經問》，卷 24，頁 9。

毛奇齡認爲，《孝經》「滿而不溢」、「謹身節用」諸語，講的是修身的次第，是一種自我警惕，它不帶有效驗或利益目的，《孝經》孝治諸語，也不是外在施政的利用，而是孟子「以天下養」的氣魄。

第三節　近年研究回顧與本文研究範圍

一、近十年來《孝經》研究的新方向

　　近代《孝經》的研究現況，自李鋈〈六十年來孝經學〉與陳鐵凡《孝經學源流》以來已稍嫌沈寂，〔註63〕不過近十年來，在漢、宋兩節之五大題目之外，學者又開發出魏、晉、六朝與明代《孝經》學史的兩大方向，同時敦煌遺書與《孝經注疏》的考證已獲得相當的成果，根據相關主題的時代順序，先從魏、晉、六朝的《孝經》學論起。

（一）魏晉六朝的《孝經》學

　　近代關於魏、晉、六朝《孝經》學有一重要觀點，錢穆先生認爲，魏、晉、六朝重視門第，門第內「豈有子弟不孝不悌，而能門第鼎盛，福祿永昌之理」，故門第之內崇尚《孝經》，兼有不廢禮教之意。〔註64〕至於魏晉六朝《孝經》學的特色，濮傳眞〈南朝孝經學與玄理之關係〉，從正史輯出幾種談題，其中又以「愛」、「敬」關係最爲重要，慈愛與愛敬究竟是一元或是二本，與此相應的父母關係、君臣關係，彼此之間的分別，是魏晉六朝最關心的問題。〔註65〕

（二）新資料的考釋

　　敦煌遺書與出土文獻的發現，讓學者在傳世文獻之外，有更多資料進行研究。由於晚近的出土文獻，僅爲片面或是部份相關，故直接吸納於正文討論，至於敦煌遺書，則爲《孝經》直接的相關著作，陳鐵凡整理敦煌卷子，

〔註63〕林慶彰先生所編《五十年來的經學研究》中，並無《孝經》的研究回顧，晚近研究《孝經》的風氣並不盛行。見林慶彰編：《五十年來的經學研究》（臺北：臺灣學生書局，2003 年 5 月）。

〔註64〕錢穆：〈略論魏晉南北朝學術文化與當時門第之關係〉，《中國學術思想史論叢（三）》（臺北：聯經出版事業公司，1998 年 5 月，錢賓四先生全集第 19 冊），頁 280～285。

〔註65〕濮傳眞：〈南朝孝經學與玄理之關係〉，《孔孟月刊》第 32 卷第 8 期（總第 380 期，1994 年 4 月），頁 39～48。

集成《敦煌本孝經類纂》，〔註66〕排印本則有許建平撰《敦煌經部文獻合集》，〔註67〕是目前查找最方便的作品。敦煌遺書之外，又有林秀一所復原之日存劉炫《孝經述議》，〔註68〕再加上固有的《孝經注疏》，隋唐時期的《孝經》學資料，已獲得較完整的內容。

　　為數眾多的敦煌遺書之中，以編號 P.3274 最重要，陳鐵凡定名為《孝經鄭氏解義疏》。〔註69〕此疏採取鄭《注》，徵引王肅、謝安、謝萬、劉先生、賀步兵、袁司空六家，林秀一定劉、賀、袁三氏為劉瓛、賀瑒、袁昂，並從徵引狀況推論為皇侃義疏，〔註70〕不過陳金木輯《孝經疏》引皇侃文，十八條中的九條顯為兩類，四條或有牴觸，此疏與皇侃作品仍有差距。〔註71〕經由陳先生的考辨，此義疏的來源不明，但確定為唐代通行的鄭《注》義疏，故唐代《孝經》今古經文、傳注、義疏，三層六種著作都已完備。

（三）《孝經注疏》的考察

　　《孝經注疏》是研究《孝經》與《孝經》學史的重要作品，它包含唐玄宗的《注》與邢昺的《疏》。目前對《孝經注疏》的研究，多為編纂過程的考察，其中又以《疏》的著成爭議最多。關於《孝經疏》的成書，陳鴻森吸納清儒的看法，認為今《疏》文是邢昺校定天寶重《疏》的作品，〔註72〕陳一風則認為《孝經疏》是邢昺重纂元行沖《疏》的作品。〔註73〕前說主張《孝經疏》有元行沖、天寶儒臣、宋初邢昺三者的經手，元行沖建立《疏》文的基礎，而玄宗曾於天寶年間重注《孝經》，《疏》文應有天寶儒臣的修定，邢昺則是校定異文，對《疏》文的更動最小；後說認為《疏》文僅有元行沖、邢昺兩位關係人，邢昺在元《疏》的基礎上著成今《疏》，而兩說立論的關鍵，

〔註66〕陳鐵凡編：《敦煌本孝經類纂》（臺北：燕京文化事業股份有限公司，1977 年 6 月）。

〔註67〕張湧泉主編、審定，許建平撰：《敦煌經部文獻合集》（北京：中華書局，2008 年 8 月），第 4 冊。

〔註68〕〔日〕林秀一：《孝經述議復原に關する研究》（東京：林先生學位論文出版紀念會，1953 年 7 月），頁 205～327。

〔註69〕陳鐵凡編：《敦煌本孝經類纂》，頁 121～154。

〔註70〕〔日〕林秀一：〈敦煌遺書孝經鄭注義疏の研究〉，《孝經學論集》（東京：明治書院，1976 年 11 月），頁 113。

〔註71〕陳金木：《皇侃之經學》（臺北：國立編譯館，1995 年 8 月），頁 104～109。

〔註72〕陳鴻森：〈孝經學史叢考〉，《嚴耕望先生紀念論文集》（臺北：稻鄉出版社，1998 年 10 月），頁 68。

〔註73〕陳一風：《孝經注疏研究》（成都：四川大學出版社，2007 年 6 月），頁 172～173。

在於玄宗「制旨」的引述。

今《孝經疏》文有玄宗「制旨」，關於「制旨」舊說有三：一說以「制旨」為今《御注》，二說以「制旨」為元《疏》，三為「制旨」另為一書。今「制旨」有「朕窮五孝之說」一語，「制旨」絕非元行沖《疏》，陳鴻森再比較「制旨」與玄宗前後《注》的關係，〈事君章〉「退思補過」解釋，今「制旨」異於開元初《注》，與天寶重《注》相同，然而「制旨」又不全同於天寶重《注》，故陳先生推斷「制旨」別為一書，是初《注》與重《注》之間的過度作品。〔註74〕

在「制旨」為過渡作品的判斷之上，陳鴻森認為今《疏》文所見「制旨」，為天寶儒臣重修元《疏》所引；陳一風接受陳鴻森關於「制旨」的分析，不過邢昺也有引述「制旨」的條件，邢昺在元《疏》的基礎之上，引玄宗「制旨」作《疏》。〔註75〕這個問題雖然細微，然而與《疏》文內容的主要時代關係密切，若要針對《孝經注疏》進行更進一步的分析，時序定年實為至要的關鍵，後文將在此基礎之上，繼續辨析這個問題。

（四）明代的《孝經》學

關於《孝經》學史的研究，以呂妙芬的成果最為可觀。呂妙芬指出，王安石將《孝經》移出科舉考試外，朱熹又對批評《孝經》的內容與價值，建立新的為學次第，這使得學者不再重視《孝經》，《孝經》成為一種蒙學讀本。〔註76〕不過這種現象到了晚明開始改變。晚明有一批士人重新提倡《孝經》，崇禎似乎受到了影響，不過《孝經》並沒有重回科舉，無法引起更大的風潮。〔註77〕這一批提倡《孝經》的學者，一方面強調《孝經》的孝治思想，提倡孝道的政治教化意義，〔註78〕另一方面又將孝提昇至宇宙論的高度，具有神秘感應的宗教意涵，〔註79〕而這些《孝經》詮釋的闡發，都可以在陽明後學找到相應的痕跡。〔註80〕

〔註74〕以上見陳鴻森：〈孝經學史叢考〉，《嚴耕望先生紀念論文集》，頁59～62。

〔註75〕陳一風：《孝經注疏研究》，頁188～189。

〔註76〕呂妙芬：〈做為蒙學與女教讀本的《孝經》——兼論其文本定位的歷史變化〉，《臺大歷史學報》第41期（2008年6月），頁1～64。

〔註77〕呂妙芬：〈晚明士人論《孝經》與政治教化〉，《臺大文史哲學報》第61期（2004年11月），頁223～260。

〔註78〕同上註。

〔註79〕呂妙芬：〈晚明《孝經》論述的宗教性意涵：虞淳熙的孝論及其文化脈絡〉，《中央研究院近代史研究所集刊》第48期（2005年6月），頁1～46。

〔註80〕呂妙芬以羅汝芳為例，他們都認為，血緣親情是生生之德的體現，這是孝道

二、本文研究範圍

　　總結歷代《孝經》的研究焦點，鄭《注》眞僞已較有共識，然而隨著研究視野的開拓，《孝經》所涉及的問題漸趨複雜。漢唐學者篤信《孝經》的價值，但自朱熹以後，反省《孝經》的內容價值，便成了《孝經》研究者的主要課題，故本文將先檢討朱熹以來的考證，一方面是補充文獻回顧的不足，同時在檢討的過程中，希望能綜合各家的說法，定位《孝經》的時代；另一方面，筆者接受朱熹比較的問題意識，藉由與諸子百家的比較，本文將重新檢討《孝經》的思想內涵。

　　歸納其餘研究主題，《孝經》學史猶有三方面的思考延伸：一、漢代幾乎是《孝經》所有問題的來源，舉凡其起源、興盛與影響，都可在漢代學術裏找到痕跡，然而漢代《孝經》的研究專著，幾乎已經亡佚殆盡，當後世衍生的諸多說法，需要與兩漢之學進行比對時，直接文獻的缺乏，容易引起學者的懷疑。以顏氏父子爲例，此說不見漢代史料，就引起了徐復觀先生的早年疑慮，這或許是朱熹《刊誤》的潛在原因。基於漢代於《孝經》學史的關鍵地位，本文將利用殘存資料，對《孝經》學的內容作一次敘述性的說明，推論漢代《孝經》學之風貌，考慮今古之學的說法。

　　二、《孝經注疏》是兩宋以前的重要作品，《注》、《疏》之學的討論方式，研究者多關注於官方學術的總結與影響，但從近代的考察可知，《孝經注疏》不只是唐宋官學的代表作，其中更保存了六朝以來的諸多說法。本文以《孝經注疏》爲中繼，基於現有的考察，對《孝經注疏》作更進一步的分析，向前補足魏晉六朝，向後比較唐宋之際的《孝經》學史。

　　三、再將問題發展劃分爲漢唐、兩宋的兩大源流。朱熹代表《孝經》學史的重大轉折，《孝經》由篤信至於懷疑，由重視至於拋棄，《孝經》從兩漢出現邁向高峰，又在兩宋時期趨於沈寂，這是《孝經》的一次興起與終結。從朱熹自述可知，《孝經刊誤》的出現，絕非異軍突起的頓悟，其中應有脈絡可尋，而朱熹對於《孝經》的態度，正巧與論敵陸九淵不同，象山學術的考察，可作爲明代溯源的面向。總合以上，本文以《孝經》由漢至宋的發展作

貫通儒學、經典與其他諸德的原因，而孝又作爲修養功夫，人可藉由行孝來體會存在其天理秩序，這個天理秩序，就是陽明強調的良知之學。見呂妙芬：〈晚明士人論《孝經》與政治教化〉《臺大文史哲學報》第 61 期，頁 243～247；呂氏：〈晚明《孝經》論述的宗教性意涵：虞淳熙的孝論及其文化脈絡〉，《中央研究院近代史研究所集刊》第 48 期，頁 24～28。

為核心，謹題之為「漢宋《孝經》學論考」，在此段期間之內的相關問題，一併於正文申述。

第二章　從《孝經》著成諸說之
檢討論其特色

　　《孝經》的著成與特色，實應分作兩類討論。《孝經》著成的問題，包含了《孝經》作者與時代，然而歷經諸家考論，逐漸將問題意識，導引至《孝經》全書的內容思想。基於《孝經》研究的特色，本章綜合兩題，兼補足文獻回顧之不足。簡單回顧歷代考辨，《孝經》作者有幾種常見的說法，分別為：（1）孔子作，（2）曾子作，（3）子思作，（4）曾子弟子作，（5）七十子之徒作，（6）孟子弟子作，（7）先秦齊、魯儒者作，（8）漢儒作。〔註1〕諸說之中，孔、曾二說昉自漢儒，成說最早，其中又以主張孔子所作者為最多，而往後續有異說，也源於對此說不滿，故在檢討兩宋以來的考證之前，先略說明漢儒成說。

第一節　司馬遷與漢儒成說

　　《史記・仲尼弟子列傳》為《孝經》著成的最早紀錄：

　　　曾參，南武城人，字子輿。少孔子四十六歲。孔子以為能通孝道，
　　　故授之業。作《孝經》。死於魯。〔註2〕

史公此語可作二讀。若把「作《孝經》」接連上句，則為孔子作《孝經》之意；

〔註1〕　參考侯希文：《〈孝經〉作者考》（西安：西北大學碩士論文，李學勤先生、黃懷信先生指導，2001 年），頁 5～7。
〔註2〕　〔漢〕司馬遷：《史記》（北京：中華書局，1982 年 11 月），〈仲尼弟子列傳〉，第 7 冊，頁 2205。

如將三字屬於曾子本傳，則爲曾子作《孝經》。關於此讀，梁玉繩認爲：

> 案史公蓋以《孝經》爲孔子作，故〈漢藝文志〉云：「《孝經》者，
> 孔子爲曾子陳孝道也。」《公羊》卷首《疏》引「《孝經說》」云：「孔
> 子曰：『《春秋》屬商，《孝經》屬參。』」〈孝經序〉《疏》謂：「前賢
> 以爲曾參集錄，尋繹再三，將未爲得。」引《鉤命決》云：「孔子曰：
> 『吾志在《春秋》，行在《孝經》。』斯則孔子之志行。」又引劉炫
> 說：「孔子自作《孝經》，假曾子之言，以爲對揚之體，非曾子實有
> 問也。」鄭《六藝論》：「孔子作《孝經》以總會之。」所言皆與《史》
> 不殊。〔註3〕

《史記志疑》以《漢書・藝文志》、緯書、鄭玄與劉炫證明司馬遷視《孝經》
爲孔子作。《漢書》襲《史記》而來，〈漢志〉認爲《孝經》爲「孔子爲曾子
陳孝道」，孔子所授曾子之「業」，即爲《孝經》一書。單純閱讀《孝經》此
書，其爲語錄體，若信「子曰」爲孔子所述，《孝經》是孔子思想的內容展
現，自然可以屬於孔子，至於「《孝經說》」、緯書、鄭玄與劉炫諸解，其中
或有附加意義。「《孝經說》」認爲，孔子之學有兩大支脈，《春秋》爲子夏所
傳，《孝經》則與曾子，此論孔門的學術演變；緯書《鉤命決》則認爲，《春
秋》、《孝經》，分屬志、行二端，一爲內在之修養，一是發用之行爲，此論
孔子之學不同面向；鄭玄統攝諸經，提出《孝經》貫六經的看法。上述三說
爲漢儒的主流意見。〔註4〕劉炫的看法較爲特殊，他反駁弟子紀錄的觀點，《孝
經》是孔子有意圖的、以語錄形式寫下的一部書籍，劉炫所論之「作」，即
爲現代的著作觀念。歸納梁說，「《孝經說》」類，只能視爲後人詮解，不能
證明史公想法，司馬遷的看法如何，必須要有其他考究。〔註5〕

司馬遷作〈仲尼弟子列傳〉的資料來源，史公自述「右三十五人，顯有
年名及受業聞見于書傳」、〔註6〕「弟子籍出孔氏古文近是。余以弟子名姓文
字，悉取《論語》弟子問，并次爲篇，疑者闕焉」，〔註7〕司馬遷引《論語》

〔註3〕 〔清〕梁玉繩，賀次軍點校：《史記志疑》（北京：中華書局，1981年4月），
　　　　第3冊，頁1217。
〔註4〕 參考陳鐵凡：《孝經學源流》（臺北：國立編譯館，1986年7月），頁41～47。
〔註5〕 陳鐵凡認爲司馬遷以曾子作爲是，但無進一步的說明。見陳鐵凡：《孝經學源
　　　　流》，頁46。
〔註6〕 〔漢〕司馬遷：《史記》，〈仲尼弟子列傳〉，第7冊，頁2220。
〔註7〕 〔漢〕司馬遷：《史記》，〈仲尼弟子列傳〉，第7冊，頁2226。按：此語日本
　　　　學者瀧川龜太郎讀爲：「學者多稱七十子之徒，譽者或過其實，毀者或損其眞，

稱「傳」，〔註8〕「書傳」即包含語錄資料。至於「孔氏古文」，今《孔子家語‧七十二弟子解》有：「曾參，南武城人，字子輿，少孔子四十六歲。志存孝道，故孔子因之以作《孝經》。」〔註9〕若《家語》在《史記》之前，司馬遷實以孔子作《孝經》爲是，不過《家語》資料的問題仍多。

　　比較《史記》與《孔子家語》的紀錄，《家語》清楚敘述了《孝經》作者與著作動機，《史記》反而顯得模糊。關於《家語》的成書，范家相析論此書實經劉向、班固、王肅之手，王肅又有所增衍，〔註10〕對照司馬貞《史記索隱》所引《家語》有今本不見之處，今本又異於王肅傳本。〔註11〕然而根據出土文獻，學者又有進一步的看法。河北定縣所出土漢簡，部份內容見於《說苑》、《家語》，相關漢簡整理者題爲〈儒家者言〉。〔註12〕〈儒家者言〉的時代，應在漢宣帝五鳳三年（55 B.C.）以前，〔註13〕李學勤先生認爲，〈儒家者言〉是《孔子家語》的原型，〔註14〕寧鎮疆先生以此證明《說苑》可信，〔註15〕胡平生先生又認爲〈儒家者言〉乃《孝經》傳注，〔註16〕

鈞之未覩厥容貌則論言。弟子籍出孔氏古文。近是。」依照此讀，弟子籍貫見之於「孔氏古文」。見〔日〕瀧川龜太郎：《史記會注考證》（臺北：大安出版社，1998年，影印日本昭和年間東方文化學院刊本），卷67，頁53。

〔註8〕《史記‧封禪書》曰：「《傳》曰：三年不爲禮，禮必廢；三年不爲樂，樂必崩。」此段文字見《論語‧陽貨篇》宰我言，唯「廢」字作「壞」字。見〔漢〕司馬遷：《史記》，〈封禪書〉，第4冊，頁1355。〔宋〕朱熹：《四書章句集注》（臺北：大安出版社，1999年12月），頁253。

〔註9〕楊朝明：《孔子家語通解——附出土資料與相關研究》（臺北：萬卷樓圖書股份有限公司，2005年3月），頁435。

〔註10〕〔清〕范家相：《家語證僞》（北京：北京圖書館出版社，1997年，續百子全書第三冊影印清光緒十五年會稽徐氏鑄學齋刻本），卷9，頁4上。

〔註11〕〔清〕范家相：《家語證僞》，卷11，頁9下～11上、14上。《史記索隱》與今《孔子家語》的差別，參考程金造：《史記索隱引書考實》（北京：中華書局，1998年10月），上冊，頁131～137。

〔註12〕定縣漢墓竹簡整理組：〈定縣40號漢墓出土竹簡簡介〉，《文物》1981年第8期（8月），頁11～12。

〔註13〕河北省文物研究所：〈河北定縣40號漢墓發掘報告〉，《文物》1981年第8期，頁1～10。

〔註14〕李學勤：〈竹簡《家語》與漢魏孔氏家學〉，《簡帛佚籍與學術史》（臺北：時報文化出版企業有限公司，1994年12月），頁395～403。

〔註15〕寧鎮疆：〈八角廊漢簡《儒家者言》與《孔子家語》相關章次疏證〉，《古籍整理研究學刊》第5期（2004年9月），頁5～15。

〔註16〕胡平生：〈《孝經》是怎樣的一本書〉，《孝經譯注》（北京：中華書局，1996年8月），頁1～48。

以上諸說都證明《家語》並非王肅所僞，此書時代大略可與司馬遷同時，但要超越《史記》以前，似乎仍需更多證明，更重要的，此批漢簡並無〈七十二弟子解〉述《孝經》處之相似內容，不能根據〈儒家者言〉，過分上溯〈七十二弟子解〉的內容時代。

由於《孔子家語‧七十二弟子解》的溯源尚須需進一步的分析，此處轉以《史記》述孔子學術活動推論。司馬遷敘述孔子的學術活動有：（1）編《書》。司馬遷云：「孔子之時，周室微而禮樂廢，《詩》、《書》缺。追述三代之禮，序《書》傳，上紀唐、虞之際，下至秦繆，編次其事。」〔註17〕（2）關於禮之傳記。司馬遷說：「《書》傳、《禮》記，自孔氏。」〔註18〕（3）整理樂、《詩》。司馬遷認爲孔子「自衛反魯，然後樂正，〈雅〉、〈頌〉各得其所」、「古者《詩》三千餘篇，至於孔子，去其重，取可施於禮義」。〔註19〕（4）整理《易傳》。司馬遷判斷：「孔子晚而喜《易》，序〈彖〉、〈繫〉、〈象〉、〈說卦〉、〈文言〉。讀《易》，韋編三絕。」〔註20〕（5）作《春秋》。孔子：「因史記作《春秋》。」〔註21〕司馬遷述孔子學術活動，並沒有提到《孝經》，依照紀傳體傳述人物的常規，孔子著述應記於〈孔子世家〉，而司馬遷記《孝經》事於曾子本傳，由此可見司馬遷對《孝經》作者的看法。

綜合以上所言，〈儒家者言〉約與司馬遷同時，《史記》、《家語》或來自同批文獻，但此批漢簡並無〈七十二弟子解〉述《孝經》處之相似內容，不能根據〈儒家者言〉，判斷〈仲尼弟子列傳〉「作《孝經》」語的歸屬。轉以司馬遷述孔子學術活動推論，孔子本傳並未提及《孝經》，而〈仲尼弟子列傳〉乃言爲曾子作傳，司馬遷應視《孝經》爲曾子作品。再比較《史記》與梁玉繩所引諸說，《史》、《漢》所說相對單純，視「《孝經》屬參」，爲孔門學派特色，或分別志行，視爲孔子思想的一種特色，或總會六經之成說，形成特殊的經學觀，諸說俱爲後來詮釋，並非《史》、《漢》原義。

〔註17〕〔漢〕司馬遷：《史記》，〈孔子世家〉，第6冊，頁1935～1936。

〔註18〕同上註。

〔註19〕同上註。

〔註20〕〔漢〕司馬遷：《史記》，〈孔子世家〉，第6冊，頁1937。按：根據何澤恆師意見，史公見解爲：「序〈彖〉、繫〈象〉、說卦〈文言〉。」見何澤恆：〈孔子與易傳相關問題覆議〉，《先秦儒道舊義新知錄》（臺北：大安出版社，2004年8月），頁39～117。

〔註21〕〔漢〕司馬遷：《史記》，〈孔子世家〉，第6冊，頁1943；〈儒林列傳〉，第10冊，頁3115。

第二節 文獻對照說之分析與檢討

一、朱熹舉證之分析

據《史》、《漢》所述,「子曰」乃眞實可信,《孝經》爲孔子所述,曾子爲其紀錄者,陸德明、唐玄宗、邢昺大致同此,〔註22〕但慶曆以後則有不同看法。司馬光認爲:「孔子與曾參論孝,而門人書之,謂之《孝經》。」〔註23〕胡寅和馮琦也說:「《孝經》非曾子所自爲也。曾子問孝於仲尼,退而與門弟子言之,門弟子類而成書。」「子思作〈中庸〉,追述其祖之語,乃稱字,是書當成於子思之手。」〔註24〕他們認爲《孝經》不是孔、曾作品,而否定舊說的根據,晁公武《郡齋讀書志》解釋:

> 何休稱:「子曰:『吾志在《春秋》,行在《孝經》。』」信斯言也,則《孝經》乃孔子自著者也。今其首章云「仲尼居,曾子侍」,則非孔子所著明矣。詳其文義,當是曾子弟子所爲書也。柳宗元謂:「《論語》載弟子必以字,獨曾參不然,蓋曾氏之徒,樂正子春、子思與爲之耳。」余於《孝經》亦云。〔註25〕

《孝經》首章云「仲尼居,曾子侍」,如果是孔子親著,不該自明爲字,反稱學生爲子,故晁公武斷此爲曾系門人尊稱,認爲《孝經》是曾子後學的作品。孔、曾兩人之稱呼,開啓學者懷疑,朱熹又提出《左傳》等書,證明晚出之說不假。這種傳世文獻的對照法,本節命名爲文獻對照說,由於後學不脫朱熹所舉,本節僅以朱熹爲例,分析此說之立論過程。

《孝經》與傳世文獻所複見者,以《左傳》四條最爲直接。《左傳》四條資料,分屬今文《孝經·三才章》、〈聖治章〉、〈事君章〉,由於朱熹以宋本古

〔註22〕〔唐〕陸德明,吳承仕疏證:《經典釋文序錄疏證》(北京:中華書局,1984年3月),頁133。唐玄宗注,〔宋〕邢昺疏:《孝經注疏》(臺北:藝文印書館,2001年,影印嘉慶二十年江西南昌府學十三經注疏阮刻本),〈孝經注疏序〉,頁1下;〈孝經序〉,頁6下~7上。

〔註23〕〔宋〕司馬光:〈古文孝經指解序〉,《溫國文正司馬公文集》(臺北:臺灣商務印書館,1965年,四部叢刊初編第46冊影印常熟瞿氏藏宋紹興本),卷64,總頁479。

〔註24〕引自〔宋〕王應麟撰,〔清〕翁元圻注:《翁注困學紀聞》(臺北:臺灣商務印書館,1956年4月,國學基本叢書第1集第14種),第4冊,頁692。

〔註25〕〔宋〕晁公武,孫猛校證:《郡齋讀書志校證》(上海:上海古籍出版社,1990年10月),上冊,頁125。

文爲準，以下依朱熹古文爲序，分別爲：

（1）《孝經》與《左傳》昭公二十五年子產、子大叔語相似

朱熹傳之三章，古文第八章云：

> 子曰：「夫孝，天之經，地之義，民之行。天地之經，而民是則之，則天之明，因地之義，以順天下。是以其教不肅而成，其政不嚴而治。」〔註26〕

《左傳》昭公二十五年子大叔（游吉）云：

> 吉也聞諸先大夫子產曰：「夫禮，天之經也，地之義也，民之行也。」天地之經，而民實則之。〔註27〕

依《左傳疏》句讀，「天地之經」以下爲子大叔之發揮，〔註28〕《孝經》與子產、子大叔語相似。《左傳》、《孝經》的論題不同，《左傳》爲禮，《孝經》爲孝，「天之經也，地之義也，民之行也」一語，各自申述了禮、孝的恆常與準則，不過兩者之間或有微異，文意字句大致相同。朱子認爲《孝經》「文勢反不若彼之通貫，條目反不若彼之完備，明此襲彼，非彼取此無疑也」，〔註29〕關於兩者之相似，乃《孝經》抄自《左傳》，並非《左傳》襲《孝經》。〔註30〕朱熹以「文勢通貫」爲主要理由，這可再從《左傳》上下文來作說明。子大叔先引子產語爲綱目，提出禮論之大旨，接著說明禮可以作爲準則之因，禮順應天地生化，即「六氣」、「五行」，此即禮之天經地義，又有「五味」、「五色」、「五聲」之別，其中又有不同的節目，禮之功用，即爲節目間的和諧。至於天、地、人三才之關係，天地的高下象徵君臣，星辰象徵父子兄弟人倫，〔註31〕子大叔的闡述較有層次，節目又繁，此即朱熹所謂「條目完備」，而《孝

〔註26〕〔宋〕朱熹：《孝經刊誤》，《朱文公文集》（臺北：台灣商務印書館，1965年，四部叢刊初編集部第59冊縮印明嘉靖刊本），卷66，總頁1215。

〔註27〕〔晉〕杜預注，〔唐〕孔穎達等疏：《左傳注疏》，卷51，頁8。

〔註28〕〔晉〕杜預注，〔唐〕孔穎達等疏：《左傳注疏》，卷51，頁8下。

〔註29〕〔宋〕朱熹：《孝經刊誤》，《朱文公文集》，卷66，總頁1216。

〔註30〕《朱子語類》記：「『其中煞有《左傳》及《國語》中言語。』或問：『莫是左氏引《孝經》中言語否？』曰：『不然。其言在《左氏傳》、《國語》中，即上下句文理相接，在《孝經》中卻不成文理，見程沙隨說。向時汪端明亦嘗疑此書是後人僞爲者。』」見〔宋〕黎靖德編，王星賢點校：《朱子語類》（北京：中華書局，1994年3月），第6冊，頁2141。

〔註31〕參考楊伯峻：《春秋左傳注》（臺北：洪葉文化事業有限公司，1993年5月），下冊，頁1457～1459。

經》之模糊，乃為摘要後的必然結果。

　　(2)《孝經》與文公十八年季文子言、襄公三十一年北宮文子言之相似

朱熹傳之六章，古文第十一、十二章云：

> 子曰：「父子之道，天性，君臣之義。父母生之，續莫大焉；君親臨
> 之，厚莫重焉。」子曰：「不愛其親而愛他人者，謂之悖德，不敬其
> 親而敬他人者，謂之悖禮。以順則逆，民無則焉。不在於善，而皆
> 在於凶德，雖得之，君子所不貴。君子則不然，言斯可道，行斯可
> 樂，德義可尊，作事可法，容止可觀，進退可度，以臨其民。是以
> 其民畏而愛之，則而象之。故能成其德教，而行政令。《詩》云：『淑
> 人君子，其儀不忒。』」〔註32〕

文公十八年季文子使大史克言：

> 孝敬、忠信為吉德，盜賊、藏姦為凶德。……保而利之，則主藏也。
> 以訓則昏，民無則焉。不度於善，而皆在於凶德，是以去之。〔註33〕

襄公三十一年，北宮文子與衛侯論威儀一事相似，北宮文子說：

> 文王伐崇，再駕而降為臣，蠻夷帥服，可謂畏之。文王之功，天下
> 誦而歌舞之，可謂則之。文王之行，至今為法，可謂象之。有威儀
> 也，故君子在位可畏，施舍可愛，進退可度，周旋可則，容止可觀，
> 作事可法，德行可象，聲氣可樂；動作有文，言語有章，以臨其下，
> 謂之有威儀也。〔註34〕

杜注度字為「居」，〔註35〕季文子謂，如果包庇莒大子僕，則是盜賊藏姦；執
政者不居於善，反而包庇盜賊藏姦之凶德，此舉將使人民迷亂、無所取法，
理應除去。《孝經》「以訓則逆，民無則焉。不在於善，而皆在於凶德」，雖不
特指「盜賊藏姦」，但文意頗近季文子語，此外《左傳》與《孝經》都有「容
止可觀」、「進退可度」，都講禮貌可象，都有「臨」、「畏」、「愛」之語意。如
同上述理由，朱熹認為《孝經》文意不足、條目不備，又與「上文既不相應」，
〔註36〕主旨是否一貫，是他辨偽的重要根據。

　　按：朱熹分章與今、古文不同。第一個「子曰」以下取古文本之分章，

〔註32〕　〔宋〕朱熹：《孝經刊誤》，《朱文公文集》，卷66，總頁1216。
〔註33〕　〔晉〕杜預注，〔唐〕孔穎達等疏：《左傳注疏》，卷20，頁14下。
〔註34〕　〔晉〕杜預注，〔唐〕孔穎達等疏：《左傳注疏》，卷40，頁23下～24。
〔註35〕　同註33。
〔註36〕　〔宋〕朱熹：《孝經刊誤》，《朱文公文集》，卷66，總頁1217。

第二個「子曰」取今文合爲上章。朱熹於古文「故不愛其親而愛他人者」，他依今文去古文「故」字。〔註37〕又因爲朱熹認爲此章論旨有別，文章應分前後兩個段落。前一個段落論述父母之恩與君臣之義，進而比附君臣父母。後段要求上位者能效法君子之言行德義，如此臨之於民則能成德教、行政令。朱子認爲後面段落與《左傳》相似，爲晚出可刪之跡。

（3）《孝經》與宣公十二年士貞子言之相似

文意暢通、節目繁簡、章旨一貫爲朱熹辨僞的三大根據，然而處理上又有例外。朱熹傳之九章，古文第二十一章云：

> 子曰：「君子事上，進思盡忠，退思補過，將順其美，匡救其惡。故上下能相親。《詩》曰：『心乎愛矣，遐不謂矣。中心藏之，何日忘之。』」〔註38〕

宣公十二年，楚敗晉軍於邲，晉侯欲許荀林父（中行桓子）請死，士貞子諫曰：

> 今天或者大警晉也，……林父之事君也，進思盡忠，退思補過，社稷之衛也，若之何殺之？〔註39〕

兩書同見「進思盡忠，退思補過」，依照朱熹邏輯，凡與《左傳》相似，應爲晚出可刪之跡，但朱熹又說：「『進思盡忠，退思補過』，亦《左傳》所載士貞子語，然於文理無害，引《詩》亦足以明移孝事君之意，今並存之。」〔註40〕此章雖有晚出之疑，然而義理甚佳，予以保留。

二、朱熹舉證與文獻對照說的限制

（一）以「文理」作爲判斷依據的檢討

朱熹比較《孝經》、《左傳》的相似之處，因爲文勢、節目、章旨的理由，他判斷《孝經》抄自《左傳》，故《孝經》的成書晚於《左傳》。進一步思考之，《孝經》能抄襲不被發現，應是《左傳》流傳不廣所致，故朱熹以爲《孝經》乃爲「漢初左氏未盛行之時，不知何世何人爲之也」。〔註41〕根據朱熹的

〔註37〕同上註。
〔註38〕〔宋〕朱熹：《孝經刊誤》，《朱文公文集》，卷66，總頁1218。
〔註39〕〔晉〕杜預注，〔唐〕孔穎達等疏：《左傳注疏》，卷23，頁23下。
〔註40〕〔宋〕朱熹：《孝經刊誤》，《朱文公文集》，卷66，總頁1218。
〔註41〕同上註。

判斷，《孝經》乃《左傳》著成以後、流傳以前作品，不過辨僞並非他最關心的問題，他更看重文章的意義，文章義理的內涵價值，才是刪去與否的最終依據。反過來說，若能貫通《孝經》、《左傳》相似之語，文章理路的不同，就不能作爲《孝經》抄襲的證據。事實上，魏、晉學者就注意到《孝經》、《左傳》之相似。《左傳》「天經地義民之行」，杜《注》「經者，道之常；義者，利之宜；行者，人所履行」，孔《疏》解曰：

> 杜以今文《孝經》云：「用天之道，分地之利。」故天以道言之，地以利言之。天無形，言其有道理也；地有質，言其有利益也。民之所行，法象天地，象天而爲之者，皆是天之常也；象地而爲之者，皆是地之宜也，故禮爲天之經，地之義也。《孝經》以孝爲天之經，地之義者，孝是禮之本，禮爲孝之末，本末別名，理實不異，故取法天地，其事同也。〔註42〕

杜預以《孝經》爲注，已經發現兩者間的相似。孔《疏》認爲，孝是本，禮是末，兩者同法天地、禮孝事同。根據《注》、《疏》所解，《孝經》爲《左傳》之本，《左傳》反而是《孝經》的詮釋申述。另一方面，古文第十一、十二章，朱熹論其章旨不應，唐玄宗《注》曰「言盡愛敬之道，然後施教於人，違此則於德禮爲悖也」、「行教以順人心，今自逆之，則下無所法則也」，〔註43〕依照《御注》的解釋，此章上言施教、下言行教，並沒有前後不應的問題。

（二）文獻對照說的限制

朱熹對《孝經》、《左傳》的分析，在考證上極有價值，然而文理之間的價值判斷，實有朱熹個人的主觀評介，兩書間的相似，申述、抄襲俱爲可通，故《左傳》之相似，不能說是《孝經》晚出的鐵證。毛奇齡又批評朱熹判斷的限制：

> 「克己復禮，爲仁」，則直用《左傳》「古也有志，克己復禮，仁也」；「出門如見大賓，使民如承大祭」，則直用晉臼季曰「出門如賓，承事如祭，仁之則也」；即「彼哉，彼哉」，用陽虎語；「不學禮，無以立」，用孟僖子語。〔註44〕

〔註42〕以上見《左傳注疏》，卷51，頁8。
〔註43〕以上見《孝經注疏》，卷5，頁6下。
〔註44〕〔清〕毛奇齡：《孝經問》（臺北：藝文印書館，1965年，影印光緒年間南菁書院皇清經解續編刊本第1冊），卷24，頁7上。

《論語》與《左傳》、《公羊》都有重複，〔註45〕單純使用文獻對照的方法，《論語》也陷入了與《孝經》一樣的麻煩。毛奇齡又認爲：「師以之爲教，弟以之爲學，不問其爲何人語，而其言足述，往往取之以垂訓。蓋夫子平居口授，原自如此，故其自爲文，與門弟子所爲文，皆彼此一轍，而並無嫌畏避忌于其間，人苟有學則自多見少怪者。」〔註46〕《論語》、《孝經》是語錄體，《左傳》、《公羊》諸語，也可視爲一種語錄，而名言嘉句，人云亦云，語錄重複，並不足怪，《孝經》、《左傳》相似之語，除了詮釋、抄襲的兩端思考，也可能是同源語錄的繼承。

第三節　體例依據說之分析與檢討

毛奇齡雖闢朱熹之論，但他認爲：「舊謂《孝經》夫子所作，以授曾子，又謂夫子口授曾子，俱無此事，此仍是春秋戰國間，七十子之徒所作。」〔註47〕毛奇齡也同意《孝經》晚出，只不過朱熹代表的文獻對照說，不能證明《孝經》的所屬時代，因此毛奇齡提出「篇例」的觀點：

> （《孝經》）稍後于《論語》，而與〈大學〉、〈中庸〉、〈孔子閒居〉、〈仲尼燕居〉、〈坊記〉、〈表記〉諸篇同時，如出一手，故每說一章，必有引經數語以爲證，此篇例也。〔註48〕

《孝經》的引《詩》形式，類似《禮記》諸篇，這是以體例爲依據的判斷方法，不過毛奇齡並不是第一個注意到《孝經》引《詩》體例的學者，南宋黃震即云：

> 《孝經》視《論語》雖有衍文，其每章引《詩》爲斷，雖與劉向《說苑》、《新序》、《列女傳》文法祖類，而孝爲百行之本，孔門發明孝之爲義，自是萬世學者所當拳拳服膺。〔註49〕

衍文即爲朱熹之評，黃震指出《孝經》引《詩》與劉向三書體例相似，而黃震、毛奇齡之後，四庫館臣、姚鼐、陳澧也都指出《孝經》與〈坊記〉、〈表

〔註45〕　《公羊傳》記：「陽虎曰：『夫孺子得國而已，如丈夫何？』睋而曰：『彼哉！彼哉！驅駕。』」見《公羊傳注疏》，卷26，頁5下。

〔註46〕　〔清〕毛奇齡：《孝經問》，卷24，頁7下。

〔註47〕　〔清〕毛奇齡：《孝經問》，卷24，頁1下。

〔註48〕　〔清〕毛奇齡：《孝經問》，卷24，頁1下。

〔註49〕　〔宋〕黃震：《黃氏日抄》（臺北：大化書局，1984年，影印日本立命館大學圖書館藏清乾隆33年刊本），卷1，頁2上。

記〉、〈緇衣〉、〈儒行〉、〈孔子閒居〉、〈仲尼燕居〉諸篇引《詩》的特色相同，〔註50〕對照傳世文獻，《孝經》引《詩》作結的體例，上溯可至《禮記》諸篇，下限可爲劉向三書。姚鼐又分析先秦儒家的引《詩》特徵：

> 德行之儒，或疏於辭，若〈坊記〉、〈緇衣〉之類，每一言畢，輒引《詩》、《書》文以證之，間有不甚比附而強取者矣，亦洙泗間儒者之習然也。子思、孟子然後不爲是習，至荀子則亦有之矣。《孝經》引《詩》、《書》，亦頗有然，知其取義有疏密則可耳，而節去之，恐未可也。〔註51〕

綜觀諸儒的引用資料，《禮記》、《孟子》、《左傳》、《荀子》都可見《詩》句，不過《禮記》是否能居於諸書之先，姚鼐排序問題仍多。本節先避免《禮記》的使用，本於清儒基礎，轉用《論》、《墨》、《孟》、《荀》之序，再藉由《孝經》引《詩》的體例，推測其可能時代。

一、《孝經》引《詩》的特色

（一）體例上的一致

統計四書《詩》句的出現次數，《論語》有 19 見，其中討論《詩》句內容、涵義與讀法的有 11 處，引《詩》作爲論述內涵或是證據的有 8 處；依此凡例分類統計，《墨子》16 見，論《詩》4 處，引《詩》12 處；《孟子》39 見，論《詩》4 處，引《詩》35 處；《荀子》116 見，論《詩》20 處，引《詩》96 處。〔註52〕依此統計可知，孟子並非「不爲是習」，不過《詩》句的大量出現，

〔註50〕〔清〕永瑢等：《四庫全書總目提要》（臺北：臺灣商務印書館，1965 年 2 月，萬有文庫薈要本），第 7 冊，頁 28。〔清〕姚鼐：〈孝經刊誤書後〉，《惜抱軒文集》（臺北：臺灣商務印書館，1979 年，四部叢刊正編影印嘉慶年間上海涵芬樓原刊本），卷 5，頁 1～2。〔清〕陳澧：《東塾讀書記》（臺北：世界書局，1964 年，讀書箚記叢刊第 1 集第 5 冊影印光緒年間 15 卷原刻本，補入原題未成卷 13 西漢一卷），卷 9，頁 7。案：姚鼐曾解釋《孝經》、《左傳》之關係，據劉向《別錄》「左丘明授曾申，申傳衛人吳起」之說，認爲《左傳》傳自曾申，同屬曾子之學，故兩書相似極爲自然。在無他證以前，此說僅備於此。劉向《別錄》引自〔宋〕王應麟：《漢書藝文志考證》（臺北：臺灣商務印書館，1986 年，文淵閣四庫全書第 675 冊），卷 3，頁 9 下。

〔註51〕〔清〕姚鼐：〈孝經刊誤書後〉，《惜抱軒文集》，卷 5，頁 1～2。

〔註52〕鄭靖暄：《先秦稱〈詩〉及其〈詩經〉詮釋之研究》（臺北：國立臺灣大學中國文學研究所碩士論文，張寶三先生指導，2004 年），頁 334～347。按：逸《詩》之採記、引論之歸納、複見之計算，三種定義將影響《詩》句的統計

是荀子時代的現象。再以《荀子》進行分析。《荀子》《詩》句的出現可分爲兩類，第一類是引《詩》作爲議論開端，第二類是於段落結尾引《詩》。第二類又可分爲兩種，第一種會論述《詩》句與論旨的關係，第二種則不作說明、不涉原義，單純以《詩》句爲證，有「此之謂也」的套式，這是荀子最常使用的論述體例。〔註53〕對照《孝經》的情況，《孝經》引《詩》10 次、引《書》1 次，〔註54〕全文一半徵引《詩》、《書》。《詩》、《書》都在論述結尾，屬於《荀子》第二類，除了沒有「此之謂也」的套語，《孝經》幾乎與荀子常用的第二類第二種相同。以下再舉諸例，說明《孝經》引《詩》的特色。

（二）引《詩》無涉原義

以〈三才章〉與〈感應章〉爲例。〈三才章〉云：「先之以敬讓，而民不爭；導之以禮樂，而民和睦；示之以好惡，而民知禁。《詩》云：『赫赫師尹，民具爾瞻。』」〔註55〕而〈小雅・節南山〉又說「憂心如惔，不敢戲談。國既卒斬，何用不監」，〔註56〕原詩章旨有國家即將傾覆的憂患恐懼之義，《孝經》僅取片面涵義。〔註57〕〈感應章〉云：「孝悌之至，通於神明，光于四海，無所不通。《詩》云：『自西自東，自南自北，無思不服。』」〔註58〕原章敘述武王遷都之功業，〔註59〕而《孝經》引《詩》與史實無涉，僅取詩句來形容孝悌的神效範圍。

由於《孝經》引《詩》脫離原詩章旨，僅取字面涵義套用於章尾，新《詩》

數目，然而逸《詩》篇幅不多，其他兩種也不影響統計比例。

〔註53〕參考裴溥言：〈荀子與詩經〉，《（國立臺灣大學）文史哲學報》第 17 期（1968年 6 月），頁 151～183。張美煜：〈荀子引用《詩經》的方法與涵義〉，《（國立臺灣師範大學）國文學報》第 24 期（1995 年 6 月），頁 111～142。簡澤峰：〈荀子引《詩》用《詩》及其相關問題〉，《興大中文學報》第 19 期（1996年 6 月），頁 269～291。

〔註54〕除了《詩經》，《孝經》引《尚書・呂刑》同《史記》、〈緇衣〉，稱爲〈甫刑〉，這可能是《孝經》爲先秦文獻的證據之一。參考屈萬里：《尚書集釋》（臺北：聯經出版事業股份有限公司，1983 年 9 月），頁 250～251。程元敏：《尚書學史》（臺北：五南圖書出版股份有限公司，2008 年 6 月），頁 301～302。

〔註55〕唐玄宗注，〔宋〕邢昺疏：《孝經注疏》，卷3，頁4下。

〔註56〕程俊英、蔣見元：《詩經注析》（北京：中華書局，1991 年 10 月），下冊，頁554。

〔註57〕參見後文頁 222。

〔註58〕唐玄宗注，〔宋〕邢昺疏：《孝經注疏》，卷8，頁2～3。

〔註59〕原詩〈大雅・文王有聲〉爲：「鎬京辟廱，自西自東，自南自北，無思不服。皇王烝哉！」見程俊英、蔣見元：《詩經注析》，下冊，頁797。

句的主題，自然是《孝經》各章章旨。〈開宗明義章〉云：「夫孝，始於事親，中於事君，終於立身。〈大雅〉云：『無念爾祖，聿脩厥德。』」〔註60〕原詩章旨意謂殷朝也曾受眷顧，然而因為失德而失去天命，後代應以殷朝為鑑。〔註61〕〈大雅・文王〉與《孝經》之間，《詩》句的字面涵義雖然不變，隨著上下文的不同，念祖修德之《詩》句，即為《孝經》行孝立身的章旨，兩處之間雖沒有太大衝突，但隨著《詩》句的片面徵引，自然失去了殷鑑不遠的章旨。

　　《孝經》引《詩》取詩句字面義，與原詩章旨不同，引《詩》僅為經典根據，為新章旨之證明，不過除了引《詩》證明的意義，《詩》句作結也產生了額外的效果。〈諸侯章〉云：「在上不驕，高而不危；制節謹度，滿而不溢。高而不危，所以長守貴也。滿而不溢，所以長守富也。富貴不離其身，然後能保其社稷，而和其民人。蓋諸侯之孝也。《詩》云：『戰戰兢兢，如臨深淵，如履薄冰。』」〔註62〕此章強調上位者不能有驕傲的態度，花費施用要謹慎節儉，若能如此，自然能長守富貴、保有社稷、百姓和諧。〈小旻〉原詩論述邪僻的政策比暴虎馮河更可怕，「戰戰兢兢，如臨深淵，如履薄冰」是詩人預見國家敗亡的恐懼心理，〔註63〕然而經過片面涵義與主題更換的抽離，原詩所描述情境感受也產生了改變，〈諸侯章〉的《詩》句沒有即將覆滅的感受，而是配合新的上下文，轉變為小心謹慎之意。

　　分析《孝經》引《詩》的特色，除了字句本來相同，章旨涵義、文學語境，都與原詩之間有了變化，《孝經》實與原義無涉，純粹是引《詩》證明的結尾套式。以《孟子》來作比較，孟子說《詩》要求「不以辭害志，以意逆志」，雖然讀者可脫離文字上的限制，但最終還是要去貼近作者原意、加以詮釋，〔註64〕絕無不加說明的引《詩》套語。〔註65〕綜言之，孟、荀為先

〔註60〕唐玄宗注，〔宋〕邢昺疏：《孝經注疏》，卷1，頁1下～5。

〔註61〕程俊英、蔣見元：《詩經注析》，下冊，頁750。

〔註62〕唐玄宗注，〔宋〕邢昺疏：《孝經注疏》，卷2，頁1～2。

〔註63〕程俊英、蔣見元：《詩經注析》，下冊，頁588～593。

〔註64〕參考〔宋〕朱熹：《四書章句集注》，〈萬章上〉，頁428。

〔註65〕洪湛侯論孟子引《詩》的特色云：「《孟子》中這種引詩為用的方式，一方面是為自己的觀點找出立論的依據，一方面是用自己的思想和觀點，闡發並豐富詩篇義韻和內容，這樣的引詩，應該說是最有質量的，與後世那種單純的『引詩為證』或將引詩用作套語者，迥不相侔。」見洪湛侯：《詩經學史》（北京：中華書局，2002年5月），上冊，頁85。

秦儒家的兩大代表，無論是體例形式、引《詩》特色，《孝經》都極似荀子，若要以引《詩》體例作爲溯源之根據，將《孝經》定於荀子時代較爲可靠。

二、新出土文獻的佐證與引《詩》體例的合理時限

清儒多連繫《孝經》、《禮記》體例，又視《禮記》爲七十子所述，因此《孝經》也爲春秋、戰國之際作品，然而姚際恆又論此說可疑。他認同朱熹對《孝經》、《左傳》的分析，《孝經》著者抄自《左傳》，而《左傳》傳於張禹之後，《孝經》晚於張禹，〔註66〕同時《禮記》成於漢代，《孝經》與《禮記》相似，反而加深《孝經》晚出的嫌疑。〔註67〕

事實上《左傳》早於張禹前流傳，姚際恆的見解並不正確，〔註68〕至於《禮記》，姚際恆認爲《禮記》傳於漢代，並非先秦時代的作品。今郭店楚簡有《禮記·緇衣》篇，〔註69〕此篇引《詩》證理，〔註70〕爲《孝經》、《禮記》的連繫之一，關於楚墓年代，整理者指出：

> 郭店 M1 因被盜，隨葬品不全，雖出有大批竹簡，但仍缺乏可供斷代的確切紀年資料，故只能從墓葬形制與出土器物兩方面作大致推斷。……從墓葬形制與器物特徵判斷，郭店 M1 俱有中期偏晚的特點，其下葬年代當在公元前 4 世紀中期至前 3 世紀初。〔註71〕

「公元前 4 世紀中期至前 3 世紀初」，正是荀子活動的年代，再早可及孟子晚

〔註66〕〔清〕姚際恆：《古今僞書考》，收入《姚際恆著作集》（臺北：中央研究院中國文哲研究所，1994 年 6 月），第 5 冊，頁 66。

〔註67〕姚際恆說「《禮記》傳于漢世，未經壁藏火焚，安得有錯簡」，又認爲《孝經》稱「經」其義非古，《孝經》絕非先秦文獻。見姚際恆：《禮記通論輯本》，收入《姚際恆著作集》，第 2 冊，頁 22；《古今僞書考》，收入《姚際恆著作集》，第 5 冊，頁 66～67；。

〔註68〕參考方炫琛：《春秋左傳劉歆僞作竄亂辨疑》（臺北：國立政治大學中國文學研究所碩士論文，周何先生指導，1979 年），頁 97～108；181～189。楊伯峻：《春秋左傳注》，前言，頁 34～41。

〔註69〕劉祖信：〈荊門郭店楚墓竹簡概述〉，收入涂宗流、劉祖信：《郭店楚簡先秦儒家佚書校釋》（臺北：萬卷樓圖書有限公司，2001 年 2 月），頁 9～15。

〔註70〕參考廖名春：〈郭店楚簡引《詩》論《詩》考〉，《經學今銓初編》，《中國哲學》第 22 輯（瀋陽：遼寧教育出版社，2000 年 6 月），頁 148～192，特別是頁 149～150。李零：《郭店楚簡校讀記》（北京：中國人民大學出版社，2007 年 8 月），頁 77～99。

〔註71〕湖北省荊門市博物館：〈荊門郭店一號楚墓〉，《文物》1997 年第 7 期（7 月），頁 35～48。

年。〔註72〕歸納引《詩》體例的合理時間，下限是黃震指出的劉向三書，而先秦文獻中，《孝經》與《荀子》、楚簡本〈緇衣〉引《詩》的特徵相同，有戰國中後期的特色，再思考楚簡本〈緇衣〉必定早於墓主下葬之時，以引《詩》體例追溯《孝經》的時代，甚至有荀子以前的可能。〔註73〕

第四節　思想概念說之分析與檢討

　　《孝經》對曾子的稱謂，似乎較爲尊敬，故晁公武等人論此書屬曾子後學，〔註74〕在此基礎之上，阮元又以《大戴禮記》來證明曾子與《孝經》的關係。另一方面，近人發現《孝經》與孟子思想相似，認爲《孝經》屬孟子之學，這些思想與概念的比較，對《孝經》的作者與學派歸屬，有較爲具體的說明，根據曾、孟兩人順序，以下先論《孝經》與曾子之學的關係。

一、《孝經》與《大戴禮記》「曾子十篇」的聯繫

　　今《大戴禮記》有十篇冠以曾子之名，分別爲〈曾子立事〉、〈曾子本孝〉、〈曾子立孝〉、〈曾子大孝〉、〈曾子事父母〉、〈曾子制言〉上、中、下三篇、〈曾子疾病〉、〈曾子天圓〉，此十篇有四篇論孝，其他六篇也散見與孝相關之申述，可見曾子重孝之名，其來有自。阮元曾取《大戴禮記》十篇爲《曾子十篇注釋》，序云：「孔子以曾子爲能通孝道，故授之業，作《孝經》。今讀〈事父母〉以上四篇，實與《孝經》相表裏焉。」〔註75〕阮元認爲此四篇論孝，與《孝

〔註72〕參考錢穆：《先秦諸子繫年》（北京：商務印書館，2001年8月），頁630～648。王葆玹：〈試論郭店楚簡各篇的撰作及其背景——兼論郭店及包山楚簡的時代問題〉，《郭店楚簡研究》，《中國哲學》第20輯（瀋陽：遼寧教育出版社，1999年1月），頁366～389。

〔註73〕彭林連繫《孝經》與楚簡本〈緇衣〉引《詩》體例，認爲《孝經》是子思時代作品。見彭林：〈子思作《孝經》說新論〉，《中國哲學史》2000年第3期，頁54～66。

〔註74〕《呂氏春秋·孝行》篇與《孝經》內容相似，該篇記有曾子與樂正子春對話，故胡寅以下有樂正子春作《孝經》的說法。馮琦則以《孝經》、〈中庸〉俱言「仲尼」，《史記》又說子思作〈中庸〉，又有子思作《孝經》的說法。見《朱子語類》，第6冊，頁2142。《困學紀聞》，頁692。另參考郭沂：《郭店竹簡與先秦學術思想》（上海：上海教育出版社，2001年1月），頁370～407。

〔註75〕〔清〕阮元，鄧經元點校：〈曾子十篇注釋序〉，《揅經室集》（北京：中華書局，1993年5月），頁46。

經》思想極爲相似，這讓近代學人進一步思考「曾子十篇」與《孝經》之的關係。〔註76〕本於前人意見，以下再就身體觀、孝道觀、忠孝觀與諫諍問題等四種觀念，說明《孝經》與「曾子十篇」在思想概念上之相似。

（一）身體觀

《孝經》所提出之身體觀，是全書最爲有名的思想內容，《孝經》首章云：

> 子曰：「夫孝，德之本也，教之所由生也。復坐，吾語汝。身體髮膚，受之父母，不敢毀傷，孝之始也。立身行道，揚名於後世，以顯父母，孝之終也。夫孝，始於事親，中於事君，終於立身。」〔註77〕

首章有提綱挈領的意義，它指出了孝與德教之關係，道德教化以孝爲本。孝道雖有如此崇高的地位，但孝道的開始並不困難，是從個人身體的照顧開始，「身體髮膚，受之父母，不敢毀傷，孝之始也」，這已成爲文化中的格言，子女應該愛護自己的身體，這可視爲一種保身思想。

孝道的最終目標在於「立身」，「始——中——終」的三個階段，是最爲理想的人生過程。呱呱墜地之後，自然有家庭內的親子關係，中年入仕，進而有君臣關係，仕途又可視爲事功，此爲顯名父母之法。這整套過程，都納入「孝」的範圍之內，行孝從保護身體開始，至於其「終」，《論語·泰伯》篇記：「曾子有疾，召門弟子曰：『啓予足！啓予手！《詩》云：「戰戰兢兢，如臨深淵，如履薄冰。」而今而後，吾知免夫！小子！』」〔註78〕《論語》記曾子直至臨終，都是使自己「身體髮膚不受毀傷」，這種身體形軀的保全，《孝經》符合《論語》裏的曾子思想。

〈曾子大孝〉記樂正子春傷足事，曰：

> 樂正子春，下堂而傷其足，傷瘳，數月不出，猶有憂色。門弟子問曰：「夫子傷足，瘳矣，數月不出，猶有憂色，何也？」樂正子春曰：「善！如爾之問也。吾聞之曾子，曾子聞諸夫子曰：『天之所生，地之所養，人爲大矣。父母全而生之，子全而歸之，可謂孝矣；不虧其體，可謂全矣。故君子頃步之不敢忘也。』今予忘夫孝之道矣，

〔註76〕 參考張磊：《〈大戴禮記〉「曾子十篇」研究》（曲阜：曲阜師範大學，楊朝明先生指導，2004 年）。侯希文：《〈孝經〉作者考》。
〔註77〕 唐玄宗注，〔宋〕邢昺疏《孝經注疏》，卷1，頁2下～3。
〔註78〕 〔宋〕朱熹：《四書章句集注》，〈泰伯〉，頁 138。

　　予是以有憂色。故君子一舉足不敢忘父母，一出言不敢忘父母。一
　　舉足不敢忘父母，故道而不徑，舟而不游，不敢以先父母之遺體行
　　殆也。一出言不敢忘父母，是故惡言不出於口，忿言不及於己，然
　　后不辱其身，不憂其親，則可謂孝矣。」〔註79〕

此事又見《呂氏春秋・孝行》篇與《禮記・祭義》篇。《孝經》「不辱其身，
不憂其親，則可謂孝矣」，〈孝行〉篇爲「不虧其身，不損其形」，〔註80〕〈祭
義〉篇爲「不虧其體，不辱其身」，「不憂其親」爲〈曾子大孝〉特出之處。
參考上下文，不憂其親的解讀，應與不虧其身、不損其形、不辱其身諸語相
同，重點在於「使親不憂」，而不是「己不憂親」。

　　各書所記雖有異同，但身體形軀保全都是共通的。「曾子十篇」又說「孝
子不登高，不履危」、〔註81〕「孝子之事親也，居易以俟命，不興險行以徼幸」、
「險塗隘巷，不求先焉，以愛其身，以不敢忘其親也」，〔註82〕這是保身思想
的發揮；「父母既歿，慎行其身，不遺父母惡名，可謂能終也」〔註83〕，此與
《孝經》「揚名顯親」是一樣的思考。綜觀以上，「曾子十篇」雖然與《孝經》
沒有相同字句，也沒有體例上的相似，但都重視名譽，強調「身」的保全，
這是兩者之間思想上的相似。

　　《論語》曾子事、「曾子十篇」、《孝經》三者在保身觀念相互貫通，所謂
「終於立身」，蘊含著身體形軀的完好保存，然而三者所蘊含的身體觀實不止
於此。〈曾子疾病〉云：「言不遠身，言之主也；行不遠身，行之本也。」盧
辯注曰「身是言行之基」，〔註84〕如果立身只是外在形軀的完好，那「身」要
如何成爲言行之基？故身體形軀的保全，只是立身行孝的首要條件。

　　孔子認爲孝子的「父母唯其疾之憂」，這段話有兩大詮釋體系。〔註85〕
朱熹認爲，父母親愛護子女無微不至，子女應體會父母的心情，父母經常擔

〔註79〕〔清〕王聘珍，王文錦點校：《大戴禮記解詁》（臺北：文史哲出版社，1986
　　　　年4月），頁85。
〔註80〕王利器：《呂氏春秋注疏》（成都：巴蜀書社，2002年1月），第2冊，頁1357。
〔註81〕〔清〕王聘珍，王文錦點校：《大戴禮記解詁》，頁79。
〔註82〕〔清〕王聘珍，王文錦點校：《大戴禮記解詁》，頁79。
〔註83〕〔清〕王聘珍，王文錦點校：《大戴禮記解詁》，頁83。
〔註84〕正文與盧注並見王聘珍《解詁》。見〔清〕王聘珍，王文錦點校：《大戴禮記
　　　　解詁》，頁97。
〔註85〕參考程樹德，程俊英、蔣見元點校：《論語集釋》（北京：中華書局，1990年
　　　　8月），第1冊，頁83～85。

憂兒女的身體，故子女應保持身體健康，不使父母擔心。〔註86〕朱熹之前的馬融說：「言孝子不妄為非，惟有疾病，然後使父母憂耳。」皇侃《疏》云：「若己身有疾，唯此一條非人所及，可測尊者憂耳。」〔註87〕今天的醫學尚且無法完全避免疾病，疾病是人無法控制的因素，孝子已經盡力預防，卻還感染疾病，如此只能說是命運使然，「非人所及」。〔註88〕曾子所謂之疾，應同冉伯牛之疾，孝子努力預防疾病，但是仍有個人無法控制的因素，因疾病而造成的身體損害，不在孝道苛責的範圍之內，疾病所導致的毀身，與保身思想不起衝突。除了疾病這無法控制的因素，其他像是自我德行、家庭生活與個人仕途等等，讓父母親都無所憂慮。孝子只讓父母擔心個人無法控制的疾病，其他像是人格、行為、仕途等，可自制者近乎完美，因此《孝經》「立身行道」，〈曾子大孝〉「不辱其身，不憂其親」，「身」除了外在形軀的完好，也有精神人格、個人行為、道德實踐等內在的圓滿，故立身能夠行道，是人生最終的境界，身體觀的內涵，是《孝經》與「曾子十篇」的聯繫之一。

（二）孝道觀

除了完護身體的基本要求，子女對於父母的行為照顧、倫理道德，是孝道觀念的主要內容。《孝經》云：

> 子曰：「孝子之事親也，居則致其敬，養則致其樂，病則致其憂，喪
> 則致其哀，祭則致其嚴，五者備矣，然後能事親。」〔註89〕

成年子女對於父母的照顧，是孝道的基本要求，而孝子還要能夠敬、樂、憂、哀、嚴等精神。《論語・為政》記孔子曰：「今之孝者，是謂能養。至於犬馬，皆能有養；不敬，何以別乎？」〔註90〕如果對父母只做到物質條件的養護，無法突顯人類有別於動物的意義，而這種意義，即是內在精神之敬。

「曾子十篇」也強調敬的道理。單居離問曾子「事父母之道」，曾子回答「愛而敬」，〔註91〕即使父母往生以後，孝子仍保持著內在精神的尊敬，〈曾子本孝〉

〔註86〕〔宋〕朱熹：《四書章句集注》，〈為政〉，頁72。

〔註87〕以上見〔梁〕皇侃：《論語集解義疏》（臺北：廣文書局，1968年，影印乾嘉年間鮑廷博知不足齋叢書本），上冊，卷1，頁21。

〔註88〕朱熹認為冉伯牛之疾是「非其不能謹疾而有致之」，冉伯牛已經做了最大努力的預防。見《四書章句集注》，〈雍也〉，頁116。

〔註89〕《孝經注疏》，卷6，頁1～2。

〔註90〕〔宋〕朱熹：《四書章句集注》，〈為政〉，頁73。

〔註91〕〔清〕王聘珍，王文錦點校：《大戴禮記解詁》，頁86。

篇云「死則哀以蒞之，祭祀則蒞之」，〔註92〕《孝經》也說「喪則致其哀，祭則致其嚴」，哀、嚴、敬雖然有節目上的不同，但都強調孝子的精神感情。

　　〈曾子大孝〉云：「養可能也，敬爲難；敬可能也，安爲難；安可能也，久爲難；久可能也，卒爲難。」〔註93〕久卒乃維持之意，持續保持內在的精神感情，是孝子難能可貴之處。〈曾子大孝〉把「敬」作爲有別於「養」的內在精神，此篇又提出「安」的意義。王聘珍注安字爲「樂」，〈曾子事父母〉云：「孝子無私樂，父母所憂憂之，父母所樂樂之。孝子唯巧變，故父母安之。」〔註94〕巧變指善於變化，〔註95〕而此善於變化，是指與父母同憂同樂，能設身處地爲父母著想，此爲孝子的同理心，《孝經》說「養則致其樂，病則致其憂」，此樂之憂之的心情，即有同理心的涵義。綜合以上之言，敬的內在精神、哀樂的同理心、喪祭時的感情，《孝經》都與「曾子十篇」的思想相同。

（三）忠孝觀

　　《孝經》以事君爲人生中的一環，個人與父母間的孝道，大多是在家庭的範圍，而孝道如何擴展至政治，《孝經》解釋：

　　　　子曰：「君子之事親孝，故忠可移於君；事兄悌，故順可移於長；居
　　　　家理，故治可移於官。」〔註96〕

親子與君臣、兄弟與長幼、家庭與朝廷之間，倫理關係可於其間轉移。《孝經》說「居家理，故治可移於官」，家庭可向外延伸，《孝經》有齊家治國的理念。《孝經》「君子之事親孝，故忠可移於君」一語，可簡稱爲「移孝作忠」，家庭範圍的的孝，也蘊含著君臣之間的忠，孝德可轉移爲忠。悌、順之德也是相同，對兄長能悌，對長官則能順從，這些德行不侷限於家庭內，親屬間的德行可應用於政治關係。〈曾子大孝〉也說：

　　　　是故未有君，而忠臣可知者，孝子之謂也；未有長，而順下可知者，
　　　　弟弟之謂也；未有治，而能仕可知者，先脩之謂也。〔註97〕

孝子即使沒有事君的經驗，但因爲孝德可移作忠德，故知其事君必忠，能爲忠臣；要知道官吏是否能夠順從命令，可先從悌德觀察，弟能悌於兄，則能

〔註92〕〔清〕王聘珍，王文錦點校：《大戴禮記解詁》，頁80。
〔註93〕〔清〕王聘珍，王文錦點校：《大戴禮記解詁》，頁83。
〔註94〕〔清〕王聘珍，王文錦點校：《大戴禮記解詁》，頁86。
〔註95〕王注云：「巧，善也。變，猶化也。」同前註。
〔註96〕《孝經注疏》，卷7，頁2。
〔註97〕〔清〕王聘珍，王文錦點校：《大戴禮記解詁》，頁82。

順於下，即便沒有從政經驗，家庭內的倫理道德，已經具備了往後仕宦的條件，而此家庭與朝廷間的相貫通，是《孝經》與「曾子十篇」的共同意義。

（四）諫諍問題

身體觀、孝道觀與忠孝觀是《孝經》論孝的主軸，身體觀與孝道觀是內外並重，而立身行道，包含了家庭、仕途與自我人格三方面的圓滿。在人生發展的過程之中，孝悌諸德啟發於家庭，但不侷限於家庭，忠孝觀說明了家庭與家庭外的擴展，三種概念即為《孝經》論孝之整體，與「曾子十篇」的思想內容相同。

除了三種概念相同，《孝經》與「曾子十篇」都看重諫諍。《孝經》曰：

> 曾子曰：「若夫慈愛恭敬，安親揚名，則聞命矣。敢問子從父之令，可謂孝乎？」子曰：「是何言與，是何言與！昔者，天子有爭臣七人，雖無道，不失其天下；諸侯有爭臣五人，雖無道，不失其國；大夫有爭臣三人，雖無道，不失其家；士有爭友，則身雖不離於令名；父有爭子，則身不陷於不義。故當不義，則子不可以不爭於父；臣不可以不爭於君。故當不義，則爭之。從父之令，又焉得為孝乎！」

〔註98〕

姚際恆認為《孝經》說的「父有爭子」，「徑直而且傷於激也，其言絕不倫類」，〔註99〕日本學者佐藤廣之也說「抑孔子及曾子，有如此諫諍之說乎？今從《論語》觀之，亦不見有此等激越之語也」，〔註100〕如果把爭子、爭臣、爭友的爭字解讀為抗爭之義，〔註101〕就容易有以上的評價。不過《孝經》此章，《白虎通》記為「諍臣」、「諍友」、「諍子」，〔註102〕關於「諍」字，段玉裁認為：「經傳通作爭」，《說文》訓為「止」，〔註103〕這可解釋為：「當不義則止之」，如依此解，則無「徑直激越」的問題，沒有爭字的負面義，是為諫諍義。

〔註98〕《孝經注疏》，卷7，頁3～4上。

〔註99〕〔清〕姚際恆：《古今偽書考》，收入《姚際恆著作集》，第5冊，頁67。

〔註100〕〔日〕佐藤廣之，江俠菴譯：〈孝經考〉，《先秦經籍考》（臺北：河洛圖書出版社，1975年5月），中冊，頁145。

〔註101〕王正己：〈孝經今考〉，《古史辨》（上海：上海古籍出版社，1982年8月），第4冊，頁165。

〔註102〕〔清〕陳立，吳則虞點校：《白虎通疏證》（北京：中華書局，1994年8月），〈諫諍〉，上冊，頁226。

〔註103〕〔漢〕許慎，〔清〕段玉裁：《說文解字注》（臺北：洪葉文化事業有限公司，1998年10月），篇3上，頁18下。

關於《孝經》此章，〈曾子大孝〉也有「是何言與，是何言與」的句式，
〈曾子事父母〉又說：

> 父母之行若中道，則從；若不中道，則諫；諫而不用，行之如由己。
> 從而不諫，非孝也；諫而不從，亦非孝也。孝子之諫，達善而不敢
> 爭辨；爭辨者，作亂之所由興也。〔註104〕

《孝經》與「曾子十篇」有共同的問題：父母的行爲如果不對，子女是否要
順從父母？《孝經》說「從父之令，又焉得爲孝」，〈曾子本孝〉認爲「君子
之孝也，以正致諫」，〔註105〕君子本於正義的原則規勸父母，並非無條件的順
從，目的是希望父母、君王停止不義的行爲，不過〈曾子事父母〉又說「諫
而不用，行之如由己」，王《注》曰「如由己者，過則歸己也」，〔註106〕若諫
諍之後，父母依舊多行不義，父母的過錯屬於諫諍不成的子女，這與《孝經》
或有究責歸屬的不同，但雙方面都強調了諫諍的重要，仍可視爲《孝經》與
「曾子十篇」的相似思想。

二、視《孝經》爲孟子或其學派之作品

（一）《孝經》與孟子的相似之處

除了《大戴禮記》的「曾子十篇」，《孝經》還可以與孟子的思想來比較，
王應麟指出：

> 《孝經》言卿大夫之孝曰：「非先王之法服，不敢服；非先王之法
> 言，不敢道；非先王之德行，不敢行。」孟子謂曹交曰「服堯之
> 服，誦堯之言，行堯之行」，聖賢之訓，皆以服在言行之則，蓋服
> 之不衷，則言必不忠信，行必不篤敬。〈中庸〉修身，亦先以齊明
> 盛服，〈都人士〉之「狐裘黃黃」，所以「出言有章，行歸于周」
> 也。〔註107〕

此雖非就《孝經》申論，然而已見《孝經》與孟子思想的相似痕跡，陳澧又
進一步指出：

〔註104〕〔清〕王聘珍，王文錦點校：《大戴禮記解詁》，頁86。

〔註105〕〔清〕王聘珍，王文錦點校：《大戴禮記解詁》，頁80。

〔註106〕〔清〕王聘珍，王文錦點校：《大戴禮記解詁》，頁86。

〔註107〕〔宋〕王應麟撰，〔清〕翁元圻注：《翁注困學紀聞》，第2冊，頁295。按：
「齊明」原作「齋明」，另據四部叢刊三編本改。

《孟子》七篇中，多與《孝經》相發明者。《孝經》曰：「非先王之法服，不敢服；非先王之法言，不敢道；非先王之德行，不敢行。」《孟子》曰「子服堯之服，誦堯之言，行堯之行」，亦以服、言、行三者並言之。《孝經·天子章》曰「刑於四海」、〈諸侯章〉曰「保其社稷」、〈卿大夫章〉曰「守其宗廟」、〈庶人章〉曰「謹身」；《孟子》曰：「天子不仁，不保四海；諸侯不仁，不保社稷；卿大夫不仁，不保宗廟；士庶人不仁，不保四體。」亦似本於《孝經》也。〔註108〕

孟子以「服、言、行」爲法先王之端，《孝經》也以三者作爲先王之法、先王之道。《孝經·天子章》、〈諸侯章〉、〈卿大夫章〉、〈庶人章〉，又有語句與孟子相同，依照陳澧的觀點，孟子是合《孝經》各章爲一，不過經過文獻對照說的辨析，也能說是孟子一語散爲《孝經》各章，思想內容的相似，同樣不易判斷兩者之間的時代先後。姑且不論先後順序，《孝經》確有與孟子思想相合之處。

（二）補充例的檢討

陳澧提出了《孝經》與孟子有兩種相似的思想內容，一是「服、言、行」與「法先王」的論述，二是身份階級的論述結構。在陳澧的基礎上，近代學者又補充了三個例子，不過這三個例子似乎都有待商榷。以下擬從補充例的檢討，反省在思想聯繫的操作上，是否能夠提出規範，以幫助本文之後的討論。

王正己根據《孟子·滕文公上》引曾子曰：「生，事之以禮；死，葬之以禮，祭之以禮，可謂孝矣。」〔註109〕認爲：「《孝經》有『春秋祭祀，以時思之。生事愛敬，死事哀戚，生民之本盡矣，死生之義備矣。』又：『孝子之喪親也，哭不哀，禮無容，言不文，服美不安，聞樂不樂，食旨不甘。』這簡直是孟子思想的注解。」〔註110〕不過《論語·爲政》記子曰：「生，事之以禮；死，葬之以禮，祭之以禮。」〔註111〕孟子所述曾子之語，應與《論語》較有關係，至於孟子引述的目的，在說明行三年喪之必要。〔註112〕守喪三年爲禮之一環，既然要「葬之以禮，祭之以禮」，守喪也要合禮。《孝經》討論的則是孝子喪親的哀戚之情，兩者的主題不同。

〔註108〕〔清〕陳澧：《東塾讀書記》，卷1，頁2下～3上。
〔註109〕〔宋〕朱熹：《四書章句集注》，〈滕文公上〉，頁352～353。
〔註110〕王正己：〈孝經今考〉，頁170。《孝經注疏》，卷9，頁1。
〔註111〕〔宋〕朱熹：《四書章句集注》，〈爲政〉，頁72。
〔註112〕參考〔宋〕朱熹：《四書章句集注》，〈滕文公上〉，頁353。

　　第二個例子，蔡汝堃以孟子曰：「身不行道，不行於妻子；使人不以道，不能行於妻子。」〔註113〕作爲論述核心。《孝經》云：「治家者，不敢失於臣妾，而況於妻子乎。」論者認爲《孝經》與孟子「意義全同」。〔註114〕孟子之語從兩方面思考，「身不行道」是講自身的行爲，如果自己都不做道德行爲，身邊的妻子怎麼會去做呢，此義近於身教，希望別人能有合道的行爲，要從自己開始做起。「使人不以道，不能行於妻子」，則討論命令或行爲的合理性，此類似諫諍涉及的問題，如果命令或行爲不合理，即便是妻子等親密之人，也不會聽從你的命令。〔註115〕相較於《孝經》，《孝經》的意思是：就連對地位較低微的人都不敢有所違失，何況是地位較高又較親密的妻子，兩者文字雖有「妻子」，也以夫妻爲喻，但孟子論旨在行道要從自身開始，《孝經》則表示就連地位低下的人都抱持著一種尊重，更不用說是地位較高的人，兩者並非「意義全同」。

　　至於第三個例子，蔡汝堃根據〈萬章上〉孟子說：「孝子之至，莫大乎尊親；尊親之至，莫大乎以天下養。爲天子父，尊之至也；以天下養，養之至也。」認爲與《孝經》：「人之行，莫大於孝；孝莫大於嚴父；嚴父莫大於配天，則周公其人也。」意義相同。〔註116〕孟子說「尊父」，《孝經》說「嚴父」，《御注》解釋爲「孝行之大，莫過尊嚴其父也」，《孝經》與孟子的尊嚴義相同，然而如何尊嚴其父，《孝經》、孟子則有差別，孟子「以天下養」乃治國之意，《孝經》「配天」乃禮制之意，兩者又有不同的偏向。

　　藉此三例分析，可歸納成兩個操作規範。第一，主題與問題意識的相同，是可作比較的基本條件。《孝經》、孟子雖有字句之同，但孟子討論的是三年之喪，《孝經》則論述孝子喪親的精神態度；孟子以夫妻比喻身教的影響，而《孝經》說的妻子，實乃對比於臣妾，說明治家之道不敢失於貴賤，這些例子雖有字句上的相似，然而只是各說各話，無法聚焦。第二，在主題與問題相同的前提之下，兩種資料如果來自同一作者或同一學派，對於問題的回應，

〔註113〕〔宋〕朱熹：《四書章句集注》，〈盡心下〉，頁514。

〔註114〕《孝經注疏》，卷4，頁3。蔡汝堃：《孝經通考》（臺北：臺灣商務印書館，1967年4月），頁29。按：作者又引古文〈閨門章〉補充，對於古文的問題，以下將另闢章節處理。

〔註115〕參考〔清〕焦循，沈文倬點校：《孟子正義》（北京：中華書局，1987年10月），下冊，頁970。〔宋〕朱熹：《四書章句集注》，〈盡心下〉，頁514。

〔註116〕以上見〔宋〕朱熹：《四書章句集注》，〈萬章上〉，頁428。《孝經注疏》，卷5，頁1上。蔡汝堃：《孝經通考》，頁127～128。

應該不會相差太遠，其中應有一致的主旨，在此回應與主旨的一致性中，才可進行進一步的比較，從中得出差異程度，此爲下節比較的目的與方法。再以此規範法則，重新檢視《孝經》與孟子，兩者思想上的相似，還是以陳澧所舉出的兩個例子爲主。

　　檢討《孝經》與「曾子十篇」、孟子間的比較，《孝經》與「曾子十篇」思想上的相似較多，又可作系統性的聯繫，若把「曾子十篇」當作曾子或曾子學派的思想，早期「曾子作《孝經》」有相當程度的可信度，不過「曾子十篇」的時代，屈萬里先生認爲：

> 《漢書・藝文志》，著錄了《曾子》十八篇。今存《大戴記》中關於《曾子》的十篇，大概是《曾子》十八篇中的一部分。但，從《大戴記》這十篇看來，《曾子》這部書也不是曾參作的。因爲這十篇的每一篇中，都有「曾子曰」的字樣，便是明證。而且〈曾子天圓〉篇裏，充滿了陰陽五行的思想；〈曾子立事〉篇，多取於《荀子》的〈大略〉篇，更不是曾參時代所能有的現象。它可能是曾參的弟子、或更後的儒者（乃至於漢人）記述或纂集曾子的言論和行實的書；它的著成時代，當不會早到戰國中葉以前。〔註117〕

「曾子十篇」有戰國中後期的特色，〈曾子立事〉又與《荀子・修身》、〈大略〉兩篇相似，〔註118〕《孝經》與「曾子十篇」連繫的思想內容，不宜有太早的推估。另一方面，《孝經》除了與曾、孟思想有相似之處，王應麟又說：

> 荀子述孔子之言曰：「昔萬乘之國，有爭臣四人，則封疆不削；千乘之國，有爭臣三人，則社稷不危；百乘之國，有爭臣二人，則宗廟不毀。父有爭子，不行無禮；士有爭友，不爲不義。」與《孝經》稍異。〔註119〕

無論是問題意識、主題、主旨、句式、文字，《孝經》此言俱合荀子，以諫諍問題論之，《孝經》更接近於荀子。由此幾處可知，《孝經》不純然爲某一學派的作品，有匯集各家的可能，而「曾子十篇」所出現的戰國中後期特色，也揭示了《孝經》晚出的可能。

〔註117〕屈萬里：《先秦文史資料考辨》（臺北：聯經出版事業公司，1983 年 2 月），頁 360。

〔註118〕同上註。

〔註119〕〔宋〕王應麟撰，〔清〕翁元圻注：《翁注困學紀聞》，第 4 冊，頁 694。

第五節　《孝經》在先秦思想中的特色

　　綜合文獻、體例、思想三方面的判斷，《孝經》與《左傳》、二戴《記》、孟子、荀子有文字思想上的互見，而互見之處的先後問題，分析《孝經》引《詩》的體例，定於荀子前後是比較合理，同時《孝經》使用的詞彙，也有戰國中後期的特色。〔註120〕歸納三說，朱熹判斷《孝經》晚出，實有先見之明，至於朱熹對《孝經》的價值判斷，其論引發的問題可簡化爲：《孝經》與《論語》之異同，《孝經》代表性如何，對此本節再抽繹爲：〔註121〕（1）《孝經》能否視爲儒家思想；（2）如果可以，《孝經》在儒家系統內有何異同；（3）如果視爲戰國中後期的思想，《孝經》的定位爲何。本節由此三點切入，作爲先秦思想史之一側面，問題關心的焦點，依舊是《孝經》思想內容的合理時間。

一、學派的歸屬

　　當孔子與曾子述作的說法受到了挑戰，《孝經》的地位有所動搖，加以學者對朱熹的推崇，《孝經》的價值更大打折扣。事實上，墨、道、法家都有孝論，〔註122〕不能因爲孔、曾間的對話，就把《孝經》當成儒家孝論的代表作品，《孝經》與各家思想的關係，必須重作思考。

（一）《孝經》與《論語》之比較

　　《孝經》與《論語》在節目上雖有繁簡之別，但精神與保身的掌握，兩者方向一致。在此大方向下，這裏將延續《孝經》與「曾子十篇」的討論，把身體、孝道、忠孝三種系統觀念，作爲《論語》、《孝經》的比較基礎，隨後再比較儒家以外的思想家。

〔註120〕《孝經》所使用的詞彙也出現戰國中後期的特色，范麗梅認爲：「就《孝經》中所用之詞或文句，皆有戰國中後期的特點，如〈中庸〉、《荀子》之『配天』，《孟子》之『生民』等等，可見《孝經》之成書，當不在曾子之時。」見范麗梅：《郭店儒家佚籍研究──以心性問題爲開展之主軸》（臺北：國立臺灣大學中國文學研究所碩士論文，黃沛榮先生指導，2002 年），頁 195。

〔註121〕若作全面的比較，容易成爲先秦孝道思想的研究。關於這方面的研究，可參考康學偉：《先秦孝道研究》（臺北：文津出版社，1992 年 10 月）；林安弘：《儒家孝道思想研究》（臺北：文津出版社，1992 年 11 月）。

〔註122〕單純從「孝」字出現的次數考量，《墨子》出現 48 次是最多的，其他如《莊子》出現 18 次，《韓非子》出現 23 次。在儒門之內，最多的是《荀子》，凡 40 見，《孟子》出現 27 次，《論語》18 次。統計值據查昌國：〈論墨子之孝與「無父」〉，《安慶師院社會科學學報》第 17 卷第 4 期（1998 年 10 月），頁 68～72、172。

（1）身體觀與孝道觀

身體觀雖然是一個隱性的、不明顯的討論，但「身體髮膚受之父母」已成爲文化上的格言，身體觀是個不得不討論的議題。《論語》、《孝經》都注重「以敬別乎」的精神意義，同時《論語》並沒有拋棄「養」的要求，一方面要保護身體的完好，一方面要奉養父母，這可視爲孝子對雙方形軀的照顧，形軀的保護或是奉養，絕非一種次等行爲，它應該是孝道的基本要求，以「養」爲孝道的基本條件，又在形軀之上更進一步，深化爲精神義的孝，以「敬」作爲內心的源頭，這是《論語》、《孝經》的共相。

至於孝道觀，《論語·學而》篇記錄：

> 有子曰：「其爲人也孝弟，而好犯上者，鮮矣；不好犯上，而好作亂者，未之有也。君子務本，本立而道生。孝弟也者，其爲仁之本與！」
> 〔註123〕

這是談《論語》孝義最常徵引的資料，而詮釋中的爭議可分爲兩部份，首句到「未之有也」是第一個部份，「君子務本」以下是第二個部份，這兩部份都涉及《論語》、《孝經》的比較，以下先述前者。

前一段的歧見在「好犯上」的解釋。何晏《集解》注云：「上，謂凡在己之上者也，言孝悌之人必有恭順，好欲犯其上者少也。」〔註124〕今天說的孝順，即同此恭順義。朱熹接受此注，解爲「干犯在上之人」，〔註125〕因孝有順義，不以頂撞上位者爲好，自然也不會違逆作亂，這是最常見的說法。另外一種解釋以皇侃《論語義疏》爲代表。皇侃引熊埋語，以「君、親」解「上」，以「犯顏諫爭」解「犯上」，謂「孝悌之人志在和悅，先意承旨，君親有日月之過，不得無犯顏之諫。然雖屢納忠規，何嘗好之哉」，又說「孝悌之人，當不義而諍之，尚無意犯上，必不職爲亂階也」，〔註126〕這個意思比較曲折，孝子諫諍之時，並非心存冒犯，乃因不忍君親做出不義之事，進而鑄成大錯。

比較兩說，前者以違背上意來解犯上，上意是否合理，並不是討論的範圍；後說上字特指「君、親」，不好犯上是「不以諫諍爲好」，預設了「上意不合理」的立場。邢《疏》以疏不破注的原則，判斷前說爲是，〔註127〕焦循

〔註123〕〔宋〕朱熹：《四書章句集注》，〈學而〉，頁62。
〔註124〕〔魏〕何晏集解、〔梁〕皇侃義疏：《論語集解義疏》，上冊，卷1，頁3下～4。
〔註125〕同註123。
〔註126〕同註124。
〔註127〕〔魏〕何晏集解，〔宋〕邢昺疏：《論語注疏》，卷1，頁2下。

則以兩漢史來補充後說。﹝註128﹞焦循所根據的《漢書》與《後漢書》，似乎與先秦有段距離，檢索先秦漢語之資料，找不到可以「諫諍」來解「犯上」的例子，對於字句的解釋，應以前說爲是。焦循的補疏，主要是義理上的詮釋。焦循注意到唐宋以後，諫諍思想深入臣道，這是他在政治思想史上的洞見，焦循以關龍逢與比干爲例，認爲諫諍乃一「不得已」之事，這是符合「古義」。﹝註129﹞此說雖有訓詁上的問題，但其義理涉及往後討論的問題，故於此處略作說明。

　　「務本」以下的第二個部份，從字面上解讀，有子的意思是「孝悌乃行仁的根本」，此義近似於百善孝爲先；再把「爲仁」當作善行的實踐，這個意思是說：善事要從孝悌做起。另一方面，「仁」乃孔子的中心思想，有子的孝、仁之論，有沒有本體或形上的道德義，爭議性更大，﹝註130﹞如果肯定以孝作爲道德根源的解釋，《孝經》也有相同的例子，《孝經》認爲「夫孝，德之本也」，﹝註131﹞孝是道德之本，這與著重仁、孝之道德義的說法是相通的。除了詮釋上的歧見，有子語又有異文。《論語》日傳本沒有「爲」字，敦煌遺書「仁」字作「人」，﹝註132﹞綜合兩本，此可讀爲「孝弟也者，人之本與」，這可解讀爲「孝悌是人之爲人的根本」，﹝註133﹞如果採用這個讀法，《孝經》說「天地之性，人爲貴；人之行，莫大於孝」，﹝註134﹞《孝經》認爲孝是人類最重要的特質，這與異文的讀法是相通的。除此之外，後面一句「人之行，莫大於孝」，

﹝註128﹞〔清〕焦循：《論語補疏》（臺北：復興書局，1972 年，皇清經解第 16 冊），卷 1164，頁 1～2。

﹝註129﹞同上註。另參考何澤恆：〈焦循論語學析論〉，《焦循研究》（臺北：大安出版社，1990 年 5 月），頁 157～162。

﹝註130﹞參考程樹德：《論語集釋》，第 1 冊，頁 15～16。按：程氏所謂清儒之攻訐，可以阮元「相人偶」爲代表。阮元認爲：孔子論仁重視的是人與人之間的關係，有子說的孝悌爲爲仁之本，正是在這人際關係的拓展上，先從父母之孝做起，進而層層向外拓展，即「親親而仁民，仁民而愛物」之義。基於此義，阮元斥：「博愛平等之說，不必辯而知其誤矣」，然《孝經》兼言博愛，對此請見後文討論。見〔清〕阮元，鄧經元點校：〈論語論仁論〉，《揅經室集》，上冊，頁 188。

﹝註131﹞《孝經注疏》，卷 1，頁 2 下。

﹝註132﹞見黃懷信主編，周懷生、孔德立參編：《論語彙校集釋》（上海：上海古籍出版社，2008 年 8 月），上冊，頁 30。

﹝註133﹞參考陳舜政：《論語異文釋》（臺北：嘉新水泥公司文化基金會，1968 年 10 月），頁 4。

﹝註134﹞《孝經注疏》，卷 5，頁 1 上。

強調了孝在善行中的地位，跟百善孝爲先之義，有異曲同工之妙。綜合以上所言，《孝經》論孝，蘊含著道德的根源義、人的特質義，又強調孝行在善行中的定位與價值，這三方面都可與《論語》溝通，《論語》與《孝經》論孝的基本特質是相同的。

（2）忠、孝與理想政治

身體觀與孝道觀是《論語》、《孝經》論孝的基礎，上述之資料，分別代表曾子與有子的意見，先不論曾子、有子與孔子之間的異同，有子所提出的仁，想必受到孔子的影響；《論語‧泰伯》篇記：

> 君子篤於親，則民興於仁。〔註135〕

《集解》引包氏注云：「君能厚於親屬，不忘遺其故舊，行之美者，則民皆化之，起爲仁厚之行，不偷薄也。」〔註136〕「君子篤於親」，說的是篤厚於己親，個人與親屬有良好的倫理關係，進而能影響他人。這種有德者對他人的影響，包氏以執政者論之，即上位者對民衆的影響，如果採取寬泛的意義，也可說是有德者與他人的影響。個人的孝行，可以感動他人，在「君子」的影響下，民衆的道德意識也有所提昇，這種狀況，《論語》以「仁」這最理想義稱之，此爲《論語》隱含之孝義。〈爲政〉篇又記：

> 季康子問：「使民敬、忠以勸，如之何？」子曰：「臨之以莊則敬，
> 孝慈則忠，舉善而教不能則勸。」〔註137〕

相較於〈泰伯〉篇，〈爲政〉篇主要說的就是執政者。季康子問孔子，怎樣才能使人民勤勉於敬、勤勉於忠呢？孔子認爲，要從執政者自身下手。執政者應該莊嚴自己，此爲威儀觀的一環，另外，「舉善而教」義近於上節所言之身教，在社會網絡中，執政者以理想的家庭臨之於民衆，自然能使民勤勉於忠，此意味著，執政者希冀能有理想的政治，必須從自我的德行、自己的家庭開始，自己能夠做到莊敬孝慈，自然能舉自身之善，教民之不能。換言之，自我的德行能影響他人，孝行爲基本要求之一，自我行爲上的影響，能產生理想的政治環境，此即「民興於仁」。

〔註135〕〔宋〕朱熹：《四書章句集注》，〈泰伯〉，頁 138。按：朱注引吳棫語，判斷此語別爲一章，並爲曾子所言。根據敦煌鄭注殘卷，「君子篤於親」上有「子曰」二字，此段是別爲一章，但屬孔子之言。見〔日〕金谷治：《唐抄本鄭氏注論語集成》（東京：平凡社，1978 年 5 月），頁 231。

〔註136〕《論語注疏》，卷8，頁 1 下。

〔註137〕〔宋〕朱熹：《四書章句集注》，〈爲政〉，頁 77。

從「仁」的角度切入，很快可以發現，《孝經》並沒有關於「仁」的討論，不過在「民興於仁」與「舉善而教不能」的意義上，《孝經》也有類似的想法。《孝經》認為孝是「教之所由生也」，又說「愛敬盡於事親，而德教加於百姓」、「先王見教之可以化民也」，〔註138〕這些都指出了理想上的政治，根源於孝的影響，於是孝則能忠，能教民，在政治意義上，《論語》與《孝經》是相同的。

前文曾引介《孝經》「移孝作忠」的概念，在身體觀、孝道觀、忠孝觀三者結構中，「移孝作忠」透顯出兩個意義：第一，身體不只是「己身」的問題，身體來自於父母，血肉與父母相繫屬，同時，以人生的完整論之，家庭、仕途都包含在立身的過程內。第二，在立身行道的要求下，家庭倫理不限於家庭範圍內，家庭內的倫理道德可應用於政治上，進而成為君臣間的德行，家庭內的孝，可轉化為君臣間的忠。

從《論語》「民興於仁」的理想透視《孝經》，《孝經》雖無仁的主題，但其教化的理想相同，這是從《論語》看《孝經》的角度，現在，筆者擬轉換視角，再從「移孝作忠」的兩個意義來看《論語》。

孔子說「不使不仁者，加乎其身」、「身正」、「不降其志，不辱其身」，這些涉及身體的言論，強調了道德上的正確，這種合乎仁的身體，重視心志的堅定，所正之身，目的是要成為一種道德的身體，這是孔子最主要的方針。

〈顏淵〉篇記子張問「辨惑」，孔子對「惑」的定義是「既欲其生，又欲其死」，對此，學者的解釋可分為兩派：〔註139〕《注》、《疏》系統認為，因為愛惡的變化，一下希冀他人生，一下詛咒他人死，心被愛惡牽動，心志無法貞定；〔註140〕朱熹則認為，生死屬命，並非好惡可以決定，辨惑乃知命之義。折衷兩說，無論是貞定心志，還是知命，「欲」都屬於愛惡的感情層面，感情的波動影響心志，它可能妨礙人對真理的理解。再往下看，樊遲也問孔子如何「辨惑」，孔子的回答稍有不同，孔子說：「一朝之忿，忘其身，以及其親，非惑與？」〔註141〕前章的「惑」與「欲」相關，「欲」可說是個人感情，以此定義考量，「一朝之忿」所說的憤怒，同屬個人的感情層面。孔子認為：因為

〔註138〕《孝經注疏》，卷3，頁4下。
〔註139〕參考程樹德：《論語集釋》，第3冊，頁854。按：程氏歸納諸說言「《集注》之愛惡似就兩人說，邢疏之愛惡似就一人說」，然朱熹注曰：「然人之生死有命，非可得而欲也」，朱子之意，似以知命為要。
〔註140〕〔魏〕何晏集解、〔梁〕皇侃義疏：《論語集解義疏》，卷6，頁30下～31上。
　　　　〔魏〕何晏集解，〔宋〕邢昺疏：《論語注疏》，卷12，頁6。
〔註141〕〔宋〕朱熹：《四書章句集注》，〈顏淵〉，頁191。

憤怒使得自己忘記了己身，又連帶著忘記了父母，這時候就可說是「惑」了，故辨惑可從身、親兩處下手。

孔子所言之「欲」或「忿」，都包含在形軀的身體內，除了形軀與道德，更有感情的身體，人所要辨析的，正是感情上的波動。如果以「不惑」視爲正確的感情，除了己身的思考，還有雙親的考量，因感情的起伏，斷了父母間的親情，這就是一種不正確的感情。以此檢視孔子所言之「忘身、及親」，《論語》除了有正身的要求，還考量與父母間的親情，以《孝經》首章的第一義論之，兩者都重視己身與父母間的聯繫，如果在這方面有所迷失，就可稱之爲惑。

以「辨惑」而論，孔子對於身的態度，蘊含道德精神的完整性，重視個人與雙親的聯繫，這與《孝經》說的「立身」相同。再以「始——中——終」的結構觀察，「事君」是《孝經》首章很重要的一環，但事君是構成人生完整的必要條件嗎？《論語・爲政》篇記：

> 或謂孔子曰：「子奚不爲政？」子曰：「《書》云：『孝乎惟孝、友于
> 兄弟，施於有政。』是亦爲政，奚其爲爲政？」〔註142〕

《論語》多記孔子論政之言，而孔子當時並無作官，故友人對孔子產生了懷疑。引《書》之語，包氏注云「孝乎惟孝，美大孝之辭」，又云「所行有所政道，與爲政同耳」，〔註143〕朱熹也說：

> 《書》言君陳能孝於親，友於兄弟，又能推廣此心，以爲一家之政。
>
> 孔子引之，言如此，則是亦爲政矣，何必居位乃爲爲政乎？〔註144〕

這些解說都指向：入仕並非爲政的必要條件，孝於親，友於兄弟，這本來是家庭範圍的倫理，但如能掌握孝、友之德，則能掌握爲政的道理。在這個意義上，《論語》論孝不侷限於家庭朝廷的藩籬，與《孝經》義同，不過，相較於《孝經》「事君」的強調，孔子不以仕宦當作爲政的必要條件。再就「忠」德探究，《孝經》說「忠順不失，以事其上，然後能保其祿位」、「君子之事上也，進思盡忠」，《孝經》所說的忠，專就君臣關係立言，講的是臣子對君主的忠誠。孔子認爲，「臣事君以忠」，孔子同樣強調臣對君的忠，「子以四教，文、行、忠、信」，忠是孔門的重要德目，從上述季康子問「使民敬忠」可知，孔子所說的忠，也蘊含著下對上之意；然而，在「奚其爲爲政」的意

〔註142〕〔宋〕朱熹：《四書章句集注》，〈爲政〉，頁77。

〔註143〕《論語注疏》，卷2，頁7上。

〔註144〕〔宋〕朱熹：《四書章句集注》，〈爲政〉，頁77。

義下，爲政不一定要事君，忠德有不在君臣關係下討論的可能性，孔子認爲「舊令尹之政，必以告新令尹」即爲「忠」，〔註145〕論忠之意，乃在自身職守之負責，非就事上思考，曾子說的「爲人謀而不忠乎」，應在此脈絡下討論，忠德不只是聽令順從而已。以此論之，《論語》與《孝經》所言之忠德不同。

（二）《孝經》與墨、道思想之相似

概括身體觀、孝道觀、忠孝觀三者，《孝經》、《論語》有一貫的方向，但細部上的論述，兩者有所不同，暫不統整兩者之異同，再引入儒家以外的思想來比較。儒、道、墨、法四家，一直是討論先秦思想的四大典範，其中，法家蘊含著非孝之論；《孝經》不限於孝，法家當然有論孝以外的部份可供比較，然而孝作爲核心綱領，在論孝的大主題上，法家已有違於《孝經》。基於先求同、再求異的原則，本項先舉墨、道兩家來作討論。

孟子對墨學有無父之評，孟子認爲，兼愛的思想將消泯父子間的親情，墨子的思想對孝是一種傷害。〔註146〕孟子之評，是害怕兼愛說所造成的後果，如果探究兼愛說之基源，孝乃墨子思考的出發點之一，墨子認爲：

> 聖人以治天下爲事者也，不可不察亂之所自起。當察亂何自起？起不相愛。臣子之不孝君父，所謂亂也。子自愛，不愛父，故虧父而自利。弟自愛，不愛兄，故虧兄而自利。臣自愛，不愛君，故虧君而自利。此所謂亂也。〔註147〕

〈墨經〉又云「孝，利親也」，〔註148〕在〈墨經〉的定義中，孝是一種利他行爲。根據此義，孝順的對象在於己親，而〈兼愛〉篇說的「臣子之不孝君父」，則包括了臣對君的關係，除了利親，墨子所說的孝，還包含了利君之意。墨子認爲，天下混亂的原因是「不相愛」，亂又可定義爲「臣子之不孝君父」，反過來說，「父子不相愛則不孝慈」，君臣父子相愛就可說是孝，這種利他的行爲，就是一種愛人的行爲。

〔註145〕〔宋〕朱熹：《四書章句集注》，〈公冶長〉，頁108。

〔註146〕〔宋〕朱熹：《四書章句集注》，〈滕文公下〉，頁379。

〔註147〕王煥鑣：《墨子集詁》（上海：上海古籍出版社，2005年4月），〈兼愛上〉，上冊，頁301～302。

〔註148〕〈墨經〉雖屬墨家後學，但此「經」的部份，當屬墨子之義。見〔清〕孫詒讓，孫以楷點校：《墨子閒詁》（北京：中華書局，1986年2月），上冊，頁282。參考嚴靈峰：〈現存墨子諸篇內容之分析及其作者的鑑定〉，《無求備齋學術論集》（臺北：臺灣中華書局，1969年6月），頁490～505。

相較《論語》「是亦爲政」之論，孝從家庭到政治有一過渡，墨子所說的孝，直就父子君臣討論，孝是理想的家庭關係，也是一種理想政治。從理論上探究，墨學的社會結構可析爲身、家、國三者，三個環節內又有己身他身、己家他家、己國他國，自我與他人間的交錯；〔註149〕孝的利親義，是在己家的範圍內，自己對他人之愛，墨子一方面肯定這層意義，又要求社會結構內的各各環節，都要有如此愛人利他之行，故孫詒讓曰：「墨氏兼愛，固諄諄以孝慈爲本」〔註150〕。

粗略的說，墨學是重視孝的。再把焦點置於道家。老子說「六親不和，有孝慈」、「絕民棄義，民復孝慈」，〔註151〕前句雖然將孝慈視爲次等的德行，但老子注重家庭的和諧，又有「民復孝慈」的理想，這樣看來，老子也重視孝。〔註152〕道家思想重視孝的原因，與墨學「利親」的出發點不同，《莊子·山木》篇云：

> 子桑雽曰：「子獨不聞假人之亡與？林回棄千金之璧，負赤子而趨。
> 或曰：『爲其布與？赤子之布寡矣；爲其累與？赤子之累多矣；棄千
> 金之璧，負赤子而趨，何也？』林回曰：『彼以利合，此以天屬也。』
> 夫以利合者，迫窮禍患害相棄也；以天屬者，迫窮禍患害相收也。
> 夫相收之與相棄亦遠矣。」〔註153〕

〔註149〕墨子說：「視人之國若視其國，視人之家若視其家，視人之身若視其身。」兼愛說包括了國與國之間，家與家之間，人與人之間的關係。這人、家、國都可以視人如己之義出發，非攻之論即爲國與國之間的問題，此爲視人如己之最大義。見王煥鑣：《墨子集詁》，〈兼愛中〉，上冊，頁311。參考陳問梅：《墨學之省察》（臺北：臺灣學生書局，1988年5月），頁185～195。

〔註150〕〔清〕孫詒讓：〈墨子後語小敘〉，《籀廎述林》（北京：學苑出版社，2005年，清代學術筆記叢刊第65冊影印民國五年刊本），卷5，頁15下。按：「諄諄」第一個諄字，原作左言右「盲」，根據《說文》，盲字乃享字，基於輸入上的方便，竄改爲諄字。

〔註151〕〔魏〕王弼等：《老子四種》（臺北：大安出版社，1999年2月），頁15。

〔註152〕這裡僅採字面義來融通老子對孝的肯定與否定，進一步探究老子否定孝的原因，乃因周人論孝，往往指涉一套宗族制度的運作，這是老子所反對的。本文的處理，不希望於否定義多作功夫，以下多就其肯定義發揮。關於道家論孝的否定義問題，可參考〔日〕池田知久，曹峰譯：〈《老子》兩種「孝」和郭店楚簡《語叢》的「孝」〉，收入《池田知久簡帛研究論集》（北京：中華書局，2006年2月），頁228～257。

〔註153〕〔清〕郭慶藩，王孝魚點校：《莊子集釋》（臺北：頂淵文化事業有限公司，2001年12月），〈山木〉，頁685。

這個寓言舉出了一個「不利」的狀況。林回丟棄璧玉，帶著兒子一起逃難，別人問：小孩的價值不如璧玉，帶著逃跑又麻煩，爲何棄玉攜子呢？他回答：在窮途禍難之時，人與人之間，如爲「天屬」者，彼此是不會互相遺棄的，至於那些有利害關係的人，這個時候就會遺棄你。這個寓言雖然是以父母對子女的視角論述，但它說明了道家對親子關係的看法——雙親對子女的關係是自然天屬。除了雙親對子女的關係是自然天屬，〈人間世〉「仲尼曰」又說「子之愛親，命也，不可解於心」，〔註154〕子對親也是一樣，這種天屬之自然，不因利害急難有所改變，有患難見眞情之義。六親不和後的孝，可能是後天教育的補救，或有利害關係的思考，這是老子所反對的；民復孝慈之孝，即是復返天屬相收之自然，這是道家思想所蘊含的孝義。

　　粗略分析墨家、道家的思想，墨、道兩家都講孝，兩者間的偏重又有不同。墨子所說的孝，是一種利親，甚至是利君的行爲，此義又與愛人相關，作臣子的能愛君父，自然沒有虧人自利的行爲，天下因此得治。在這種思考下，兼愛可說是自孝推論而來，也就是說，墨子肯定親子間有自然天成的愛，如果每個人都能秉持著愛父母的心去愛他人，天下自然能反亂得治。〔註155〕道家思想所隱含的孝義，則直就這種自然義發揮，屏棄利、義等非自然的、社會強加的產物，老子希冀的六親之和，正是看重孝所蘊含的天屬關係。

　　掌握墨子言利、愛、治亂，道家自然天屬的孝義，對照《孝經》：

> 子曰：「夫孝，天之經也，地之義也，民之行也。天地之經而民是則
> 之，則天之明，因地之利，以順天下。是以其教不肅而成，其政不
> 嚴而治。先王見教之可以化民也，是故先之以博愛，而民莫遺其親；
> 陳之於德義，而民興行；先之以敬讓，而民不爭；導之以禮樂，而
> 民和睦；示之以好惡，而民知禁。」〔註156〕

這段話可以分爲四個部份來討論。論孝之天經地義爲其一，政治教化能不嚴不肅爲其二，先之以博愛爲其三，禮樂興行爲其四，順著墨、道論孝之理路，先行討論一、三。孝之天經地義，與《左傳》子產論禮之天經地義，兩者文章句法相同。《左傳》類比天地的思考，綜合五行、五色諸節目，比較之下，《孝經》的論述較爲單純，更突顯了天經地義的恆常性。所謂的天明，即是

〔註154〕〔清〕郭慶藩，王孝魚點校：《莊子集釋》，〈人間世〉，頁155。
〔註155〕在這個意義下，墨子並無泯滅親子間的親情。相關問題可參考杜正勝：〈墨子兼愛非無父辨〉，《史原》第3期（1972年9月），頁29～54。
〔註156〕唐玄宗，〔宋〕邢昺疏：《孝經注疏》，卷3，頁3～4。

與日月星辰相同，有規律的照明人世；地義則蘊含滋養萬物之義，孝道如同地義，滋養人類的繁衍。〔註157〕道家論自然天屬的親情，即有恆常之義，道家肯定親子間的孝道，是自然恆常的存在著，這似乎又是儒、道、墨三家所共同接受的。

除了恆常義的基礎，《孝經》說以地爲利、以孝爲治、先之以博愛，這些敘述與墨子有形似之處。其中比較有爭議性的，在於如何詮釋「先之以博愛」一句。唐玄宗認爲，《孝經》說的「愛親者不敢惡於人」就是博愛，〔註158〕玄宗又云：「君愛其親則人化之，無有遺其親者」，〔註159〕綜合兩義，《疏》云：「言君愛親又施德教於人，使人皆愛其親，不敢有惡其父母者，是博愛也。」〔註160〕嚴格的說，《注》、《疏》系統強調了一個過程：所謂的博愛，是從愛自己的雙親開始，進一步去愛其他人。《孝經》此章並無此義，但〈聖治章〉說：「不愛其親而愛他人者，謂之悖德；不敬其親而敬他人者，謂之悖禮。」〔註161〕《孝經》駁斥愛他人，不愛父母的行爲，注疏的解釋乃依此推論。再以《論語》爲例。孔子說的「汎愛眾」，邢《疏》曰：「汎愛眾者，汎者，寬博之語，君子尊賢而容眾，或博愛眾人也。」〔註162〕《春秋繁露》也說：「忠信而博愛，敦厚而好禮，乃可謂善，此聖人之善也。」〔註163〕董仲舒、唐玄宗與邢昺等人，都視「博愛」爲儒者的德行之一。

宋儒對博愛與墨家的兼愛作了辨析。韓愈〈原道〉發端即言「博愛之謂仁」，〈讀墨子〉又曰：「孔子泛愛親仁，以博施濟眾爲聖，不兼愛哉？」〔註164〕韓愈之意，泛愛與兼愛乃儒、墨兩家共通之處。宋儒的辨析，乃針對韓愈此義，程頤曾斥「以博愛訓仁」之不當，〔註165〕陳埴也疑博愛極似兼愛，〔註166〕對

〔註157〕參考胡平生：《孝經譯注》（北京：中華書局，1999 年 8 月），頁 13。
〔註158〕《孝經注疏》，卷 1，頁 4 下。
〔註159〕《孝經注疏》，卷 3，頁 4 下。
〔註160〕《孝經注疏》，卷 1，頁 5 上。
〔註161〕《孝經注疏》，卷 5，頁 6 下。
〔註162〕〔魏〕何晏集解，〔宋〕邢昺疏：《論語注疏》，卷 1，頁 5 下。
〔註163〕〔清〕蘇輿：《春秋繁露義證》（北京：中華書局，1992 年 12 月），〈深察名號〉，頁 304。
〔註164〕以上見羅聯添編：《韓愈古文校注彙輯》（臺北：國立編譯館，1993 年 6 月），第 1 冊，頁 57、217。
〔註165〕〔宋〕程顥、程頤，王孝魚點校：《二程集》（北京：中華書局，2004 年 2 月），上冊，頁 182。
〔註166〕〔宋〕陳埴：《木鐘集》（臺北：臺灣商務印書館，1973 年，四庫全書珍本第

此，朱熹回答：仁爲體，博愛乃仁之用，以仁爲體，〔註167〕博愛仍爲儒者典範。暫且不論其思想史上的意義，韓愈之意乃著眼於儒、墨之合，宋儒乃重儒、墨之分，討論的方向不同；再者，朱熹雖對仁、愛關係做出詮釋，但《孝經》並沒有一個仁字可作爲博愛的本體，「先之以博愛」，不適合用朱熹的哲學體系，來劃清《孝經》與墨學的界線。

　　《孝經》與墨家的關係，可用《漢書・藝文志》對墨學的評論觀察，〈漢志〉說：

> 墨家者流，蓋出於清廟之守。茅屋采椽，是以貴儉；養三老五更，是以兼愛；選士大射，是以上賢；宗祀嚴父，是以右鬼；順四時而行，是以非命；以孝視天下，是以上同。〔註168〕

此評語與《孝經》、《禮記》相貫通。「宗祀嚴父」一句，乃參考《孝經》「孝莫大於嚴父，嚴父莫大於配天」之語，《孝經》又說：「宗廟致敬，鬼神著矣；孝悌之至，通於神明，光于四海。」祭祀父母是孝子之行，這有通鬼神的意思，墨家明鬼之說，可淵源於此。〈漢志〉評墨家「以孝視天下」，更是《孝經》的主題，從這幾個跡象來看，不妨把〈漢志〉當作漢儒融通《孝經》、墨學的一種看法。

　　《漢書・藝文志》的評語還有一義可繼續討論。「養三老五更」之事，見《禮記・祭義》、〈文王世子〉與〈樂記〉。以〈文王世子〉爲例，「養三老五更」即是養老之禮；天子有視學之禮，其中有釋奠、孝養之禮，所謂的釋奠，乃爲天子於國學祭拜先師，釋奠禮後，祭拜耆老靈位，禮成，宴請三老五更，此則爲孝養之禮。〔註169〕〈漢志〉意謂，墨家兼愛之義，實與禮家講養老、孝養之事相合；《孝經》「故雖天子必有尊也，言有父也；必有先也，言有兄也」之語，緯書《援神契》即以「三老五更」孝養之事釋之，〔註170〕《御注》

　　　　四集第 126 冊），卷 2，頁 16 下。

〔註167〕〔宋〕黎靖德編：《朱子語類》，第 8 冊，頁 3270。

〔註168〕〔漢〕班固：《漢書》（北京：中華書局，1962 年 6 月），〈藝文志〉，第 6 冊，頁 1738。

〔註169〕〈文王世子〉篇云：「釋奠於先老，遂設三老、五更羣老之席位焉。適饌省醴，養老之珍具，遂發咏焉。退，脩之以孝養也。」見〔清〕孫希旦：《禮記集解》（臺北：文史哲出版社，1990 年 8 月），上冊，頁 576～577。

〔註170〕引自〔南朝宋〕范曄撰，〔唐〕李賢等注：《後漢書》（北京：中華書局，1965 年 5 月），〈班彪列傳下〉，第 5 冊，頁 1372。

云「禮：君讌族人，與父兄齒也」，〔註171〕兼有養老禮的意味。以上諸論，兼合《禮記》、《孝經》、兼愛之說，墨家雖有非禮非樂之論，然其精神內含，實有與禮意相通之處，此或爲墨家與《孝經》相似之跡。

　　章太炎認爲，《孝經》「博愛」即爲墨子「兼愛」，〔註172〕墨子雖然沒有使用「博愛」一詞，但〈兼愛下〉篇可見其跡，其云：

　　　吾聞爲明君於天下者，必先萬民之身，後爲其身，然後可以爲明君
　　　於天下。〔註173〕

　　　〈泰誓〉曰：「文王若日若月乍照，光于四方、于西土。」即此言文
　　　王之兼愛天下之博大也。譬之日月兼照天下之無有私也，即此文王
　　　兼也。〔註174〕

從「兼愛天下之博大」一語論之，兼愛無遠弗屆之時，就可說是博愛，「先之以博愛」所說的「先之」之義，也符合墨家先行利他之精神，就此考慮，博愛與兼愛十分相似。

　　再以《論語》論之，《論語》說的「泛愛」，綜合子貢問「博施於民，而能濟」，這也可說是《孝經》「博愛」之源。孔子是贊成泛愛的，但對於「博施濟眾」，孔子說「堯舜其猶病諸」，從孔子的語氣看來，他把博施濟眾視爲一極高的標準，這種標準連堯、舜都達不到，雖然肯定它，但態度上是懷疑的。孔子對於《孝經》所說的「博愛」，理應與此態度相同。〔註175〕又，《論語》泛愛有作「氾愛」，〔註176〕《莊子・天下》篇說「墨子氾愛兼利而非鬭」，

〔註171〕唐玄宗注，〔宋〕邢昺疏：《孝經注疏》，卷8，頁2上。
〔註172〕章太炎：〈孝經本夏法說〉，《膏蘭室札記》，收入《章太炎全集（一）》（上海：人民出版社，1982年2月），頁275。按：章太炎說：「《疏》引魏眞克《注》云：博愛也。此即兼愛明矣，證一。」〈漢志〉諸語，章太炎並有討論，然其結論與本文微異。如「孝經本夏法」之題，章太炎以墨學爲「夏法」，《孝經》與墨學相似之處，自然也是「夏法」了。
〔註173〕王煥鑣：《墨子集詁》，〈兼愛下〉，上冊，頁364。
〔註174〕王煥鑣：《墨子集詁》，〈兼愛下〉，上冊，頁369。
〔註175〕劉寧認爲：「『博施濟眾』，孔子雖然稱揚其爲盛德大業，但『堯、舜其猶病諸』一語則透漏出一種微妙的態度，『博施濟眾』固然是爲仁終美的境界，但其事高遠廣大，作爲內在修養的『仁』，還是要從『能近取譬』入手。」參考劉氏：〈韓愈「博愛之謂仁」說發微──兼論韓愈思想格局的一些特點〉，《中國典籍與文化》2006年第3期（2006年3月），頁89〜95。
〔註176〕陳舜政：《論語異文釋》（臺北：嘉新水泥公司文化基金會，1968年10月）頁8〜9。

〔註177〕〈天下〉篇以「汜愛」一詞評論墨學，就此用語觀察，當時學者不把泛愛、兼愛，當作儒、墨的劃分，《論語》雖說泛愛，但也用來指稱墨家的學說，《孝經》「先之以博愛」的論述，實近墨學之思維。

　　綜合以上對「天經地義」與「博愛」的討論，孝所蘊含的自然義與愛人義，儒、墨、道三家都是肯定的；再以「泛愛」、「兼愛」、「博愛」論之，三者的論調相同，然而泛愛並非孔子思想的重心，《孝經》「先之以博愛」的思維，較接近墨家思想，由此論之，《孝經》不能單純視為儒家的作品。

　　這裏準備再從道家思想觀察，《國語・齊語》管仲曰：

> 昔聖王之處士也，使就閒燕；處工，就官府；處商，就市井；處農，就田野。令夫士，羣萃而州處。閒燕則父與父言義，子與子言孝，其事君者言敬，其幼者言悌。少而習焉，其心安焉，不見異物而遷焉。是故其父兄之教不肅而成，其子弟之學不勞而能。夫是，故士之子恆為士。〔註178〕

《國語》管仲之語又見《管子・小匡》篇。〔註179〕韋昭注閒燕「猶清淨也」，相較於工、農、商的勞動，士階層乃清淨之學，在此思維之內，希冀不肅而成、不勞而能的理想。如何能不肅、不勞，乃因自小耳濡目染，自然養成義、孝、敬之德行，此為管仲的教化理想。《孝經》也講這種不肅不勞的教化，不過其原因則有不同。管仲強調的是環境對人的影響，《孝經》則肯定孝道能使得人去愛人，又感動他人行孝，因為孝道的影響力，故能成不肅、不嚴的教化理想。管仲論述清淨為士之學，《孝經》乃基於對孝道的肯定，兩者於用語上雖相似，內涵略有不同。管仲語與《孝經》，一者論教化，一者論孝，主題有所不同；一者著眼於環境，一者肯定孝道的影響力，主旨也有差距，兩者雖有詞語上的相似，但主題、主旨略異。

　　《孝經》與管仲語，雖然只算是片面相似，然而不肅不嚴的思維都是相同的，這種不肅不嚴的思維，是否為黃、老之無為，兩者之間有點差距，〔註180〕

〔註177〕〔清〕郭慶藩，王孝魚點校：《莊子集釋》，〈天下〉，頁1072。
〔註178〕徐元誥撰，王樹民、沈長雲點校：《國語集解》（北京：中華書局，2002年6月），頁219～220。
〔註179〕見黎翔鳳：《管子校注》（北京：中華書局，2004年6月），上冊，頁400～402。
〔註180〕《管子》有法家與黃、老的成份，管仲論士之言，可與黃、老「主約」的思想比較。黃、老所說的約，是指君王掌握國家的政策綱領，臣子付諸實踐，如此可以君無為而臣有為。管仲的主旨是道義的學習，這與黃、老講的君無為是兩回事。參考陳鼓應：《管子四篇詮釋——稷下道家代表作解析》（北京：

不過《孝經》又說：

> 在上不驕，高而不危；制節謹度，滿而不溢。高而不危，所以長守
> 貴也；滿而不溢，所以長守富也。富貴不離其身，然後能保其社稷，
> 而和其民人，蓋諸侯之孝也。〔註181〕

此語與定州西漢中山懷王墓竹簡《文子》相似，其簡釋文曰：

> 高而不危，高而不危者，所以長守民。〔註182〕

> 有天下，貴爲天子，富貴不離其身。〔註183〕

《文子》的真僞也存在著很多爭議，但隨著竹簡本《文子》出土，這個部份
大致可以肯定是秦漢之際流傳下來的文獻。〔註184〕簡本《文子》僅爲片段，
其全貌或爲《文子‧道德》篇所述，其云：

> 處大，滿而不溢，居高，貴而無驕，處大不溢，盈而不虧，居上不
> 驕，高而不危。盈而不虧，所以長守富也，高而不危，所以長守貴
> 也，富貴不離其身，祿及子孫，古之王道具於此矣。〔註185〕

先秦是否有文子一人，實屬疑問，但其多以「老子曰」爲本，應爲道家後學
之一。對照《孝經》與《文子》，《孝經》所云爲諸侯之孝，《文子》乃述王道
之論，但除了階級上的差異，《孝經》與《文子》幾乎完全相同，兩者皆討論
如何能「守」的問題，提出相同的修養方針，更重要的，就連文辭用語都是
相同的。以管仲、《文子》之語論之，《孝經》「不嚴不肅」乃《管子》無爲而
成的思維之一，守成保身之道，與《文子》相同，此爲《孝經》與道家思想
的相同之處。

經過以上的討論，單純將《孝經》視爲儒家文獻是不恰當的，至少在與
《文子》例的相似，可說明其守成與修養之論，應源自於道家，同時在博愛
的論述上，《孝經》接近墨學的思維。《孝經》與《論語》、曾子十篇這些大方
向的相同，可說《孝經》有儒家的骨幹，但細部上的表現，《孝經》的思想內

商務印書館，2006 年 4 月），頁 4～5；32～34。

〔註181〕唐玄宗注，〔宋〕邢昺疏：《孝經注疏》，卷 2，頁 1 上。

〔註182〕河北省文物研究所定州漢簡整理小組：〈定州西漢中山懷王墓竹簡《文子》釋
文〉，《文物》1995 年第 12 期（12 月），簡 0864，頁 29。

〔註183〕同上註，簡 2327，頁 29。

〔註184〕參考丁原植：《文子新論》（臺北：萬卷樓圖書有限公司，1999 年 10 月），頁
21～24。

〔註185〕丁原植：《〈文子〉資料探索》（臺北：萬卷樓圖書有限公司，1999 年 9 月），
頁 238。

容應定位於孔子、曾子之後，吸收墨家與道家的思想而來。進一步從《文子》、《國語》這些文獻觀察，將《孝經》的思想內容，定位於戰國中後期，除了有文獻、體例、用詞上的理由，吸收這些思想也較爲合理，此或爲《孝經》成書時期的證據之一。

二、儒家系統內之異同

　　《孝經》雖然有墨、道思想的痕跡，但在「導之以禮樂」的意義上，《孝經》還是以儒家的方法來治理天下。同時，經過《孝經》與曾子十篇、孟子的比較，其相同之處，可以確保《孝經》有儒家的骨幹，這些儒家外的思維，應視爲儒家後學對墨家、道家的吸收。筆者以此說爲本，擬再就儒家系統探究，提出「孝治」與「諫諍」兩項，討論《孝經》在儒家系統內的特色。

（一）明王形象與孝治思想

　　《孝經》的孝治思想，指的是：

> 子曰：「昔者明王之以孝治天下也，不敢遺小國之臣，而況於公侯伯子男乎？故得萬國之懽心，以事其先王。治國者，不敢侮於鰥寡，而況於士民乎？故得百姓之懽心，以事其先君。治家者，不敢失於臣妾，而況於妻子乎？故得人之懽心，以事其親。夫然，故生則親安之，祭則鬼享之，是以天下和平，災害不生，禍亂不作。故明王之以孝治天下也如此。」〔註186〕

「明王」一詞多見於《尚書》，《孝經》「昔者明王」之言，乃就上古聖王之事發揮。「不敢遺小國之臣」、「不敢侮於鰥寡」、「不敢失於臣妾」，在國家、社會、家庭三個層面中，明王對於各階層裏，最弱勢的族群都照顧有加，更何況是其他人呢。除了對國家、社會、家庭，全面的照顧，祭祀之事也爲孝子所重視，諸言「事先王」、「事先君」，與〈金縢〉篇周公事三王之事同，〔註187〕《孝經》又說：「卜其宅兆，而安措之；爲之宗廟，以鬼享之；春秋祭祀，以時思之。生事愛敬，死事哀慼。」〔註188〕孝子將父母安葬之後，又有宗廟之祭祀，表達對父母親的哀戚之情，若能盡此孝道，則有「天下和平，災害不生，禍亂不作」之福應，若能盡此孝義，於國家能有全面性的治理，又有祭祀先祖之福應，整

〔註186〕唐玄宗注，〔宋〕邢昺疏：《孝經注疏》，卷4，頁1～4上。
〔註187〕屈萬里：《尚書集釋》，頁128。
〔註188〕唐玄宗注，〔宋〕邢昺疏：《孝經注疏》，卷9，頁2下～4。

體即爲孝治之義。

　　《孝經》孝治之論，一方面爲普及性的照顧，一方面有祭祀上的意義，這是其思想上的特色，此處先論後者。孝與祭祀之論，可溯源於《詩經‧雅》、〈頌〉言孝之事，其言「孝享」、「孝祀」等語，〔註189〕多涉及祭祀之事，西周晚期的〈杜伯盨〉有「其用享孝于皇申（神）且考」之銘文，〔註190〕祭祀爲孝之義，應爲西周當時的重要意義。《論語》少言鬼神之事，然孔子論禹之事蹟仍言：

　　　　子曰：「禹，吾無間然矣。菲飲食，而致孝乎鬼神；惡衣服，而致美

　　　　乎黻冕；卑宮室，而盡力乎溝洫。禹，吾無間然矣。」〔註191〕

《左傳》說：「滅宗廢祀，非孝也」，〔註192〕孝與祭祀相關，此處「致孝乎鬼神」，應在孝享之通義下討論。細讀孔子文意，並非聚焦於鬼神之神秘，應以周人宗廟祭祀的歷史背景來理解。禹減損飲食、衣服、宮室等需求，盡力於宗廟、祭祀、治水之事，孔子所言「致孝乎鬼神」與「致美乎黻冕」之事，應非僅爲宗廟祭祀之儀節，兼可代表廣泛之禮樂，其中蘊含一套孔子對社會運作的理想；孔子緬懷大禹致孝之義，乃在其超越個人享受，維護理想的社會運作。〔註193〕

　　　對照《孝經》「天下和平，災害不生，禍亂不作」之論，宗廟祭祀之孝，乃著眼於其災禍福應之論。能盡享孝之事，即能有去災應和之福，祭祀鬼神與禍

〔註189〕例如〈天保〉、〈楚茨〉篇。見程俊英、蔣見元：《詩經注析》，下冊，頁460、660。

〔註190〕馬承源主編：《商周青銅器銘文選》（北京：文物出版社，1998年4月），第3冊，頁356。

〔註191〕〔宋〕朱熹：《四書章句集注》，〈泰伯〉，頁145。

〔註192〕〔晉〕杜預注，〔唐〕孔穎達等疏：《左傳注疏》，卷54，頁26上。

〔註193〕〈堯曰〉篇記堯、舜、禹，三位聖王：「所重：民、食、喪、祭。寬則得眾，信則民任焉，敏則有功，公則說。」這裏所說的致孝乎鬼神，所論重在民眾喪祭之事，不只喪祭，婚禮嫁娶、外交朝聘、禮儀舞樂、軍隊征伐、典章制度等等，這些都包含在廣義的禮意之內。孔子對於上古明王之事是十分熟悉的，這是孔子學說的根基，大禹雖非周人，但作爲孔子所崇仰的「聖人」，自然投射著孔子的理想。在廣義的禮意上，孔子宗祀致孝之義，可以涵攝禮儀舞樂、典章制度等社群之事，此處所標舉出的大禹，並非只求玉帛鐘鼓、祭祀貢品上完滿而已，可以深化爲執政者的個人準則，即是正文「超越個人享受，以求理想的社會運作」之論。大禹治水的傳說，乃超越其個人享受的最好例子，反過來說，即是執政者不因個人的慾望，影響國政的運作。見〔宋〕朱熹：《四書章句集注》，〈堯曰〉，頁271。又參考楊向奎：《宗周社會與禮樂文明》（北京：人民出版社，1992年5月），頁244、375～377。

福之相應，可取《尚書·金縢》篇作爲參照。此篇記述武王病重，周公對太王、王季、文王三位已故先王的禱告，禱詞曰「予仁若考，能多材多藝，能事鬼神」，〔註194〕于省吾以金文「考、孝」通用，此即爲「予仁若孝」，〔註195〕周公所言之孝義，著重鬼神之事，即前述「戚先王」之事。此所謂鬼神，即作古之三王，「戚先王」即是以祝禱感動先王，希望自己來代替武王的病痛，周公祝禱次日，武王立即痊癒。周公感動先王之事，或爲《孝經》述祭祀先祖福應之本，然屈萬里疑此篇爲戰國時人，追述周公的作品，〔註196〕〈金縢〉篇的時代雖有疑問，但周公感應先王的傳說，可說是《孝經》孝治思想的根源之一。

進一步探究《孝經》祭祀之論，其曰：

> 子曰：「昔者，明王事父孝，故事天明；事母孝，故事地察；長幼順，故上下治。天地明察，神明彰矣。故雖天子，必有尊也，言有父也；必有先也，言有兄也。宗廟致敬，不忘親也。脩身愼行，恐辱先也，宗廟致敬，鬼神著矣。孝悌之至，通於神明，光于四海，無所不通。」
> 〔註197〕

明王事天事地之論，近似郭店簡〈唐虞之道〉，一簡釋文曰：「夫聖人上事天，教民有尊也；下事地，教民有親也；時事山川，教民有敬也；親事祖廟，教民孝也；大學之中，天子親齒，教民弟也。」〔註198〕其云「親事祖廟，教民孝也」，即宗廟致孝之論，事天、事地之思維，似源於祭拜天地之禮，〔註199〕楚簡言「大學之中，天子親齒」，可證上言養老禮之事。《孝經》後言「宗廟致敬，鬼神著矣；孝悌之至·通於神明」，綜合《孝經》「祭則鬼享之」，此神明鬼神，似乎都是指稱雙親死後的狀態，〔註200〕宗祀致孝有通於先祖之能。

〔註194〕屈萬里：《尚書集釋》，頁 128。

〔註195〕于省吾：《雙劍誃尚書新證》，收入《雙劍誃群經新證、雙劍誃諸子新證》（上海：上海書店出版社，1999 年 4 月），卷 2，頁 1 下～2。

〔註196〕屈萬里：《尚書集釋》，頁 127。

〔註197〕唐玄宗注，〔宋〕邢昺疏：《孝經注疏》，卷 8，頁 1～2 上。

〔註198〕李零：《郭店楚簡校讀記（增訂本）》（北京：中國人民大學出版社，2007 年 8 月），頁 123。

〔註199〕〈禮器〉云：「昔先王之制禮也，因其財物而致其義焉爾。故作大事必順天時……是故因天事天，因地事地，因名山升中于天，因吉土以饗帝于郊。」見〔清〕孫希旦，沈嘯寰、王星賢點校：《禮記集解》，上冊，頁 659。

〔註200〕《孝經》所記乃籠統而言。早期周人認爲肉體之外，存在著一個靈體，自子產論「魂魄」以後，魂魄乃作爲人精氣意識的延續。周人言鬼神與言魂魄乃一義相通，鬼即是魄，神即是魂。參考錢穆：〈中國思想史中之鬼神觀〉，《靈

　　楚簡〈唐虞之道〉的時代，目前尚無定論，不過它至少早於墓主下葬，即戰國中後期以前。再就感應的特色探究，《周易》爲最具代表性的作品，《易傳》的感應原理，奠定在人對自我的信念，這種信念消融人與自然、心靈與外物的限制，〈咸·象〉曰「天地感而萬物化生，聖人感人心而天下和平」，〔註201〕天地之感，說的是自然的大化流行，聖人所感，是人心靈間的貫通，貞定心中所感，外界將有恰如其分的回應，〔註202〕以《孝經》而言，就是「天下和平」的福應。對照《孝經·感應章》之語，前半部事天事地的思維，與郭店楚簡相同，這部份可保證爲戰國時期的特徵。宗祀孝享與〈金縢〉篇，雖然可以推衍出〈感應章〉的思想，但眞正突顯感應原理的，可能要等到《易傳》。〈感應章〉後半部的感應說與《易傳》類似，如果接受《易傳》成於戰國的說法，致孝感應的思考也該是晚出的證據之一。以此二證推論，〈感應章〉應非孔、曾時代的思想特色。

　　孝治即以孝爲治之義，感應之論僅爲其特色之一，孝治思想所著眼的，自然是其政治上的理論，繼續討論這個問題之前，必須先對以下的研究進路作點說明。孝治的政治論述與先秦文獻，最可比較者有二，一是《孟子》，二是郭店楚簡諸篇與上博簡〈內禮〉篇。由於上博簡沒有出土報告，略去不談。郭店簡的下限是確定的，同時又因爲〈五行〉篇的緣故，大多取之爲孔、孟間的發展。〔註203〕《孝經》與郭店楚簡〈唐虞之道〉可比性最高，關於此篇的年代，王博對照傳世文獻與其用詞觀察，認爲〈唐虞之道〉可能是戰國中期以後的作品。〔註204〕據此，郭店楚簡各篇的年代尚有齟齬，並非全是孟子之前的作品，更可能與孟子的時代重疊。由於本項的目的在突顯《孝經》的思想特色，並藉此思考其成書問題，可不必勞心孔、孟之間，職是之故，以下的處理，將以孟子爲核心，比較孝治思想的政治論述，並以郭店簡爲輔證，對《孝經》的成書進行思考。

　　　　魂與心》（臺北：聯經出版事業公司，1976年2月），頁59～110，特別是頁71～72。

〔註201〕〔宋〕朱熹：《周易本義》（臺北：大安出版社，1999年7月），頁131。

〔註202〕參考楊儒賓：《中國古代天人鬼神交通之四種類型及意義》（臺北：國立臺灣大學中國文學研究所博士論文，張亨先生指導，1986年），頁7～12。

〔註203〕採取此研究進路者，可參考朱榮貴：〈郭店楚簡的孝道思想〉，《經學研究論叢》第6輯（1999年3月），頁165～170。

〔註204〕王博：〈關於唐虞之道的幾個問題〉，《郭店楚簡研究》，《中國哲學史》1999年第2期，頁30～33。

　　孟子「老吾老，以及人之老」的名言，體現與孝治思想同樣的關懷，孟子說：

　　　　老吾老，以及人之老；幼吾幼，以及人之幼。天下可運於掌。《詩》
　　　　云：「刑于寡妻，至于兄弟，以御于家邦。言舉斯心加諸彼而已。故
　　　　推恩足以保四海，不推恩無以保妻子。古之人所以大過人者無他焉，
　　　　善推其所爲而已矣。〔註205〕

「先之以博愛」之論，乃爲《孝經》「孝治天下」的理論基礎。《注》、《疏》
對《孝經》「博愛」所作的融會，或以孟子「老吾老，以及人之老；幼吾幼，
以及人之幼」作爲儒家關懷天下的典範，要先愛自己的親屬，後愛他人。對
照「孝治天下」與「老吾老，以及人之老」的說法，關懷天下的意識雖同，
之間卻有差別，孟子直接的說出親疏間的進程，但《孝經》強調對弱勢者的
關懷，表現出對全體社會的觀照，孟子當然也重視這個意思，但關注於由親
往疏的拓展，也就是孟子所說的推。

　　這種差別是比較出來的，整體來說，《孝經》對「不愛其親而愛他人」的
斥責，也蘊含著「推」的意思，屏除此微異處不論，《孝經》與孟子關懷天下
人的心情是一致的，孟子說：

　　　　謹庠序之教，申之以孝悌之義，頒白者不負戴於道路矣。〔註206〕

　　　　謹庠序之教，申之以孝悌之義，頒白者不負戴於道路矣。老者衣帛
　　　　食肉，黎民不飢不寒，然而不王者，未之有也。〔註207〕

這兩段話的語境都在孟子論述其王道思想之內。孟子認爲推恩足以運天下於
掌中，「庠序之教」一方面是孟子的思想源頭，一方面是具體實踐的作法。從
孟子語推測，「庠序之教」的內容就是申明孝悌與養老之禮意，不過，「申之
以孝悌之義」乃上位者展現、發揚孝悌之義，「頒白者不負戴於道路」乃因養
老禮而使得老者有基本的照顧，前後似乎是兩件事，故孟子分別述之，並不
是因爲「孝悌」而能使得「頒白者不負戴於道路」，這與《孝經》「孝治」之
統攝有很大的不同。「孝悌」與「老者不負戴於道路」，基本上是兩回事，但
孟子又說：

　　　　孝子之至，莫大乎尊親；尊親之至，莫大乎以天下養。爲天子父，

〔註205〕〔宋〕朱熹：《四書章句集注》，〈梁惠王上〉，頁289。
〔註206〕〔宋〕朱熹：《四書章句集注》，〈梁惠王上〉，頁282。
〔註207〕〔宋〕朱熹：《四書章句集注》，〈梁惠王上〉，頁290。

尊之至也。以天下養，養之至也。〔註208〕

孟子認爲，孝行的極致是養天下，孟子此論，把「申之以孝悌」與「頒白者不負戴於道路」這兩項可分開的項目聯繫了起來。在推恩的基礎下，孝義可推廣教化，爲關懷天下的原理原則，「孝」與「天下」間在此有了連結。

孟子兼以《詩》、《書》爲論，從孟子徵引〈堯典〉來觀察，此論源於舜之史事。今傳〈堯典〉說舜「瞽子；父頑、母嚚、象傲。克諧，以孝烝烝」，〔註209〕雖然親人德行不佳，舜仍然「克諧以孝」，維持家庭的和諧，孟子孝養天下之論，乃舜形象的歷史詮釋。相較於孔子說禹致孝乎鬼神，舜的孝順，更爲今人所知。回到孟子的語境，孟子與弟子的討論，其實本於一個倫理問題：舜與瞽瞍本來是單純的父子關係，舜接受禪讓之後，舜與瞽瞍該不該有君臣關係呢？咸丘蒙引《詩》曰「率土之濱，莫非王臣」，認爲應有君臣之禮。在這種情況下，兒子本該恭順父親，父親卻要以臣子事敬其子，故當時有傳孔子語曰：「於斯時也，天下殆哉，岌岌乎。」〔註210〕說的就是這種矛盾，所可能導致的人倫崩壞。

在咸丘蒙的思維中，「父子」與「君臣」衝突，主以君臣爲論，孟子係就父子關係提出其孝養天下之說。養天下乃爲至孝，舜雖貴爲君，於至孝之義下，仍不失爲子之意，故瞽瞍不必以君臣之禮事其子，瞽瞍不必爲臣。但是這又衍生一個額外的問題，在子敬父的意義下，父親如有無德之要求，舜是否要順從，舜在君的職分下，該如何教化或是治理呢？這種情況在孟子心中是不存在的，孟子云：

> 天下大悅而將歸己。視天下悅而歸己，猶草芥也，惟舜爲然。不得
> 乎親，不可以爲人；不順乎親，不可以爲子。舜盡事親之道而瞽瞍
> 底豫，瞽瞍底豫而天下化，瞽瞍底豫而天下之爲父子者定，此之謂
> 大孝。〔註211〕

瞽瞍無德，父親沒辦法作爲子女的典範，然而在舜「克諧以孝」之下，父親受其感動而能豫。舜能夠感化他的父親，在此感化下，瞽瞍之無德有轉化爲有德的可能性，舜能推廣這個孝道，繼續感化他人，這是孟子所肯定的。舜的孝德風行草偃，佐以感化的能力，自然是天下大悅，有治天下之功，此爲

〔註208〕〔宋〕朱熹：《四書章句集注》，〈萬章上〉，頁428。
〔註209〕屈萬里：《尚書集釋》，頁15。
〔註210〕〔宋〕朱熹：《四書章句集注》，〈萬章上〉，頁428。
〔註211〕〔宋〕朱熹：《四書章句集注》，〈離婁上〉，頁403。

孟子大孝之義。

　　從孟子的論述觀察，孟子的孝義具有一個脈絡：「孝悌」與「關懷天下」本來可分別論之，然而在「推恩的原則」與「解決舜與瞽瞍的人倫矛盾」的狀況下，「孝」與「天下」逐漸融爲一爐；孔子論孝即有爲政之義，但孟子更上升以天下爲養的層級。

　　孝養天下之義，乃孟子對舜形象的一種發揮，郭店楚簡有不少論述可與之參證，不過本文僅以楚簡作爲輔證，茲舉其項。〈唐虞之道〉曰：「古者堯之與舜也，聞舜孝，知其能養天下之老也；聞舜悌，知其能事天下之長也。」〔註212〕此有上述孝養之義，可證其一。釋文云：「堯、舜之行，愛親尊賢。愛親故孝，尊賢故禪。孝之施，愛天下之民。」〔註213〕此合上愛親施用天下之論，兼合墨學論孝之義，此爲二。釋文又云：「夫古者舜處居於草茅之中而不憂，登爲天子而不驕。」〔註214〕此居高不驕之意，兼合《孝經》、《文子》之論，此其三。〈唐虞之道〉外，〈語叢三〉釋文曰：「人之性非與，止乎其孝。」〔註215〕此以孝作爲人之爲人的特質，與《孝經》同，此其四。這四個項目加上「事天事地」與「先王教民以孝本」的思維，此六種必爲戰國中後期以前即有的思想。

　　從這六個項目對照，《孝經》孝治天下之意，很可能也存在於郭店楚簡的時期，但尚有一個問題要辨析。以孝治而論，《孝經》很明確的以孝作爲政治的大方針，同時涵攝君臣、階級、君民、妻子間的關係，相對於孟子孝養天下之論，孟子孝義雖擴展至天下，但孝的地位並非如此之高，孟子說：

　　　王如施仁政於民，省刑罰，薄稅斂，深耕易耨。壯者以暇日修其孝
　　　悌忠信，入以事其父兄，出以事其長上，可使制梃以撻秦楚之堅甲
　　　利兵矣。〔註216〕

孟子講「仁政」，他雖然擴展孝的涵義，但還是在《論語》「仁」的脈絡下發揮，孝僅爲孝、悌、忠、信四德之一，並沒有以孝爲治的意思。同樣地，郭店楚簡諸篇論孝之處不少，但也沒有達到這樣的高度。〔註217〕孟子雖不講孝

〔註212〕釋文據李零：《郭店楚簡校讀記》，頁124。
〔註213〕同上註，頁123。
〔註214〕同上註，頁124。
〔註215〕同上註，頁192。
〔註216〕〔宋〕朱熹：《四書章句集注》，〈梁惠王上〉，頁285。
〔註217〕除上引諸證，〈語叢三、四〉並有論孝之言，其言親愛爲孝，此爲時人通義，

治，但其後云「入以事其父兄，出以事其長上」，這又符合《孝經》「不失忠順以事上」之義。〔註218〕比較孟子論孝與《孝經》孝治，或可以孟子論孝的脈絡爲基礎，嘗試對《孝經》的成書再做推論。孟子雖合「孝悌」與「關懷天下」爲極致的大孝，但尚未有「以孝爲治」的統攝說法，《孝經》孝治之說，似乎爲「養天下」的更進一步，這可形成「《孝經》孝治發展於孟子養天下之後」的推論。

（二）再論諫諍問題

尋覓《孝經》外之舊籍，《荀子·宥坐》篇有記孔子斷獄事，其一云：

> 孔子爲魯司寇，有父子訟者，孔子拘之，三月不別也。其父請止，孔子舍之。季孫聞之不說，曰：「是老也欺予。語予曰『爲國家必以孝』，今殺一人以戮不孝，又舍之。」〔註219〕

根據〈宥坐〉篇的紀錄，孔子告訴季孫氏「爲國家必以孝」，此近似於《孝經》以孝爲治之論。此事又見《韓詩外傳》、《孔子家語》、《說苑》，故楊倞認爲此篇以下乃荀子及其弟子所見雜事，〔註220〕這跟孟子辨孔子語「於斯時也，天下殆哉，岌岌乎」的情況有點類似，〈宥坐〉篇或許也是當時關於孔子的傳說。從孝治思想與所傳此語推論，以孝爲治的思維可能更接近荀子之時。除此之外，《荀子·榮辱》篇有「天子、諸侯、士大夫、庶人」分述的句式，〔註221〕此與《孝經》述五等之孝的相同；〈仲尼〉篇說的「持寵處位」，〔註222〕《孝

又論無爲之孝，實近道家言孝，諸言俱無以孝爲治之意。參考前揭池田知久文。
〔註218〕原文爲：「以孝事君則忠，以敬事長則順。忠順不失，以事其上，然後能保其祿位。」前「移孝作忠」處已有論。此即家庭轉移至朝廷之倫理觀。見《孝經注疏》，卷2，頁5下。
〔註219〕王天海：《荀子校釋》（上海：上海古籍出版社，2005年12月），〈宥坐〉，下冊，頁1110。按：楊倞注云：「別，猶決也。謂不辨其子之罪。」「不別」即爲不判決、不治罪之義。
〔註220〕見王天海：《荀子校釋》，〈宥坐〉，下冊，頁1107。
〔註221〕原文爲：「志意致脩，德行致厚，智慮致明，是天子之所以取天下也。政令法，舉措時，聽斷公，上則能順天子之命，下則能保百姓，是諸侯之所以取國家也。志行脩，臨官治，上則能順上，下則能保其職，是士大夫之所以取田邑也。……孝弟愿愨，軥錄疾力，以敦比其事業，而不敢怠傲，是庶人之所以取煖衣飽食、長生久視，以免於刑戮也。」荀子此論，天子要注重德行的修養，諸侯要注意政令的施用，士大夫則要從命，謹守自己的職責，以上是屬於爲政者的層面。庶人則要忠厚樸實，「軥錄疾力」又有勞苦身體、付出勞力的意味，此爲庶人階層的本分。見王天海：《荀子校釋》，〈榮辱〉，上冊，頁132。
〔註222〕王天海：《荀子校釋》，〈仲尼〉，上冊，頁246~247。按：「持寵處位」乃講

經》也說士階層要「保其祿位」，《孝經》有與《荀子》內容相似的部份。

《孝經》、《荀子》雖有上述之同，討論《孝經》在儒家系統內的定位，還是以王應麟所指出的諫諍問題最爲合適，故以下不再使用《孝經》、《荀子》的比較來突顯其同，而以《論語》——孟子——荀子這傳統進路，來說明其異，並藉此對《孝經》的成書進行反思。

回到舜與瞽瞍的倫理問題，舜接受禪讓的衍生問題是：父不一定爲君，子不一定爲臣，但經過孟子的詮釋，舜行養天下之大孝，仍不失爲子之意，在其意義下，舜與瞽瞍保持父子關係。以舜與瞽瞍爲例，舜乃一有德之人，瞽瞍則剛好相反，在這等情況下，子還要順從父親嗎？在這個分析中，孟子雖然沒有直接討論諫諍問題，但其背後蘊含著相同的爭議。不論舜與瞽瞍的特殊情況，君臣、父子交雜的關係，從一般情況思考，周人的宗法社會並非禪讓，掌握政權者多傳位於子，在這種政權轉移的常規下，君，即是父。

對於諫諍問題的反思，可以從《論語》「三年無改於父之道」開始，《論語·學而》篇記：

> 子曰：「父在，觀其志；父沒，觀其行；三年無改於父之道，可謂孝矣。」〔註223〕

孔子認爲，遵行父親的遺志可稱爲孝，此論可以擴大爲政治上的施用，政權轉移時，繼承者不撤換上代之臣與上代之政，在《論語》是受到讚揚的。〔註224〕如果父親的政策爲善，延續父親的方針自然沒有什麼不對。《論語·微子》篇又記：

> 周公謂魯公曰：「君子不施其親，不使大臣怨乎不以。故舊無大故，則不棄也。」〔註225〕

道家思想認爲親子間是屬於天屬關係，在危難之時不會互相遺棄，《論語》所記「君子不施其親」也近乎於此。《論語》接著又說，先主遺留下來的臣子，如果沒有犯下大錯，應該要繼續任用，這是三年無改之孝，在政治施用上的具體展現。進一步追問「故舊無大故」之意，沒有犯下大錯就繼續留任，似乎是說，小錯則應該容忍，在此，對與錯並非單純的二元對立，而是一程度

人臣處位之術，與此篇前述孔子事無關。

〔註223〕〔宋〕朱熹：《四書章句集注》，〈學而〉，頁66。

〔註224〕《論語·子張》篇記：「曾子曰：『吾聞諸夫子：孟莊子之孝也，其他可能也；其不改父之臣，與父之政，是難能也。』」對於孔子，延續君父的治理方針，可說是難能可貴的行爲。見〔宋〕朱熹：《四書章句集注》，〈子張〉，頁267。

〔註225〕〔宋〕朱熹：《四書章句集注》，〈微子〉，頁261。

上的差別。用小錯容忍的態度回應「三年無改於父之道」之意，似乎可以說：理論上雖應該改正，但還在可以接受、或容忍範圍之內的事情，順從父親，不更動父親的遺志，便可稱之爲孝。〔註226〕

「三年無改之孝」，是「父沒」之後的狀況，《論語》所說的大過，其實就蘊含著小過，這表現出一種程度上的差異，也就是說，善惡有如光譜一般，並不是非黑即白的二元對立，其中給予父母最大的包容。在這個基礎上，可再引入葉公問孔子「其父攘羊」的例子來討論。從葉公所述的「其子證之」，可以知道這是個「決獄」的法律問題。在這個例子中，父親是被判定爲有罪，父親已經不是道德上的瑕疵，而是法律上的問題。對此，孔子認爲兒子該有的行爲是「父爲子隱，子爲父隱，直在其中矣」，〔註227〕這個態度與「三年無改之孝」相同，在道德問題上，對父親是包容的，父親涉入犯罪事件，也給予相當的保護，一旦社群與血緣產生了衝突，是以血緣爲優先的。

孟子認爲「卿」應分爲「貴戚之卿」與「異姓之卿」，「君有大過則諫，反覆之而不聽，則易位」，這是「貴戚之卿」的職責，「異姓之卿」則是「君有過則諫，反覆之而不聽，則去」，〔註228〕從「易之」、「去之」這些話看來，《孝經》說的諫諍還算客氣，對於君主有過，孟子是毫不妥協的。孟子區分異姓，是講究血緣的，「易君主」是在同姓的君臣關係內，對「君不德」的辦法，至於「父不德」的狀況，孟子則與《論語》態度相同，《孟子·盡心上》記：

> 桃應問曰：「舜爲天子，皋陶爲士，瞽瞍殺人，則如之何？」孟子曰：
> 「執之而已矣。」「然則舜不禁與？」曰：「夫舜惡得而禁之？夫有
> 所受之也。」「然則舜如之何？」曰：「舜視棄天下，猶棄敝蹝也。
> 竊負而逃，遵海濱而處，終身訢然，樂而忘天下。」〔註229〕

歐陽脩曾強烈懷疑「三年無改於父之道」的孝義，舜與瞽瞍之事乃其持論之一。〔註230〕堯、舜間的政權轉移，並非父傳子的關係，故舜位居天子時，瞽瞍尚在世，難道要舜遵行其父無道之事嗎？桃應與歐陽脩有同樣的思維，他

〔註226〕另參考何澤恆：〈論語「父在觀其志」章義辨——兼論孔門孝義〉，收入《先秦儒道舊義新知錄》（臺北：大安出版社，2004 年 8 月），頁 119～159。

〔註227〕以上見〔宋〕朱熹：《四書章句集注》，〈子路〉，頁 202。

〔註228〕〔宋〕朱熹：《四書章句集注》，〈萬章下〉，頁 452。

〔註229〕〔宋〕朱熹：《四書章句集注》，〈盡心上〉，頁 504。

〔註230〕〔宋〕歐陽脩，李逸安點校：〈三年無改問〉，《歐陽修全集》（北京：中華書局，2001 年 3 月），第 3 冊，頁 883。

的問題更爲尖銳，在其假設情況下，瞽瞍並非道德上的瑕疵而已，而是有殺人的犯罪行爲，與攘羊相較，殺人的行爲絕非小過，對此，身居天子之位的舜該怎麼處理？孟子除了回應桃應的問題，也針對歐陽脩問題的一種說法。孟子的解決方式是：「舜視棄天下，猶棄敝蹝也。竊負而逃，遵海濱而處，終身訢然，樂而忘天下」，就禪讓的情況，有才德的人就能當天子，但父親是無可取代的，基於血緣無可取代的原因，舜當然是拋棄天子之位，帶著父親逃走。當君臣、父子間產生了矛盾，還是以父子間的親情爲重。〔註 231〕

　　不只君臣、父子間的矛盾，《左傳》所記「人盡可夫」的例子，〔註 232〕當父女、夫婦之間有了衝突，也是以血親作爲優先原則，這種優先性似乎爲早期儒家的一種通則。孟子又以匡章爲孝，根據《戰國策・齊策》：

> （齊威王）曰：「章子之母啓得罪其父，其父殺之而埋馬棧之下，吾使章子將也，勉之曰：『夫子之強，全兵而還，必更葬將軍之母。』對曰：『臣非不能更葬先妾也。臣之母啓得罪臣之父。臣之父未教而死。夫不得父之教而更葬母，是欺死父也。故不敢。』夫爲人子而不欺死父，豈爲人臣欺生君哉？」〔註 233〕

葬母於馬廄是父親下的決定，此並非愼葬之孝，故時人都認爲匡章應該遷葬其母。齊威王即利用此等人情來激勵匡章，但匡章認爲，要更改父親做的決定，自然要徵詢父親的同意，在父親已沒的情形下，匡章將永遠無法遷葬其母。孟子以匡章不欺父爲孝，這可說是三年無改父之道的具體實例，同時「爲人子而不欺死父，豈爲人臣欺生君哉」，這也是一個家庭道德轉化於君臣關係的例子。如果父母間發生了衝突，似乎又以父親的意見爲先，不存在超越父意的道理。

　　《論語・憲問》篇記孔子云「忠焉，能勿誨乎」，〔註 234〕《論語》說的忠，有君臣之間的普遍義，彼此之間雖然有上下位的差別，在君不德時，臣子要「誨之」才能說是忠。如果把《論語》說的忠，深化爲個人盡力之義，舜當然要對瞽瞍誨之才能說是盡己之忠，不過姚際恆說，《論語》所言幾諫，

〔註 231〕另參考勞思光：《新編中國哲學史》（臺北：三民書局股份有限公司，2001 年 9 月），頁 124～125。黃俊傑：《孟學思想史論（卷一）》（臺北：東大圖書有限公司，1991 年 10 月），頁 103～109。

〔註 232〕〔晉〕杜預注，〔唐〕孔穎達等疏：《左傳注疏》，卷 7，頁 20。

〔註 233〕〔漢〕劉向集錄：《戰國策》（上海：上海古籍出版社，1978 年 5 月），〈齊一〉「齊假道韓魏以攻齊」，上冊，頁 329。

〔註 234〕〔宋〕朱熹：《四書章句集注》，〈憲問〉，頁 208。

是多少低回曲折，主要就是在「無改父之道」與「隱之」的大原則下，雖然有「誨之」的責任，但有更多的包容，此乃誨父之諫諍，曲折委婉之因。孟子也說：

> 親之過大而不怨，是愈疏也；親之過小而怨，是不可磯也。愈疏，
>
> 不孝也；不可磯，亦不孝也。〔註235〕

對於血親的諫諍，孟子也著眼於程度上的拿捏，既不能完全順從父之惡，又不能傷了親子間的和氣，故孟子說：「古者易子而教之。父子之間不責善。責善則離，離則不祥莫大焉。」〔註236〕再把焦點回到舜與瞽瞍歷史詮釋，對於瞽瞍之小過，舜必是用最大的包容心來接受父親，當其父親的德行之惡，大到一定程度時，舜必定有幾諫之言，希望能讓父親重返爲善，最理想的狀況是：瞽瞍因舜的孝行而感動，行爲產生了改變；但如果到了無可挽回的餘地，舜也寧願拋下天子之位，與父隱之。

關於諫諍的系列討論，《論》、《孟》都呈現出一貫的態度，姚際恆「委婉」之評，不但可以評於《論語》中的孔子，兼可作爲《孟子》的註腳。掌握了《論》、《孟》之義，再進入《孝經》說的「諫爭」。經過王應麟的提點，《孝經》「諫爭」的說法可與《荀子・子道》來作比較。〈子道〉篇在〈宥坐〉篇之後，依照楊倞的看法，這屬於荀學對仲尼史事的一種紀錄。比較《孝經》與《荀子・子道》篇，《孝經》爲孔子、曾子間的對話，〈子道〉篇則是魯哀公、孔子、子貢三人之語錄，除了角色對話不同，在問題意識、論述主題、文章句式，《孝經》與〈子道〉篇幾乎如出一轍。

前面討論過，《孝經》的「諫爭」，其實就是「諫諍」，強調其「爭」字的抗爭或爭吵義是不恰當的。單就字面解，《孝經》與〈子道〉篇的諫諍是一中性的詞彙，並無蘊含程度上的激烈，話雖如此，經過一番對《論》、《孟》的討論，〈子道〉篇還是存在程度上的激烈，其篇首曰：

> 入孝出弟，人之小行也。上順下篤，人之中行也。從道不從君，從
>
> 義不從父，人之大行也。若夫志以禮安，言以類使，則儒道畢矣。
>
> 雖堯不能加毫末於是矣。〔註237〕

在君臣、父子、甚至是夫婦，只要人倫與血緣親情有了衝突，《論》、《孟》都

〔註235〕〔宋〕朱熹：《四書章句集注》，〈告子下〉，頁476。
〔註236〕〔宋〕朱熹：《四書章句集注》，〈離婁上〉，頁398。
〔註237〕王天海：《荀子校釋》，〈子道〉，下冊，1126。

是以親情作爲優先原則，這種優性原則先於道德，甚至先於法律，這也是其幾諫，低回曲折之因。相較於〈子道〉篇，「入孝出弟」只是人之小行而已，一味的順從在荀學內只是個次等的德行，「從道不從君，從義不從父」，禮義才是其絕對的依歸，禮義的格位是高於君臣、甚至是父子的，〈子道〉篇存在一超越父意的準則，於此是「堯、舜不能加毫末於是」。荀子雖無討論舜與瞽瞍的人倫問題，但其歷史詮釋必大大不同於孟子。

　　〈子道〉篇雖以禮義爲依歸，但也不是這麼不盡人情。超越父意的準則有三：爲了保護父母的安全，可以不從命；爲了讓父母有尊嚴，可以不從命；爲了使父母合於禮義，可以不從命。〔註238〕這三項原則，基本上都是以父母作爲出發點的，但依照《論》、《孟》的道理，當曾子詢問孔子「從命爲孝乎」的問題時，孔子應該不會連言「是何言與」以反駁之，而應該用更大的包容心來看待，《孝經》說的諫諍，在此對比下就顯得強烈，其原因，〈子道〉之言乃最合適的解釋。從《論》、《孟》與《荀子》之別來看，《孝經》實與《論》、《孟》有一段距離，根據〈子道〉篇，《孝經》的諫諍思想，發展於荀子前後比較合適。

三、反孝說的針對性

　　經過儒、墨、道的一番梳理，可以推論《孝經》在孟子之後，荀子左右成書，可視爲戰國中後期的思想。以此說爲基礎，《孝經》在戰國中後期的思想特色，可以從兩方面來思考，一是前面提過的法家思想，一是《孝經》與《禮記》的相關性，本項準備把焦點放在法家身上。

　　《商君書》以孝悌爲六蝨之一，〔註239〕法家非孝其來有自，法家爲什麼要反對孝悌呢？韓非子說：

> 楚之有直躬，其父竊羊而謁之吏，令尹曰：「殺之。」以爲直於君而曲於父，報而罪之。以是觀之，夫君之直臣，父之暴子也。魯人從君戰，三戰三北，仲尼問其故，對曰：「吾有老父，身死莫之養也。」仲尼以爲孝，舉而上之。以是觀之，夫父之孝子，君之背臣

〔註238〕原文爲：「孝子所不從命有三：從命則親危，不從命則親安，孝子不從命乃衷；從命則親辱，不從命則親榮，孝子不從命乃義；從命則禽獸，不從命則脩飾，孝子不從命乃敬。」此言「脩飾」乃相對於「禽獸」而言，荀子又說「亂禮義之分，禽獸之行」，斟酌此言，脩飾父母乃以「合於禮義」釋之。見王天海：《荀子校釋》，〈子道〉、〈正論〉，下冊，頁 1126、706。

〔註239〕見蔣禮鴻：《商君書錐指》（北京：中華書局，1986 年 4 月），頁 80。

也。〔註240〕

此乃《論語》「以隱爲直」之事，同時，孝道不可能有孟子說的「可使制梃以撻秦楚之堅甲利兵」，反而是「三戰三北」，重孝不利於攻戰。直躬者的故事又見於《呂氏春秋・當務》篇：

> 楚有直躬者，其父竊羊而謁之上，上執而將誅之。直躬者請代之。將誅矣，告吏曰：「父竊羊而謁之，不亦信乎？父誅而代之，不亦孝乎？信且孝而誅之，國將有不誅者乎？」荊王聞之，乃不誅也。孔子聞之曰：「異哉直躬之爲信也，一父而載取名焉。」故直躬之信，不若無信。〔註241〕

《論語》、《韓非子》、《呂氏春秋》應爲同一件事，從其對孔子言論的紀錄，《呂氏春秋》所記的「孔子曰」認爲，以指證父親犯罪爲一種正直的行爲，這種德行不要也罷，從孔子的言論上來看，《呂氏春秋》比較接近《論語》。

比較之下可以發現，《韓非子》所記之直躬者被判處死刑，《呂氏春秋》則網開一面。「直於君而曲於父」是判處死刑的理由，對於君主，指證父親是一種正直的行爲，但對於父親，很難說是符合恭順之孝。從今出土秦律可知，不孝是一種罪行，〔註242〕《孝經》曰：「五刑之屬三千，而罪莫大於不孝。」很可能就是戰國後期的寫照。漢初也有因控告父親，判以不孝、處以死刑的案例。〔註243〕韓非所言或爲當時寫照。《呂氏春秋》則與《韓非子》大相逕庭，《呂氏春秋》紀錄，直躬者雖然指證了父親，但爲了父親，甘願替父親受死。社群與血緣的矛盾下，直躬者選擇以身受死，以完成忠孝兩全之義，直躬者一方面能對君王盡信，一方面能對父親盡孝，基於這個理由，君王並沒有判

〔註240〕陳奇猷：《韓非子集釋》（上海：上海人民出版社，1974 年 1 月），〈五蠹〉，下冊，頁 1057。

〔註241〕王利器：《呂氏春秋注疏》，第 2 冊，頁 1105～1107。

〔註242〕睡虎地秦墓竹簡《法律問答》記：「免老告人以爲不孝，謁殺，當三環之不？」不孝可爲一種罪名，同時「子告父母，臣妾告主，非公室告，勿聽」，家庭內的犯罪行爲，由家長自行處理。如果兒子堅持要「公室告」，「告者罪」，官吏直接判兒子有罪。釋文見睡虎地秦墓竹簡整理小組：《睡虎地秦墓竹簡》（北京：文物出版社，1990 年 9 月），頁 117～118。

〔註243〕張家山漢墓竹簡《二年律令・告律》：「子告父母，婦告威公（筆者按：整理者注爲婆母，即是婆婆的意思），奴婢告主、主父母妻子，勿聽而棄告者市。」此乃承襲秦律，控告父母者直接處以死刑。釋文見張家山二四七號漢墓竹簡整理小組：《張家山漢墓竹簡〔二四七號墓〕（釋文修訂本）》（北京：文物出版社，2006 年 5 月），頁 27。

其死刑。

　　宋翔鳳曾融通此兩不相同的紀錄，他認為，本來是沒有要處死直躬者的，但葉公聽了孔子的話後，更以不孝之罪誅之。〔註244〕究竟歷史真相如何，並不是這裏所要討論的問題，〔註245〕從《韓非子》與《呂氏春秋》可知，「其父攘羊」與「直躬者」的問題，到戰國晚期又成為學者關注的焦點，法家之所以反孝，主要就是站在國家與君主的立場，如果人人都以血緣關係作為處世的優先考慮，一旦國、家之間有了衝突，還有誰肯為國家付出呢，同時，血緣的優先原則，將敗壞國家秩序，重視孝道使得士兵高掛免戰牌，故韓非會說：「修孝寡欲如曾、史，曾、史不戰攻，則國何利焉？」〔註246〕

　　一般來說，研究者都將《孝經》視為戰國晚期的作品，《孝經》移孝作忠的思想，被視為儒家法家化的象徵。〔註247〕在五等之孝中，《孝經》以天子之孝作為主體，〔註248〕同時其忠孝之論與立身之論，事親與事君有混同的現象，加上五等之孝的階級性，這些都助長了專制帝王的統治，〔註249〕此為《孝經》與法家的相似之處。

　　進一步比較《孝經》與法家的特色，〔註250〕君主不是《孝經》中的最高格位，以《荀子‧子道》篇為例，存在著超越君父的禮義，作為諫諍與否的

〔註244〕〔清〕宋翔鳳：《論語說義》（臺北：藝文印書館，1965年，皇清經解續編第6冊影印光緒年間南菁書院刊本），卷395，頁4下〜5上。

〔註245〕相關問題可參考陳鴻森：〈劉氏《論語正義》參正〉，《王叔岷先生八十壽慶論文集》（臺北：大安出版社，1993年6月），頁523〜527。

〔註246〕陳奇猷：《韓非子集釋》，〈八說〉，下冊，頁974。按：曾即為曾參，史應為史蝤。《莊子‧駢拇》篇斥曰：「枝於仁者，擢德塞性以收名聲，使天下簧鼓以奉不及之法非乎？而曾、史是已。」曾、史二人，時人以稟性仁孝而並舉之。見郭慶藩：《莊子集釋》，頁314〜315。

〔註247〕曾怡嘉：《先秦至漢初儒家孝道思想之演變》（嘉義：國立中正大學中國文學研究所碩士論文，劉文起先生指導，2002年），頁119〜134。

〔註248〕林佩儒：《孝經孝治思想研究》（臺北：國立政治大學中國文學研究所碩士論文，劉又銘先生指導，1999年），頁107〜115。

〔註249〕林啓屏：《先秦儒法思想中的血緣問題與國家》（臺北：國立臺灣大學中國文學研究所博士論文，張亨先生指導，1995年），頁182〜183。按：作者並沒有使用「法家化」一詞，但也認為《孝經》屬於一種「異化」的現象。

〔註250〕法家的特色有三，一是極端的尊君，二是獨尊法令，三是透過農戰進行社會控制與富國強兵。第二與第三項特徵，《孝經》是看不到的，《孝經》雖有「混同」君親的現象，但《孝經》蘊含著諫諍的觀念，尊君的現象稱不上為極端。參考林聰舜：《西漢前期思想與法家的關係》（臺北：大安出版社，1991年4月），頁13〜23。

準則，《孝經》雖比〈子道〉篇簡單，但也不是順從君父而已。

如果要說移孝作忠的缺點，家庭與政治的連結，極可能把原來自然的血緣關係，染上了權力與利益的操弄，而移孝作忠的優點，就是在家庭倫理中，顯現為政的道理，進而能有修齊治平的層層拓展。無論採取正面的，還是反面的觀點，它們都突顯了家庭、國家兩層面的連結，這種齊家治國的順序正是移孝作忠的特色。

掌握了移孝作忠的連續性後，再來討論法家的反孝說。韓非認為：

> 孝子愛親，百數之一也。今以為身處危而人尚可戰，是以百族之子於上皆若孝子之愛親也，是行人之誣也。好利惡害，夫人之所有也。
> 〔註251〕

家庭作為優先原則，將導致國家的崩壞，這是韓非不願樂見的。在家庭與國家的衝突中，韓非選擇了以國家君主的角度來處理這些問題，除了立場不同，反孝更根源的原因，在於韓非不相信天屬自然的孝道，孝行更不可能衍生愛人的行為。韓非不以孝為人的天性，人性是好利惡害，治理國家要從此下手。韓非又說：

> 君臣之相與也，非有父子之親也。〔註252〕

> 夫君臣非有骨肉之親，正直之道可以得利，則臣盡力以事主；正直之道不可以得安，則臣行私以干上。〔註253〕

君臣之間沒有血緣關係，連子女都不愛父母了，作臣子的怎麼可能拿孝順父親的那一套來孝順君主，移孝作忠不能期待。在這種否定之下，君臣、父子是兩件事，家庭與國家之間斷了聯繫，更沒有齊家、治國的層層進展。

韓非不相信孝道，認為重孝有礙攻戰，血緣的優先原妨礙國家秩序，這是韓非反孝的三大理由，更重要的，在君臣、父子的互不相屬中，國、家之間兩不相干，考量的只有社會、國家、君王的利益。韓非說：

> 記曰：「舜見瞽瞍，其容造焉。孔子曰：當是時也，危哉！天下岌岌，有道者，父固不得而子，君固不得而臣也。」臣曰：孔子本未知孝悌忠順之道也。然則有道者，進不為臣主，退不為父子耶？父之所以欲有賢子者，家貧則富之，父苦則樂之；君之所以欲有賢臣者，國亂則

〔註251〕陳奇猷：《韓非子集釋》，〈難二〉，下冊，頁840。

〔註252〕陳奇猷：《韓非子集釋》，〈姦劫弒臣〉，上冊，頁249。

〔註253〕陳奇猷：《韓非子集釋》，〈姦劫弒臣〉，上冊，頁247。

治之，主卑則尊之。今有賢子而不爲父，則父之處家也苦；有賢臣而
不爲君，則君之處位也危。然則父有賢子，君有賢臣，適足以爲害耳，
豈得利哉！焉所謂忠臣不危其君，孝子不非其親？〔註254〕

孝子、賢臣雖然能使家得理、國得治之治國之利，但其功業也將動搖上位，
在利害權衡之下，韓非不取國家得治之利，而以維持尊位作爲絕對優先。在
這種尊位的考量下，君位可視爲最高利益，〔註255〕基於這個觀念，韓非對舜
的看法也完全不同。在韓非的紀錄中，舜陷入了一個進退兩難的局面，最後
「瞽瞍爲舜父而舜放之，象爲舜弟而殺之」，〔註256〕舜的形象絕不是孟子那攜
父遁逃的孝子。在舜與瞽瞍的討論中，韓非關心的不是禪讓所可能產生的人
倫崩壞，他害怕尊位的動搖，基於這個理由，韓非否定禪讓的說法，他認爲：

父而讓子，君而讓臣，此非所以定位一教之道也。臣之所聞曰：「臣
事君，子事父，妻事夫，三者順則天下治，三者逆則天下亂，此天
下之常道也，明王賢臣而弗易也。」則人主雖不肖，臣不敢侵也。
〔註257〕

韓非著眼於「定位之教」，舜根本不該接受禪讓，禪讓將使得君臣顛倒，更不
用說是舜與瞽瞍的矛盾了。除了尚賢的一面，禪讓也表示了，君主能如孟子
所說而「易之」，一旦君有替換的可能，父、夫之尊位都將動搖，在此尊位、
定位的觀念下，平天下也不能說是得利。在「定位之教」下，「人主雖不肖，
臣不敢侵」，雖然君父不德，上下關係也不能有所改變，並要求絕對的服從，
如果眞要講孝，〔註258〕不非其親即爲孝，韓非只接受孝的順從義。

〔註254〕陳奇猷：《韓非子集釋》，〈忠孝〉，下冊，頁1108。
〔註255〕韓非說：「明主之爲官職爵祿也，所以進賢材勸有功也。故曰：賢材者，處厚
祿任大官；功大者，有尊爵受重賞。」韓非喜言官職爵祿，此爲賞罰二柄之
一。賞以爵位是韓非的治術，有趣的是，韓非認爲人性是追求利益的，如果
爵位還不能滿足，臣子自然覬覦天子之位，在這種情況下，君王就受到了「賢
臣」的挑戰。於此「賞與爵位」，又「懼其人性」的矛盾下，韓非認爲用「中
臣」即可，不必任用「賢臣」。見陳奇猷：《韓非子集釋》，〈八姦〉，上冊，頁
153；另參考周富美：〈韓非思想與墨家的關係〉，《墨子、韓非子論集》（臺北：
國家出版社，2008年1月），頁652～655。
〔註256〕陳奇猷：《韓非子集釋》，〈忠孝〉，下冊，頁1108。
〔註257〕陳奇猷：《韓非子集釋》，〈忠孝〉，下冊，頁1107。
〔註258〕韓非曾批評世人「不爲人主之孝，而慕匹夫之孝」。所謂的「人主之孝」，就
是這裏說的「臣事君，子事父，妻事夫，三者順則天下治」，順從上位者的意
思。參考陳奇猷：《韓非子集釋》，〈亡徵〉，上冊，頁269。

　　藉由與郭店簡的比較，《孝經》有不少是屬於戰國中後期以前的思維，《孝經》與法家，應該是同一時期所醞釀的。同時，討論韓非的反孝說可以發現，韓非的說法，有不少是針對《孝經》的孝治思想。首先，韓非不認爲孝是人類的天性，其次，行孝而進一步愛人，韓非認爲是不可能的，最重要的，韓非認爲家庭與國家是兩回事，移孝作忠的說法是不可能。綜觀以上所言，韓非的反孝論，是對某種流行的說法進行反駁，韓非這段話說得更清楚：

> 今儒、墨皆稱先王兼愛天下，則視民如父母。何以明其然也？曰：「司寇行刑，君爲之不舉樂；聞死刑之報，君爲流涕。」此所舉先王也。
> 夫以君臣爲如父子則必治，推是言之，是無亂父子也。人之情性，莫先於父母，皆見愛而未必治也，雖厚愛矣，奚遽不亂？今先王之愛民，不過父母之愛子，子未必不亂也，則民奚遽治哉！〔註259〕

韓非說「今儒、墨皆稱先王兼愛天下，則視民如父母」，墨家說先王兼愛，這很常見，而儒家也稱先王兼愛，以韓非的評論思考，很可能是《孝經》說的「先王先之以博愛」。韓非又說「夫以君臣爲如父子則必治」，這可能是當時儒、墨兩家所流行的說法，如果真要在儒家資料內找一個以「君臣如父子」的思想，《孝經》的孝治可能爲其一。不過，從韓非所引述「司寇行刑」的資料，《孝經》並無相關說法，又不能確定韓非就是針對《孝經》。斟酌韓非反孝的針對性，不妨作這樣的解釋：韓非針對某種論孝的說法，這是可以確定的，從韓非的針對性可知，韓非針對以孝爲治，並分離家庭與國家的關係，這些都與《孝經》類似，雖然不敢確定韓非就是針對《孝經》，但《孝經》與這些說法，想必當時的流行相去不遠，又從韓非的反動可知，這種以孝爲治，類似移孝作忠的思想，在戰國末期是很有影響力的，《孝經》可能業已成書，並成爲一種潮流。

〔註259〕陳奇猷：《韓非子集釋》，〈五蠹〉，下冊，頁1051。

第三章　古文《孝經》的流傳

　　今古文或許可作爲漢代經學的分野，〔註1〕不過對此學者尚有不同意見。
〔註2〕專以《孝經》論之，五經博士、十四博士、石渠議奏、劉歆爭立古文經、
白虎議奏等，這些漢代學術的重要議題，無論是爭立學官，還是經義上的討
論，《孝經》並無太大爭議，若將範圍縮小，《孝經》的爭議較少，可以不提
《孝經》的今古之學。基於這個理由，本章擬擺脫今古文的傳統提法，重新
聚焦於流傳上的種種問題。

第一節　漢魏六朝時期的流傳問題

一、文景以前流傳考辨

　　劉向指出，古文本《孝經》爲二十二章，今作十八章者爲今文。關於今

〔註1〕　除前所引廖平外，又參見：〔清〕皮錫瑞：《經學通論》（北京：中華書局，
　　　　 1954 年 10 月），頁 47～49。皮錫瑞著，周予同注：《增註經學歷史》（臺北：
　　　　 藝文印書館，2004 年 3 月），頁 82～83。馬宗霍：《中國經學史》（臺北：
　　　　 臺灣商務印書館，1966 年 9 月），頁 35～36。周予同：《羣經概論》（臺北：
　　　　 臺灣商務印書館，1997 年 1 月），頁 2～4；頁 24～26。周予同：《經今古文
　　　　 學》，收入《周予同經學史論著選集》（上海：人民出版社，1996 年 7 月），
　　　　 頁 1～14。
〔註2〕　參考錢穆：〈兩漢博士家法考〉，《兩漢經學今古文平議》（北京：商務印書館，
　　　　 2001 年 7 月），頁 183～261。王葆玹：《今古文經學新論》（北京：中國社會
　　　　 科學出版社，1997 年 11 月），頁 27～37。杜萌若：〈漢代的「古今文字」與
　　　　 經「古今學」〉，《經學今詮續編》，《中國哲學》第 23 輯（2001 年 10 月），頁
　　　　 119～174。

文本的來源，傳說漢初有河間人顏芝流傳十八章本於民間，其子顏貞獻於朝廷，於是有長孫氏、江翁、后倉、翼奉、張禹諸家。顏氏父子至於漢代諸家的開展，來自於《經典釋文》，這可說是六朝學人的共識，經過《隋書》的推衍，此說成為《孝經》流傳的通行說法。不過考察漢代現存史料，並不見顏氏父子事，通行說法值得懷疑。〔註3〕職是之故，在討論古文《孝經》之前，有必要重新考察《孝經》的早期流傳。以下將以文、景為始，再次追溯其流傳痕跡。

除了前引《史記・仲尼弟子列傳》討論《孝經》的作者，司馬談臨終時囑咐司馬遷：「且夫孝始於事親，中於事君，終於立身。揚名於後世，以顯父母，此孝之大者。」〔註4〕此即今文〈開宗明義章〉，只是順序略有不同。司馬談希望司馬遷效法孔子作《春秋》的精神，繼續他未完成的著述，而《史記》果然成為一本不朽的著作，達成了司馬談希望司馬遷所盡的孝道。從《史記》云「作《孝經》」事與司馬談語可知，史公父子看過《孝經》，文、景之世已有《孝經》流傳。趙岐〈孟子題辭〉又提到：

> 漢興，除秦虐禁，開延道德，孝文皇帝欲廣遊學之路，《論語》、《孝經》、《孟子》、《爾雅》皆置博士。後罷傳記博士，獨立五經而已。
> 〔註5〕

劉歆〈移讓太常博士書〉說：「天下眾書往往頗出，皆諸子傳說，猶廣立於學官，為置博士。」〔註6〕《後漢書》翟酺本傳云：「孝文皇帝始置一經博士。」〔註7〕三人都提到漢文帝時有立博士，趙岐所記當屬可信。《孝經》博士的性質是傳記博士，也就是劉歆所言之諸子傳說，根據錢穆先生的說法，文帝立

〔註3〕 這裏並非全然否定獻書的說法，陳桐生認為：「從這些不同說法推測，民間獻書應確有其事，但由於當時缺少確切記載，所以引起後人種種說法。」也就是說，民間獻書是很合理的，只不過在細節上，不一定如《經典釋文》與〈隋志〉所言。參考陳桐生：《史記與今古文經學》（西安：陝西人民教育出版社，1995 年 7 月），頁 20～21。

〔註4〕 〔漢〕司馬遷：《史記》（北京：中華書局，1982 年 11 月），〈太史公自序〉，第 10 冊，頁 3295。

〔註5〕 〔漢〕趙岐，〔清〕焦循，沈文倬點校：《孟子正義》（北京：中華書局，1987 年 10 月），上冊，頁 17。

〔註6〕 〔漢〕班固：《漢書》（北京：中華書局，1962 年 6 月），〈楚元王傳〉，第 7 冊，頁 1969。

〔註7〕 〔南朝宋〕范曄：《後漢書》（北京：中華書局，1965 年 5 月），〈楊李翟應霍爰徐列傳〉，第 6 冊，頁 1606。

的博士是通學，翟酺說的一經博士並沒有漢武以後的專經義，〔註8〕又漢人對《孝經》並無「經」的觀念，〔註9〕漢文帝的《孝經》博士，雖然可能以一經為名，但它包含了「天下眾書」與「諸子傳說」的通學，同時《孝經》很可能正屬於「諸子傳說」的範圍。

根據上述資料，漢文帝時曾立《孝經》博士，官方必有《孝經》一書，即為司馬遷所言金匱石室之書，以史官之需要，史公父子看過《孝經》是很自然的事。綜合以上所言，漢文帝時，官方已藏有《孝經》，民間的流傳必定更早。至於《孝經》可推估至多早，陸賈《新語》值得注意，其云：

（1）道無廢而不興，器無毀而不治。孔子曰：「有至德要道，以順天下。」言德行而其下順之矣。〔註10〕

（2）聖人承天之明，正日月之行，錄星辰之度，因天地之利，等高下之宜，設山川之便，平四海，分九州，同好惡，一風俗。《易》曰：「天垂象，見吉凶，聖人則之；天出善道，聖人得之。」言御占圖歷之變，下衰風化之失，以匡盛衰，紀物定世，後無不可行之政，無不可治之民，故曰：「則天之明，因地之利。」〔註11〕

（3）夫善道存乎心，無遠而不至也；惡行著乎己，無近而不去也。周公躬行禮義，郊祀后稷，越裳奉貢而至，麟鳳白雉草澤而應。〔註12〕

第一則旨在論述聖人雖居亂世，仍不棄小善，不取小惡，思慮行動，以道為依，故道不廢、器無毀。陸賈最後言「孔子曰：有至德要道以順天下」，此語見今文〈開宗明義章〉。第二則前引《易傳》語與今不同，「天出善道」今作「河出圖，洛出書」，唐晏判斷：「此引未知何書，『則天』二句，《孝經》所有，以下則非《孝經》，未可遂謂為引《孝經》也。」〔註13〕唐晏的判斷十分謹慎，但探究《新

〔註8〕　參考錢穆：〈兩漢博士家法考〉，《兩漢經學今古文平議》（北京：商務印書館，2001 年 7 月），頁 192～199。

〔註9〕　參見後文頁 135～136。

〔註10〕　〔漢〕陸賈，王利器校注：《新語校注》（北京：中華書局，1986 年 8 月），〈慎微〉，頁 98。

〔註11〕　〔漢〕陸賈，王利器校注：《新語校注》，〈明誡〉，頁 157。

〔註12〕　〔漢〕陸賈，王利器校注：《新語校注》，〈明誡〉，頁 160。

〔註13〕　唐晏：《新語校注》（成都：四川人民出版社，1998 年，《諸子集成新編》第 9 冊影印龍谿精舍叢書本），卷下，頁 12 上。按：唐晏對《新語》與《孝經》

語》後文，「言御占圖歷之變」，即有「河出圖，洛出書」之義，王利器認爲「漢人引經說，習慣率稱本經」，〔註14〕也就是說，前人引書並不像今天這麼嚴格，經過作者一番轉述，引文或多或少有所不同，基於漢儒引經的習慣，陸賈不會照著《孝經》說話，不必因爲上下文義與《孝經》不同，就對「則天之明，因地之利」產生懷疑，陸賈還是引自《孝經》的。〔註15〕第三則說周公事，講「善道存乎心，無遠而不至」之意。「越裳奉貢而至」，《新語・無爲篇》云「越裳之君，重譯來朝」，〔註16〕又見伏生《尚書大傳》，〔註17〕義取周公有德，即使需要重重翻譯，外君還是來朝見周公。前述「周公躬行禮義，郊祀后稷」，又見今文《孝經・聖治章》，〈聖治章〉云「周公郊祀后稷以配天」，陸賈雖無「孔子曰」或「故曰」之端，在漢儒引經多率言的原則下，這裏似乎也引《孝經》。根據以上三例，陸賈與《孝經》有密切關係。

徐復觀先生認爲，《陸賈・新語》爲漢代引述《孝經》之始，足證《孝經》非漢儒所僞。〔註18〕不過對於懷疑論者來說，陸賈《新語》並無提及書名，如果把書名當作集結成冊的指標，他們可說：《孝經》在此時尚未成書，《孝經》爲後人抄纂的作品。基於這個理由，對《新語》之分析，先作一個籠統的結論。

《孝經》書名首見於《呂氏春秋》，〈先職覽・察微〉篇曰：

> 凡持國，太上知始，其次知終，其次知中，三者不能，國必危，身必窮。（高誘注：言楚不知始與終，又不知中，故國危身窮也。）《孝經》曰：「高而不危，所以長守貴也；滿而不溢，所以長守富也。富貴不離其身，然後能保其社稷，而和其民人。」楚不能之也。〔註19〕

《呂氏春秋》爲舊籍引述《孝經》之始，旨在評論吳、楚雞父之戰。今文《孝經・諸侯章》云：「在上不驕，高而不危。制節謹度，滿而不溢。」與《呂覽》

文似處，一概以闕疑論之。見唐氏《校注》，卷上，頁17上。

〔註14〕　〔漢〕陸賈，王利器校注：《新語校注》，〈明誡〉，頁158。

〔註15〕　〔漢〕陸賈，王利器校注：《新語校注》，〈明誡〉，頁159。

〔註16〕　〔漢〕陸賈，王利器校注：《新語校注》，〈無爲〉，頁59、61。

〔註17〕　《尚書大傳・大誥》記：「（周）公曰：『三苗爲一穗，天下共和爲一乎！』果有越裳氏重譯而來。」見〔清〕皮錫瑞：《尚書大傳疏證》（上海：上海古籍出版社，2002年，續修四庫全書第55冊影印光緒22年師伏堂叢書本），卷5，頁7上。

〔註18〕　徐復觀：《中國經學史的基礎》，收入《徐復觀論經學史二種》（上海：上海書店出版社，2005年1月），頁133。

〔註19〕　〔漢〕高誘注，王利器疏：《呂氏春秋注疏》（成都：巴蜀書社，2002年1月），第3冊，頁1887。

略異。陳昌齊認爲《呂氏春秋》引《孝經》處是高誘注誤入，[註20] 黃云眉
也說：

> 《呂覽》亦不可全靠；且高誘注〈孝行覽〉，亦引《孝經》語，則〈察
> 微篇〉所引《孝經》，安知非高誘之注而誤入正文耶？要之，此書內
> 容，甚不足觀，其作期必在戴《記》後。後人以其言孝，未敢直斥
> 其僞；不知孝蓋天性，非待教而後能，若此書所言，矯揉膚泛，又
> 非所以爲教者也。然則此書之爲漢人僞託，灼然可知。[註21]

黃云眉相信姚際恆對於《孝經》的懷疑，毫不考慮的認爲《孝經》「作期必
在戴《記》後」、「此書之爲漢人僞託」，又以《孝經》晚出爲前提，認爲《呂
覽》引《孝經》不可信，而黃氏最主要的根據，是因爲《孝經》文義的淺薄。
「矯揉膚泛」等淺薄的內容，是否一定爲「漢人僞託」，兩者之間，可能沒
有必然性，不過《呂覽》引《孝經》處，或許眞如黃氏所云，是爲高誘注誤
入，而此條又爲《孝經》流傳的重要資料，黃云眉提出的假設，值得進一步
的分析。

　　陳昌齊與黃云眉並沒有把何謂「誤入」說得具體，職是之故，首先就懷
疑論的邏輯來思考高誘注文「誤入前」的範圍。由於「楚不能之也」語下別
述主題，[註22] 因此「誤入前」的注文應該是從「言楚不知始與終」到「楚
不能之也」，對此，蔡汝堃、王利器等學者認爲不能成立，[註23]《呂氏春秋》

〔註20〕陳昌齊認爲：「呂氏時，《孝經》未出，無從引用。《孝經》曰四十六字，當是
　　　　註語。」陳氏僅提出判斷，並無證明。見〔清〕陳昌齊：《呂氏春秋正誤》（北
　　　　京：中華書局，1991 年，叢書集成初編排印嶺南遺書本第 58 冊），頁 17。
〔註21〕黃云眉：《今古僞書考補證》，收載《姚際恆著作集》（台北：中央研究院文哲
　　　　所，1994 年 6 月），第 5 冊，頁 75。
〔註22〕〔漢〕高誘注，王利器疏：《呂氏春秋注疏》，第 3 冊，頁 1890。
〔註23〕見蔡汝堃：〈今文孝經成書年代考〉，《古史辯》（上海：上海古籍出版社，
　　　　1982 年 8 月），第 6 冊，頁 122～129。王利器：《呂氏春秋注疏》，第 3 冊，
　　　　頁 1889。按：衛聚賢認爲《呂覽》該篇上下文無引書，這裏也不該引書，
　　　　因此衛聚賢判斷《呂覽》引《孝經》爲衍文。蔡汝堃反駁：「因爲於一篇文
　　　　章內，豈能因前例斷語未引書，而後例斷語即不能引書？況引《孝經》文
　　　　後有『楚不能之也』數字，適與前例遙相呼應，文義既順，文氣又佳，何
　　　　得謂爲注語？」再以引《詩》爲例，《呂覽》引《詩》也不是每段都引，有
　　　　一段引書，或是有一段沒引書，與文本的眞僞實無必然性。後文以體例爲
　　　　據，雖然類似衛聚賢的方法，但《呂覽》並非一人之手，文例參差是很自
　　　　然的事；高誘注則不同，除了是成於一人之手，更有訓詁上的需要，有比
　　　　較規律的體例。

沒有注文誤入的例子。〔註 24〕參考兩方之討論，此處將從另一個角度再次檢驗「注文誤入」之說。

　　姑且不論〈察微〉篇，高誘引《孝經》有八處。〔註 25〕以注文體論之，高誘引文必有其功能。〔註 26〕高誘注文的主要目的是釋句，例如〈孟秋紀〉云：「是月也，農乃升穀，天子嘗新，先薦寢廟。」高誘注：「升，進也。先致寢廟，《孝經》曰：『四時祭祀，不忘親也。』」〔註 27〕引《孝經》以釋「先薦寢廟」之因。又如〈先職覽・先職〉篇云：「故賢主得賢者而民得，民得而城得，城得而地得。夫地得豈必足行其地、人說其民哉？得其要而已矣。」高誘注：「《孝經》曰：『非家至而日見之也。』以得化耳，故曰得其要而已矣。」〔註 28〕值得注意的是，高誘雖引文發端，後云「故曰得其要而已矣」，明白的把所要解釋的句子點出，引《孝經》推因其故。

　　高誘釋句有其體例，〈季春紀・論人〉篇說：「言無遺者，集肌膚，不可革也。」高誘注：「遺，失也。《孝經》曰：『言滿天下無口過。』此之謂也。革，更也。」〔註 29〕高誘先釋詞，接著引《孝經》以示其義，最後有「此之謂也」的提點，這種結構在注文內十分常見。又如〈孝行覽・孝行〉篇：「人臣孝，則事君忠，處官廉，臨難死。」高誘注：「孝於親，故能忠於君，《孝經》曰：『以孝事君則忠。』此之謂也。處官廉，《孝經》曰：『修身慎行，恐辱先也。』此之謂也。臨難死，君父之難，視死如歸，義重身輕也。」〔註 30〕這種「此之謂也」的形式與荀子引《詩》體例相同，將釋句與釋典結合起來，作一種比附的用途。即使不是這種「此之謂也」的體例，高誘必有「此」、「故」之語氣，目的在標示釋句、解釋因果關係或段落大意。〔註 31〕

〔註 24〕畢沅認爲〈當務〉篇盜跖言「妄意關內，中藏，聖也」，「中藏」二字爲衍文，疑爲高誘注《淮南子》文誤入《呂覽》。王利器認爲，「妄意關內」是說大盜妄度門內財物，「中藏」言竟中其藏，就是揣測門內財物不誤的意思。王氏並舉證舊籍多有此義，「中藏」二字非誤入衍文。參考王利器：《呂氏春秋注疏》，第 2 冊，頁 1099～1100。

〔註 25〕爲了避免與《新語》引述有一樣的問題，此處只計提及書名者。

〔註 26〕例如：釋詞、注音、釋句、釋典等等。以最常見的釋句來說，解釋一個句子又有翻譯、串講、推因、點明含意、評析等目的。參考楊端志：《訓詁學》（臺北：五南圖書出版股份有限公司，1997 年 11 月），頁 47～133。

〔註 27〕〔漢〕高誘注，王利器疏：《呂氏春秋注疏》，第 1 冊，頁 700。

〔註 28〕〔漢〕高誘注，王利器疏：《呂氏春秋注疏》，第 3 冊，頁 1783。

〔註 29〕〔漢〕高誘注，王利器疏：《呂氏春秋注疏》，第 1 冊，頁 346。

〔註 30〕〔漢〕高誘注，王利器疏：《呂氏春秋注疏》，第 2 冊，頁 1361。

〔註 31〕例如，〈審分覽・任數〉篇說：「人臣以不爭持位」高誘注：「《孝經》云：『臣

從訓詁之目的與體例檢視之，〈察微〉篇引《孝經》是一種史評，這與高
誘注文的訓詁特色不合；以體例論之，此處看不出解釋的目標句。由於釋句
不明，體例也不合，從訓詁特色與體例這兩個角度論述，「誤入前」的注文是
一不合格的注文。基於這個理由，在沒有其他版本可供對照之下，懷疑是〈察
微〉篇引《孝經》是高誘注誤入的說法，並不合理。

　　總結以上所言，呂不韋招集門客纂寫《呂氏春秋》時，《孝經》應爲引述
資料之一，《孝經》是先秦文獻。以此作爲推論的基礎，陸賈《新語》也有引
述《孝經》之處，秦、漢之際必有《孝經》流傳。至於漢廷什麼時候有這本
書，最遲是漢文帝廣立傳記博士時，《孝經》成爲官方認可的典籍。

二、古經文傳注之流傳

　　依照《漢書・藝文志》來定義，今文本是指長孫氏、江翁、后倉、翼奉、
張禹五家流傳的經文，古文特指「孔氏壁中古文」，《漢書・藝文志》云：

> 武帝末，魯共王壞孔子宅，欲以廣其宮，而得古文《尚書》及《禮》
> 記、《論語》、《孝經》凡數十篇，皆古字也。共王往入其宅，聞鼓琴
> 瑟鍾磬之音，於是懼，乃止不壞。孔安國者，孔子後也，悉得其書，
> 以考二十九篇，得多十六篇。安國獻之。遭巫蠱事，未列于學官。
> 〔註32〕

〈藝文志〉所記發現時間與《史》、《漢》魯恭王本傳不同。二傳俱記劉餘立
於景帝前元二年，景帝三年徙魯，立二十六年。〔註 33〕景帝封王事可佐《史
記》本紀，蓋〈漢志〉與王充所記有誤，〔註 34〕應根據《史記》補正，孔壁

不可以不爭於君。』此不爭持位，非忠臣也。」此爲標示釋句之例。〈先職
覽・先職〉說：「故賢主得賢者而民得，民得而城得，城得而地得。夫地得
豈必足行其地、人說其民哉？得其要而已矣。」高誘注：「《孝經》曰：『非
家至而日見之也。』以得化耳，故曰得其要而已矣。」此爲解釋因果之例。
〈孟春紀・貴公〉篇云：「其於人也，有不見也。」高誘注：「務在齊民，
不求見之，《孝經》曰：『非家至而見之也。』此總說隰朋所行。」此爲解
釋段落大意之例。見王利器：《呂氏春秋注疏》，第 1 冊，頁 117；第 3 冊，
頁 1783、1979。

〔註32〕〔漢〕班固：《漢書》（北京：中華書局，1962 年 6 月），〈藝文志〉，第 6 冊，
頁 1706。

〔註33〕〔漢〕司馬遷：《史記》，〈五宗世家〉，第 6 冊，頁 2095。

〔註34〕見《論衡・佚文篇》、〈正說篇〉。〔漢〕王充，黃暉校釋：《論衡校釋（附劉盼
遂集解）》（北京：中華書局，1990 年 2 月），〈佚文篇〉，第 3 冊，頁 860；〈正

《孝經》應於景帝初年至景、武之際發現，不應言武帝末。〈漢志〉言今文諸家經文皆同，這五家經文的來源，應是文帝所得之書，昭帝所進之孔壁本，與文帝所藏本有字讀章數之別，此已見於上。

關於字讀章數之別，《太平御覽》引桓譚《新論》：

> 古《論語》二十一卷。古《孝經》，一卷，二十章，千八百七十二字，
> 今異者四百餘字。蓋嘉論之林藪，文義之淵海也。〔註35〕

《孝經》異文四百餘字，《經典釋文·序錄》引桓譚言古《論語》「文異者四百餘字」，〔註36〕則古《論》與齊、魯《論》異文也有四百餘字。《後漢書》桓譚本傳云：「尤好古學，數從劉歆、楊雄辯析疑異。」〔註37〕桓譚與劉、楊二人素有交往，三人所見古文理應與劉歆校本相同，《御覽》引桓譚《新論》云二十章，蓋為傳抄之誤，〔註38〕應以〈漢志〉所言為正。而桓譚言異者四百餘字應作何解，毛奇齡曰：

> 異者四百餘字，則斷是古字。若經文祇千餘字，而異者四百餘，則
> 別一《孝經》，非古今文矣。〔註39〕

毛奇齡的說法本於黃震，兩者之別，或為虛字助詞之增減，或為分章起訖之不同，理應視為一書，〔註40〕如真有四百字的不同，則兩本不同處達四分之一，甚難視為一書，因此桓譚所言四百餘字不該是內容上的差別，應著眼於字體的不同。以字數論之，今文平均一章僅百字耳，四百餘字則多出三、四章，〈聖治章〉字數最多，達287字，劉向言古文此章分為三，可見古文平均一章字數更少，而劉向僅言古文「又多一章」，如果此四百字為內容上的差別，古文應多出四章以上，不應只言又多一章。《論語》的狀況同此，如果桓譚言《論語》異四百餘字是指內容上的不同，這個大約是〈學而〉篇、〈堯曰〉篇

說篇〉，第 4 冊，頁 1123。

〔註35〕 〔宋〕李昉等編：《太平御覽》（臺北：臺灣商務印書館，1968 年，四部叢刊三編影印日本藏南宋蜀刊本），第 7 冊，卷 608，頁 5 上。

〔註36〕 〔唐〕陸德明，吳承仕疏證，秦青點校：《經典釋文序錄疏證》（北京：中華書局，1984 年 3 月），頁 139。

〔註37〕 〔南朝宋〕范曄：《後漢書》，〈桓譚馮衍列傳〉，第 4 冊，頁 955。

〔註38〕 《御覽》多有傳抄之誤，此處應同。見〔宋〕李昉等編：《太平御覽》，引，第 1 冊，頁 2 下。

〔註39〕 〔清〕毛奇齡：《孝經問》（臺北：藝文印書館，1965 年，影印光緒年間南菁書院皇清經解續編刊本第 1 冊），卷 24，頁 2 下。

〔註40〕 〔宋〕黃震：《黃氏日抄》（臺北：大化書局，1984 年，影印日本立命館大學圖書館藏清乾隆 33 年刊本），卷 1，頁 1 下。

的份量，足以獨立成篇。關於古《論》的篇數問題，何晏云：「魯共王時，嘗欲以孔子宅爲宮，壞，得古文《論語》。齊《論》有〈問王〉、〈知道〉，多於魯《論》二篇，古《論》亦無此二篇，分〈堯曰〉下章子張問以爲一篇，有兩〈子張〉，凡二十一篇，篇次不與齊、魯《論》同。」〔註41〕由此可知，古《論》是比魯《論》多出一篇，但此爲篇章分合之別，並非內容上的差異，這與《孝經》情形相同。以《論語》例爲佐證，桓譚所言字數並非內容上的差異，而是文字字體的不同，毛奇齡的判斷有其合理性。

　　回到〈漢志〉，孔安國悉得孔壁書，獻書事僅提及《尚書》，《孝經》等書不明。許慎〈上說文解字表〉說到：

　　　　今慎已病，遣臣齎詣闕。慎又學《孝經》孔氏古文說。古文《孝經》
　　　　者，孝昭帝時魯國三老所獻。建武時，給事中議郎衛宏所校，皆口
　　　　傳，官無其說，謹撰具一篇并上。〔註42〕

〈漢志〉說《孝經》有「古孔氏一篇」，此篇可能就是魯國三老所獻之書。以許慎所言立論，景帝到昭帝之間，古文《孝經》只流傳於民間，孔安國還爲古文《孝經》作了註解，〈漢志〉說「諸家說不安處，古文字、讀皆異」，諸家的範圍除了今文五家，很可能還包括了「孔氏古文說」，但許慎說孔氏古文說只有口傳，官方沒有古文《孝經》說，據此推測，孔氏古文說在前漢流傳不廣，並不是一個通行的傳注，劉向、歆父子校書時，秘府內應無孔氏古文說，至於是否曾經耳聞，則不得而知。〔註43〕此事又見《經典釋文·序錄》，陸德明云：

　　　　又有古文，出於孔氏壁中，別有〈閨門〉一章，自餘分析十八章，
　　　　總爲二十二章，孔安國作《傳》。劉向校書，定爲十八。後漢馬融亦

〔註41〕〔魏〕何晏集解，〔宋〕邢昺疏：《論語注疏》，序，頁3。
〔註42〕〔漢〕許慎，〔清〕段玉裁：《說文解字注》（臺北：洪葉文化事業有限公司，1999年11月，影印清經韵樓本），卷15下，頁12。
〔註43〕段玉裁云：「衛宏校而爲之說，未著書，僅口傳，故外聞有其說，官徒有三老所獻而無其說也。許學其說於宏，沖傳其說於父，乃撰而上之，如《公羊春秋》自子夏，至漢景時，胡母子都乃著竹帛。而近世有僞造孔安國《孝經注》者，籲可怪也，惜沖之說不傳耳。許受古學于賈侍中，他經古學皆得諸侍中，《孝經》學獨得諸衛宏，故必分別言之。」段玉裁認爲《孝經》孔氏古文說乃「衛宏校而爲之說」，許慎學於衛宏，又寫定於竹帛上之。漢代史料無孔安國注古文《孝經》事，段玉裁本於此推論之。以〈上說文表〉論之，〈表〉僅言衛宏校古文《孝經》事，無衛宏作說之事，而言「皆口傳」，似指古文《孝經》與孔氏古文說皆口傳，蓋因流傳不廣所致，段玉裁所言傳授事僅爲推測。見段玉裁：《說文解字注》，卷15下，頁12下～13上。

作《古文孝經傳》，而世不傳。……古文《孝經》世既不行，今隨俗用鄭注十八章本。〔註44〕

〈隋志〉又云：「劉向典校經籍，以顏本比古文，除其繁惑，以十八章爲定。鄭眾、馬融，並爲之注。」〔註45〕先鄭、馬融雖於此處並稱，兩人所注本或不同，〈隋志〉著錄古文《孝經》一卷，南朝梁尚存馬融注，〔註46〕黃震云：「鄭康成諸儒主今文，孔安國、馬融主古文，而今文獨行。」〔註47〕馬融所注本應爲古文本，孔氏古文說與馬融兩種爲漢代古文《孝經》的主要註解。

按：馬融註解之經文，是否爲古文本，此事或有疑慮。《玉海》引《崇文總目》有《忠經》一卷，云：「馬融撰，鄭玄注。融述《孝經》之意，作《忠經》，陳事君之要道，始於立德，終於成功，凡十八章。」〔註48〕日儒太宰純云：「馬季長擬作《忠經》十八章，倣今文《孝經》也。」〔註49〕此論可說馬融依《孝經》仿作《忠經》，目錄著錄《忠經》爲十八章，則馬融所依之《孝經》爲十八章，進一步推論馬融所注本爲今文本；或論《忠經》爲後人所僞，僞者曾見馬融《孝經》注十八章本，故《忠經》也作十八章。〔註50〕《忠經》始見於《崇文總目》，四庫館臣辨之爲海鵬《忠經》，後更題馬融，爲宋人所託。〔註51〕如以馬融擬作論之，則《忠經》僅爲託名，非馬融著作，而〈隋志〉已言馬融注本已亡，〈隋志〉以下不見著錄，可見馬融《傳》於隋時已亡，

〔註44〕 〔唐〕陸德明，吳承仕疏證，秦青點校：《經典釋文序錄疏證》（北京：中華書局，1984 年 3 月），頁 133～135。

〔註45〕 〔唐〕魏徵等：《隋書》（北京：中華書局，1973 年 8 月），〈經籍一〉，第 4 冊，頁 935。

〔註46〕 〔唐〕魏徵等：《隋書》，〈經籍一〉，第 4 冊，頁 933。

〔註47〕 〔宋〕黃震：《黃氏日抄》，卷 1，頁 1 上。

〔註48〕 〔宋〕王應麟：《玉海》（臺北：華文書局，1964 年，影印元至元三年慶元路儒學刊本），第 2 冊，卷 41，頁 37 上。

〔註49〕 〔日〕太宰純：〈古文孝經序〉，《古文孝經孔氏傳》（臺北：藝文印書館，1966 年，百部叢書集成影印清乾隆知不足齋叢書據日本太宰純刻本），頁 1 下。

〔註50〕 李威熊：《馬融之經學》（臺北：國立政治大學中國文學研究所博士論文，高仲華先生、熊公哲先生指導，1975 年），頁 634。

〔註51〕 四庫館臣云：「考融所述作，具載《後漢書》本傳。（鄭）玄所訓釋，載於《鄭志》，目錄尤詳。《孝經注》依託於玄，劉知幾尚設十二驗以辨之，其文具載《唐會要》，烏有所謂《忠經注》哉？〈隋志〉、〈唐志〉皆不著錄，《崇文總目》始列其名，其爲宋代僞書殆無疑義。《玉海》引宋〈兩朝志〉載有海鵬《忠經》，然則此書本有撰人，原非贗造，後人詐題馬、鄭，掩其本名，轉使眞本變僞耳。」見〔清〕永瑢等：《四庫全書總目提要》（臺北：臺灣商務印書館，1965 年 2 月，萬有文庫薈要本），第 18 冊，頁 77。

僞作或更題者，也見不到馬融《孝經傳》，以《忠經》十八章推論馬融注本，之間並無必然性。

　　古文《孝經》經衛宏所校，後有許慎所上孔安國《傳》，又有馬融《傳》，關於古經文傳注，後漢明於前漢。古文《孝經》於六朝時又立於國學，《隋書・經籍志》云：

> 梁代，安國及鄭氏二家，並立國學，而安國之本，亡於梁亂。陳及周、齊，唯傳鄭氏。〔註52〕

後漢以降，南朝梁時尙存孔《傳》，梁亂之後僅存鄭氏《注》。「立國學」事，可參照《晉書・荀崧傳》，荀崧云：

> 臺省有宗廟太府金墉故事，太學有石經古文先儒典訓。賈、馬、鄭、杜、服、孔、王、何、顏、尹之徒，章句傳注眾家之學，置博士十九人。〔註53〕

金墉故事乃典章禮儀之事，〔註54〕荀崧前述世祖武皇帝應運登禪事即此。〔註55〕荀崧此言包含兩個問題，一是所言諸氏該如何解讀，二是魏晉博士十九事。《宋書・百官志》云：「魏及晉西朝置十九人，江左初減爲九人，皆不知掌何經。」〔註56〕減省博士事，根據《通典》所引，賀循建議減置爲《易》、《詩》、《書》、《周禮》、《儀禮》、《春秋》三《傳》各一人，共立博十八人，〔註57〕實際上又置《論語》、《孝經》，兩書並立一人，合九人。王國維認爲十九博士乃「《易》有鄭氏、王氏，《書》有賈、馬、鄭、王氏，《詩》及三《禮》鄭氏、王氏，《春秋左傳》服氏、王氏，《公羊》顏氏、何氏，《穀梁》尹氏，適得十九家」，〔註58〕王國維此言三《禮》，似乎十九博士有《禮記》博士，但東漢十四博士

〔註52〕　〔唐〕魏徵等：《隋書》，〈經籍一〉，第4冊，頁935。
〔註53〕　〔唐〕房玄齡等：《晉書》（北京：中華書局，1974年11月），〈列傳第四十五・荀崧〉，第7冊，頁1977。
〔註54〕　參考〔北魏〕魏收：《魏書》（北京：中華書局，1974年6月），〈禮志一〉，第7冊，頁2751。
〔註55〕　魏晉禪讓改次於金墉，事見〔晉〕陳壽，〔南朝宋〕裴松之注，趙幼文校箋：《三國志校箋》（成都：巴蜀書社，2001年6月），〈三少帝紀〉，上冊，頁184。
〔註56〕　〔梁〕沈約：《宋書》（北京：中華書局，1974年10月），〈百官志〉，第4冊，頁1228。
〔註57〕　〔唐〕杜佑：《通典》（蘇州：古吳軒出版社，2004年，隋唐文明影印咸豐九年崇仁謝氏刊本），卷53，頁6下。
〔註58〕　王國維，彭林整理：《觀堂集林（外兩種）》（石家莊：河北教育出版社，2001年6月），上冊，頁114～115。

與荀崧言及之經書並未包含《禮記》，立《禮記》博士事可再考慮；另一方面，王國維論十九博士所掌諸經，並未包含《論語》、《孝經》，則二書並立博士，在王國維的說法中，乃減省博士時之新制。

　　十九博士之具體內容，是否正如王國維所言，學者尚有不同看法，其中的關鍵，正在荀崧所言「賈、馬、鄭、杜、服、孔、王、何、顏、尹」之先儒典訓。此處何氏即何休，《公羊傳》同在石經古文先儒典訓之列，這裏並不涉及漢儒所爭之今古學，荀崧所言之「石經古文」應與「先儒典訓」作同樣理解。王國維的理解同此，〈漢魏博士考〉更進一步指出，當時博士傳授經書的狀況，已經從專經傳授轉變爲兼經傳授。至於「置博士十九人」的具體內容，主要根據就是荀崧所言諸氏，但有幾人被王國維排除，即「杜」、「孔」二人，其理由爲：杜《注》未成，孔《傳》未出，理應排除於魏、晉十九博士外。〔註59〕對於王國維的推論，余嘉錫反駁：「然杜預《左傳》注在晉初既已成書，彼以懿親功臣，所著無不得立之理，故荀崧所舉先儒典訓有杜氏。若杜氏得立，又不知靜安所言十九家中當去何家，恐終不免削趾適履也。」〔註60〕其中的癥結在於，荀崧所言諸氏，是不是等同於魏、晉十九博士事，如果是，則應該嚴格依照荀崧所言論述，不該有所排除，否則只是王氏臆測耳。黃彰健先生則從另一個角度來思考這個問題。所謂立國學者，乃國學可講者，至於荀崧所言之孔氏，應爲其所註解之《論語》、《孝經》，二書應於魏黃初年間立於國學。〔註61〕黃彰健先生的說法可說是一種折衷，考慮到魏、晉博士的特色，其兼講數經，故沈約言其所掌何經，甚難考之；同時，考慮到梅賾上孔安國《尚書傳》事，魏、晉官方是否存有此書，實屬疑問，此處排除《尚書》有一定的合理性。排除《尚書》孔《傳》後，荀崧所言孔氏，僅《論語》、《孝經》在所存之列，何晏云：「古《論》唯博士孔安國爲之訓說，而世不傳。」〔註62〕據此推測，官方存孔安國《論語》訓解，似乎在何晏上《論語集解》時，則官方存孔安國《孝經傳》應先於《論語》訓

〔註59〕王國維，彭林整理：《觀堂集林（外兩種）》，上冊，頁114～115。

〔註60〕余嘉錫：〈晉辟雍碑考證〉，《余嘉錫論學雜著》（北京：中華書局，1963年1月），上冊，頁156。按：余嘉錫又以晉博士孫毓之《賈服異同論》反駁之，不過博士雖有賈逵註解之相關著述，但不代表當時就立賈逵《左傳》博士。

〔註61〕黃彰健：《經今古文學問題新論》（臺北：中央研究所歷史語言研究所，1982年11月），頁445～466。

〔註62〕〔魏〕何晏集解、〔梁〕皇侃義疏：《論語集解義疏》（臺北：廣文書局，1968年，影印乾嘉年間鮑廷博知不足齋叢書本），〈論語集解敍〉，上冊，頁2。

解。考慮到荀崧所論並未提及何書，此處孔氏言《孝經》、《論語》都有可能，又以《孝經傳》存書較早，可能性更高。

　　由於魏初十九博士具體內容不明，無法確定立《論語》《孝經》二書博士是延續前代舊制，或有所更動，抑或是當時新制，職是之故，這裏僅下一個比較保守的結論。關於古經文，官方實有所存，經劉歆、桓譚、衛宏等人校書，東漢又上孔安國《孝經傳》，古文《孝經》於後漢較明；古經文之傳注，根據荀崧所言，魏、晉時尚有諸氏之徒，國學應有講述孔安國、王肅等人之註解，南朝梁則爲確切可知者。梁代以後，官方亡孔《傳》，陸德明時又不明馬融《傳》，古經文傳注之流傳，漸趨難明。

第二節　唐宋以降的古文本

一、宋代古文的流傳問題

（一）論宋儒不明其所得古文之淵源

　　梁亂以後，古文經傳的流傳不明，直到隋代才又重現於世，經過劉炫的推闡，社會漸有研讀古文《孝經》的風氣，不過隋代重現本，是否就是魏、晉以來的六朝傳本，這個問題從隋代古文重現以後，一直是學術界的歷史公案。由於隋、唐重現本已不得見，這加深了考察上的困難，現在只能根據《唐會要》的引述，得到隋、唐古文本的兩條資料。第一條資料是古文本「又多一章」的內容，司馬貞引爲：

　　　　閨門之內，具禮矣乎，嚴兄妻子臣，絲百姓徒役也。〔註63〕

他又提到古文與今文〈庶人章〉分章不同，今文此章爲：「用天之道，分地之利，謹身節用，以養父母，此庶人之孝也。故自天子至於庶人，孝無終始，而患不及者，未之有也。」古文自「故自天子」以下別爲一章，多「子曰」二字發端，〔註64〕據司馬貞所述，隋、唐古文本可復原爲：

　　　　子曰：「故自天子至於庶人，孝無終始，而患不及者，未之有也。」

除此之外，《經典釋文》小注可考定隋、唐重現本之分章，〈庶人章〉「故自天子」以下，小注云「古文分此以下別爲一章」，此同上述復原資料；小注又於

〔註63〕〔宋〕王溥：《唐會要》（上海：上海古籍出版社，2006年12月），下冊，頁1666。

〔註64〕同上註。

〈聖治章〉「父子之道」與「不愛其親」以下各云以下別爲一章，〔註65〕則今文〈聖治章〉，古文分爲三章，此爲隋、唐重現本之概況。

今所見古文《孝經》，大多源自宋儒所傳，其中以司馬光《古文孝經指解》與朱熹《孝經刊誤》最爲常見，又有錢時《融堂四書管見》與四川大足的古文石刻，除此之外，黃震〈讀孝經〉曾引述當時的古文《孝經》。對照後文附表，《指解》、《刊誤》這兩種通行的宋傳古文，與《唐會要》所錄微異，《唐會要》引隋唐重現本爲「嚴兄妻子臣，緤百姓徒役也」，司馬光書爲「嚴父嚴兄，妻子臣妾，猶百姓徒役也」，朱熹書同。「故自天子至於庶人」，司馬光與朱熹分章同隋唐重現本，但上頭並無「子曰」二字；又司馬貞曾引古文本爲「因天之時，因地之利」，宋傳本作「因天之道，因地之利」、「因天之明，因地之義」或是「則天之明，因地之義」，文字之間略有不同。

《唐會要》所述的隋、唐重現本，與今宋傳本的文字大同小異，但此微小差別，足以構成懷疑論者的主要內容。關於宋傳古文的淵源，司馬光只提到：

> 前世中，《孝經》多者五十餘家，少者亦不減十家。今祕閣所藏，止有鄭氏、明皇及古文三家而已，其古文有經無傳。案孔安國以古文時無通者，故以隸體寫《尚書》而傳之，然則《論語》、《孝經》不得獨用古文，此蓋後世好事者，用孔氏傳本，更以古文寫之，其文則非，其語則是也。〔註66〕

隋唐重現的古文《孝經》，實有孔《傳》依附，但根據司馬光所述，五代以後，祕府所藏僅鄭氏《注》本、《御注》本與古文三家，古文則無傳注，因此司馬光有了替古文作注的念頭。依照唐代《孝經》的流傳，經文獨立成篇的情況十分少見，〔註67〕又特別是古文本，而關於宋初古文的來歷，司馬光只道是「今祕閣所藏」，看來他也不太清楚宋藏古文的來歷。司馬光認爲古文《孝經》，理應早改寫爲通行字體，因此懷疑這本《孝經》「字體」是後人模擬，不過司馬光雖有如此懷疑，他依舊相信古文本的內容。

司馬光推測這本獨立流傳的古文《孝經》，是後人臨摹的作品，施元之注

〔註65〕以上見〔唐〕陸德明，鄧仕樑、黃坤堯校訂索引：《新校索引經典釋文》（臺北：學海出版社，1988年，影印清康熙年間通志堂經解刻本），卷23，頁3上、4下～5上。

〔註66〕〔宋〕司馬光：〈古文孝經指解序〉，《溫國文正司馬公文集》，第46冊，卷64，總頁480。

〔註67〕請參後文頁197～198。

蘇軾詩引周越《法書苑》云：「李建中，直集賢院，爲西臺御史。善古文、八分、行書。嘗得古文《孝經》，研翫臨學，遂盡其勢。」〔註68〕李建中是北宋著名的書法家，他所得到的古文《孝經》，應該來自於郭忠恕《汗簡》之「古《孝經》」，夏竦云：

> 唐正元中，李陽冰子開封令服之，有家傳古《孝經》及漢衞宏《官書》兩部，合一卷，授之韓愈。愈識歸公，歸公好古，能解之，因遺歸公。又有自項羽妾墓中得古文《孝經》，亦云渭上耕者所獲。……太學博士周之宗正丞郭忠恕，首編《汗簡》，究古文之根本；文館學士句中正刻《孝經》，字體精博；西臺李建中總貫此學，頗爲該洽；翰林少府監丞王維恭寫讀古文，筆力尤善，殆今好事者傳識古文科斗字也。〔註69〕

所謂「殆今好事者傳識古文科斗字也」，其實與司馬光對古文本的懷疑相同，宋初流傳獨立成篇的古文《孝經》，可能是書法家臨摹的作品，不過宋初傳本雖然有如此疑慮，李建中等書法家的臨摹並非毫無依憑，他是根據郭忠恕《汗簡》所得之古《孝經》本。事實上宋初就有學者注意到古文《孝經》，郭忠恕的《汗簡》與夏竦的《古文四聲韻》就收「古《孝經》」字形，《汗簡》標注八字出自古《孝經》，《古文四聲韻》所表記者更達 351 字，與桓譚所言字數相去不遠。〔註70〕今司馬光所述古文《孝經》「亂」字字形，與郭、夏二書亂字相同，夏竦又說此字來自於古《孝經》，〔註71〕考量宋初的研究環境，學者必須在政府的圖書館內，才能有如此完備的資料，郭、夏二人所見之古文《孝經》，很可能就是司馬光所說的「祕閣所藏」本。

　　至於「句中正刻《孝經》」事，朱長文《墨池篇》存句氏自序：

> 臣躭玩篆隸，習以性成，惜茲高古，忽失輕捐，雖提耳於未聞，特罪

〔註68〕〔宋〕蘇軾，〔清〕馮應榴輯注，黃任軻、朱懷春點校：〈金門寺中見李西臺與二錢唱和西絕句，戲用其韻跋之〉其三，《蘇軾詩集合注》（上海：上海古籍出版社，2001 年 6 月），上冊，頁 490。

〔註69〕〔宋〕夏竦：《古文四聲韻》（臺北：臺灣商務印書館，1981 年，四庫全書珍本第十一集第 25 冊），序，頁 1～2 上。

〔註70〕據舒大剛先生統計資料。見舒大剛：〈論日本傳《古文孝經》決非「隋唐之際」由我國傳入〉，《四川大學學報（社會科學版）》總 119 期（2002 年 2 月），頁 114。

〔註71〕〔宋〕司馬光：《古文孝經指解》，收入《孝經注解》（臺北：漢京文化事業有限公司，1985 年，通志堂經解第 35 冊），頁 8 下。〔宋〕夏竦：《古文四聲韻》，卷 4，頁 23 上。

言於僻處。後進曹子，必蕈本根，旁求遺逸，稍析淪胥。乃得舊傳古文《孝經》，以諸家所傳古文，比類會同，依開元中劉子玄、司馬貞考詳今文十八章，小有異同，亦以不取。約秦、許、斯、蔡篆文及漢、魏刻石隸字相配而成，莫不考古之文，行秦之字，注漢之制，執唐之議，諒撫實之典故，補黌序之缺遺；揮洒丹毫，淳風穆泅，永於鑴勒，庶將來有以見我聖宋文變，及道蹟三代、邁兩漢也。〔註72〕

句中正積十年功夫，於宋眞宗咸平三年（1000 A.D.）上三體《孝經》，〔註73〕《玉海》云：「（景德二年）九月國子監言：『《尙書》、《孝經》、《論語》、《爾雅》四經，字體訛缺，請以李鶚本別雕，命杜鎬、孫奭校勘。』」〔註74〕則三體《孝經》已成數年，今文本都還有字體訛缺，故句中正言其作石經時，今文本是「小有異同」。句中正又說「行秦之字」，這指的是篆文，「注漢之制」乃仿照東漢熹平三體石經，刻大小篆與隸書，「執唐之議」則採今文十八章分章，句中正石經爲今文本內容，書三種字體，刻式則依照蔡邕石經。至於這字體的來源，句中正云「乃得舊傳古文《孝經》，以諸家所傳古文比類會同」，朱長文注云「《尙書》蔡邕石經，瞿令聞、衛包、裴光遠、林罕等集」，〔註75〕則句中正是依照前代以來的舊傳本，比較歷代石經、字書所錄古文字體，此爲句中正十年功夫之所在。綜合夏竦與句中正的自序，宋初古文《孝經》的傳本大多來自於郭忠恕《汗簡》所得之底本，又據句中正所言，這個傳本似乎是隋、唐的舊傳本。

依照常理判斷，宋初秘府所藏的古文《孝經》，一方面是隋唐五代以來的藏書，一方面是政府對於遺書的蒐羅，但無論是官方本有或是民間所得，這兩種來源應該都是源自隋代以來的重現本。郭忠恕在《汗簡・敘錄》引述了兩段資料，一條見於韓愈〈科斗書後記〉：

貞元中，愈事董丞相幕府於汴州，識開封令服之者陽冰子，授余以其家科斗《孝經》、漢衛宏《官書》，兩部合一卷，愈寶蓄之而不暇

〔註72〕〔宋〕句中正，《墨池篇》（天津：天津古籍出版社，1999年，中國歷代書法論著匯編影印四庫全書本），第2冊，卷1，頁33下〜34上。

〔註73〕〔清〕徐松輯，王雲海審定，苗書梅等點校：《宋會要輯稿・崇儒》（開封：河南大學出版社，2001年9月），頁267。

〔註74〕〔宋〕王應麟：《玉海》（臺北：華文書局，1964年，影印元至元三年慶元路儒學刊本），第1冊，卷27，頁6下。

〔註75〕以上同註72。

學。〔註76〕

另一條來自於李士訓《記異》，原書已逸，〈敘錄〉云：

> 李士訓《記異》曰：大曆初，予帶經鉏瓜於灞水之上，得石函，有
> 絹素古文《孝經》一部，二十二章，壹阡捌伯柒拾式言，初傳與李
> 太白，白授當塗令李陽冰，陽冰盡通其法，上皇太子焉。〔註77〕

根據《記異》所言，李陽冰所得到的本子近似於今日的出土文獻，則大曆初年，李士訓於長安附近得到古文《孝經》，後來傳給李白，李白又傳給李陽冰，舒大剛先生認為，李士訓耕鉏所得之「絹素古文《孝經》」，就是司馬光所云祕閣藏本的來歷，〔註78〕則宋傳古文並無隋唐重現本的淵源，是唐人所得的先秦珍本。

郭忠恕云：「鳥迹科斗，通謂古文，歷代從俗，斯文患寡，目論臆斷，可得而聞，太史公曰『禮失求諸野』，古文猶不愈於野乎？亦下臣之志也。塵露雖微，山海不却，略敘其事，集而次之。」〔註79〕郭忠恕作〈敘錄〉的目的是「略敘其事，集而次之」，整理採集傳世文獻裏提到古文的資料，將此匯集成編。郭忠恕匯編這些資料，間接交待了古《孝經》的可能來源，不過從夏竦所謂「又有」的口氣看來，關於〈敘錄〉，特別是李陽冰家傳本乃李士訓於耕鉏所得的說法，夏竦僅附帶一題。綜合以上所言，宋初學者大多相信祕閣藏本，但這本官方保存的古文《孝經》，是否就是李士訓說的先秦珍本，夏竦、句中正持保留態度，司馬光則懷疑古文字體的真實性，至於郭忠恕〈敘錄〉引《記異》事，很可能也只表示有此一說耳。

（二）李士訓《記異》之疑義——以李白生卒年為考信之根據

裴敬〈翰林學士李公墓碑〉說：「其後以脅從得罪，既免，遂放浪江南，死宣城，葬當塗青山下。」〔註80〕《舊唐書》本傳也說：「祿山之亂，玄宗幸蜀，在途以永王璘為江淮兵馬都督、揚州節度大使，白在宣州謁見，遂辟從

〔註76〕 羅聯添編：《韓愈古文校注彙輯》（臺北：國立編譯館，2003年6月），頁463。
〔註77〕 黃錫全：《汗簡注釋》（武漢：武漢大學出版社，1990年8月），頁525。
〔註78〕 舒大剛：〈宋代《古文孝經》的流傳與研究評述〉，《宋代經學國際研討會論文集》（臺北：中央研究院中國文哲研究所，2006年10月），頁475～476。舒氏：〈今傳司馬光《古文孝經指解》「合編本」之時代與編者考〉，《中國文哲研究通訊》第12卷第3期（2002年9月），頁75～89。舒氏：〈試論大足石刻范祖禹書《古文孝經》的重要價值〉，《四川大學學報（哲學社會科學版）》總124期（2003年1月），頁83～93。
〔註79〕 黃錫全：《汗簡注釋》，頁526。
〔註80〕 〔清〕王琦注，《李太白全集》，下冊，頁1469。

事。永王謀亂，兵敗，白坐長流夜郎。後遇赦得還，竟以飲酒過度，醉死於宣城。」〔註81〕從這兩段話來看，李白晚年多在南方活動，而李士訓得古文《孝經》於長安一帶，他是否又風塵僕僕帶著古文《孝經》到南方交給了李白？箇中關節多不清楚。劉全白〈唐故翰林學士李君碣記〉說：

> 代宗登極，廣拔淹瘁，時君亦拜拾遺，聞命之後，君亦逝矣。嗚呼！
> 與其才不與其命，悲夫！〔註82〕

范傳正〈唐左拾翰林學士李公新墓碑〉又說：

> 代宗之初，搜羅俊逸，拜公左拾遺，制下于彤庭，禮降于玄壤，生
> 不及祿，沒而稱官，嗚呼命與！〔註83〕

《舊唐書》代宗本紀，寶應元年五月云：

> 棣王琰、永王璘並與昭雪。〔註84〕

劉全白、范傳正俱言李白於代宗初年得左拾遺，此事宜晚於寶應元年，永王璘昭雪之後，劉、范兩人又云李白「聞命之後，君亦逝矣」、「生不及祿，沒而稱官」，則李白不及左拾遺官即過世矣，而《記異》卻說大曆初尚有耕者傳古文《孝經》於李白，則李白大曆初仍在世上，此時已是代宗登極五年以後。將《記異》所言與史料比對，一則古文《孝經》所得地與李白晚年活動處距離遠，二則《記異》所記似乎與李白卒年不合，或許就是因為這兩個原因，使宋初學者多對耕者得《記異》事持保留的態度。

　　上述兩個懷疑，又以李白卒年問題較大，李白生卒年又是一個歷史公案，生年涉及籍貫問題，卒年與《記異》可信度相關，本文僅於考信《記異》《孝經》事的立場，以李白卒年作為考信的準則，如果李白於大曆初尚存的說法可通，《記異》的可信度增加，反之即否。為了不讓主題岔開太遠，以下先說明目前通行的說法，再討論幾種修正是否成立，藉此思考唐代出土文獻事之可信度。

（1）王琦注語的判斷

　　一般討論李白的卒年，多以李陽冰〈草堂集序〉為準，其序曰：

> 陽冰試絃歌於當塗，心非所好，公遐不棄我，乘扁舟而相顧。臨當

〔註81〕　〔後晉〕劉昫：《舊唐書》（北京：中華書局，1975 年 5 月），〈文苑下〉，第
　　　　　10 冊，頁 5054。

〔註82〕　〔清〕王琦注，《李太白全集》（北京：中華書局，1977 年 9 月），下冊，頁
　　　　　1460～1461。

〔註83〕　〔清〕王琦注，《李太白全集》，下冊，頁 1466～1467。

〔註84〕　〔後晉〕劉昫：《舊唐書》，〈本紀第十一〉，第 2 冊，頁 269。

掛冠，公又疾亟，草稿萬卷，手集未修，枕上授簡，俾余爲序。論
〈關雎〉之義，始愧卜商；明《春秋》之辭，終慚杜預。自中原有
事，公避地八年，當時著述，十喪其九，今所存者，皆得之他人焉。
時寶應元年十一月乙酉也。〔註85〕

李陽冰於「寶應元年」作序，此與劉全白、范傳正所言相同，李白於代宗登
基不久後過世。清王琦又根據李白〈爲宋中丞自薦表〉與李華〈故翰林學士
李君墓誌銘并序〉來推斷李白的卒年，李白〈爲宋中丞自薦表〉云：

臣伏見前翰林供奉李白，年五十有七。……屬逆胡暴亂，避地廬山，
遇永王東巡脅行，中道奔走，却至彭澤。具已陳首。前後經宣慰大
使崔渙及臣推覆清雪，尋經奏聞。〔註86〕

王琦注：

《唐書・宰相表》：至德元載七月庚午，蜀郡太守崔渙爲門下侍郎、
同中書門下平章事。十一月戊午，渙爲江南宣慰使。〔註87〕

李白此表自稱五十七歲，如能確知〈自薦表〉所作之時，就可以此文當作考
定的主要資料。文章有時以官銜稱人，如上引李白生平史料，多稱李白爲翰
林，也有以左拾遺尊稱者（李白不及左拾遺），而此處〈爲宋中丞自薦表〉，
性質有別於記人，此有上書之實用，稱「宣慰大使崔渙」應確指官銜，切合
時事，非有代稱之意。據此，王琦標注崔渙當宣慰大使，乃在至德元年之後，
《舊唐書》肅宗本紀又說至德二年八月：「以黃門侍郎崔渙爲餘杭太守、江東
採訪防禦使。」〔註88〕崔渙只有在至德元年至至德二年八月當宣慰使，此文
可確定作於至德初期。又參照李華墓誌銘言李白：

年六十有二，不偶，賦〈臨終歌〉而卒。〔註89〕

李華說李白享年六十二歲，至德後五年爲寶應年間，時爲代宗初年，即爲李
陽冰序文所記。根據上述資料討論，李白活不過大歷，不可能得耕者所得之
古文《孝經》。

（2）以李白其他詩文作爲根據

李白卒於寶慶初年的判斷，李從軍提出反駁，他認爲李陽冰說的「疾亟」

〔註85〕〔清〕王琦注，《李太白全集》，下冊，頁1446～1447。
〔註86〕〔清〕王琦注，《李太白全集》，下冊，頁1217～1218。
〔註87〕〔清〕王琦注，《李太白全集》，下冊，頁1218。
〔註88〕〔後晉〕劉昫：《舊唐書》，〈本紀第十〉，第1冊，頁246。
〔註89〕〔清〕王琦注，《李太白全集》，下冊，頁1459。

不一定是死亡的意思，同時，《文苑英華》並未收李華墓誌銘，李華的文章可能是篇偽作。〔註90〕李從軍以曾鞏〈李太白文集後序〉來修正李白的卒年，曾鞏說：

> 其族人陽冰為當塗令，白過之，以病卒，年六十有四，是時寶應元年也。〔註91〕

李從軍認為「曾鞏序文『是時寶應元年』數字當有錯訛」、「李白六十四歲卒，是時應是廣德二年，而不是寶應元年」。〔註92〕李先生也是以〈為宋中丞自薦表〉作為定年的首要根據，但是在推算過程中，以曾鞏言李白享年六十四歲為確，卒年即推遲兩年，定在廣德二年，但不論李白年歲同李華墓誌銘為六十二歲，或是如曾鞏所說的六十四歲，兩說都無法將李白的卒年推遲到大歷年間。

討論至此，李白的卒年主要有兩種說法：一說認為卒於寶應二年，此為最通行的意見，另一說則定於廣德二年。這兩種說法都以〈為宋中丞自薦表〉自述五十七歲為推算的第一步，不同的地方在於，前者採取享年六十二說，後者採取六十四說，故前者據〈自薦表〉向後推算五年，後者據〈自薦表〉向後推算七年。林貞愛又提出了不同看法，他認為李白〈自薦表〉為偽作，作者的主要根據為：永王十分禮遇李白，絕非〈表〉所自述的「脅行」，故〈自薦表〉不符合李白真實的情境，以此判斷〈自薦表〉為偽。〔註93〕由於李貞愛認為〈自薦表〉不可信，因此改用〈贈張相鎬〉詩為判斷的基礎，其詩之二云：

> 十五觀奇書，作賦凌相如。〔註94〕

李白說自己十五歲時觀奇書，作出來的賦已經超越了司馬相如，至於這篇「凌相如」的作品，林貞愛認為是〈大獵賦〉，〔註95〕〈大獵賦〉序文又有：

〔註90〕 李從軍：〈李白卒年辨〉，《李白考異錄》（濟南：齊魯書社，1986年10月），頁210～221。

〔註91〕 〔清〕王琦注，《李太白全集》，下冊，頁1479。

〔註92〕 李從軍：〈李白卒年辨〉，《李白考異錄》，頁214。

〔註93〕 林貞愛：〈李白身世及生卒年代新考〉，《四川師範學院學報（哲學社會科學版）》1989年第4期，頁3～9、轉頁79。

〔註94〕 〔清〕王琦注，《李太白全集》，中冊，頁599。

〔註95〕 林貞愛云：「從詩人所有的賦中，真正『凌相如』的賦，只有〈大獵賦〉了。在這篇賦的序文中，他明確批評了司馬相如的〈子虛〉、〈上林〉、揚雄的〈長楊〉、〈羽獵〉等賦，辭語不夠『壯麗』，意義不夠『博遠』，『不能以大道匡君』，為詩人所『不取』。李白這篇賦，盡力從『博遠』、『壯麗』著筆，使得意境遼闊，氣勢奔放，給讀者以藝術感染，確有駕凌相如之勢。」見林氏：〈李白身世及生卒年代新考〉，頁4～5。

　　今聖朝囿池遐荒，殫窮六合，以孟冬十月，大獵於秦。〔註96〕

玄宗即位之初共有三次多獵，第一次在先天元年，第二次於開元元年，第三次爲開元八年，〔註97〕林貞愛認爲〈大獵賦〉所稱美者，應爲開元八年的第三次多獵，〔註98〕則林氏的推論過程爲：確定〈大獵賦〉作於開元八年，又聯繫「十五觀奇書，作賦凌相如」詩句，認爲李白於開元八年爲十五歲，以此兩條資料爲基礎，再取李華言李白享年六十二，以開元八年向後推算四十七年即可得李白卒年，依此李白卒於大歷初年。

　　根據林貞愛的分析，李白的卒年已經逼近李士訓《記異》所云，不過李士訓於大歷初年得古文《孝經》，又要從長安南下傳授給李白，李白的卒年勢必在大歷之後。不論此說與《記異》相合與否，林貞愛的判斷仍存在著不少問題。首先，〈大獵賦〉爲何是玄宗初期三次多獵的第三次，〈大獵賦〉的繫年尚非定論；〔註99〕其次，李白詩云「十五觀奇書」，不一定確指李白十五歲，李白詩中諸言「十五」語，多泛指作者的少年時代，〔註100〕如此〈贈張相鎬〉自述之年歲，不如〈自薦表〉所說的明確；第三，〈自薦表〉爲僞作判斷可能難以成立，以動機論之，李白入幕有求功名之心，永王敗後，又有脫罪的動機，很自然有文筆或思想上的不一致，內在的矛盾不足證明〈自薦表〉爲僞作。〔註101〕綜合以上所言，判斷〈自薦表〉僞作的論述並不充分，〈大獵賦〉不一定是開元八年的作品，〈贈張相鎬〉詩的「十五」不一定確指李白十五歲，詩句所云之「作賦凌相如」也不一定是〈大獵賦〉，〔註102〕詩賦之間的引申疑點重重，推遲李白卒年至大歷初年，尚有諸多問題必須解決。

〔註96〕　〔清〕王琦注，《李太白全集》，上冊，頁57。

〔註97〕　參考〔清〕王琦注，《李太白全集》，下冊，頁1575。

〔註98〕　林貞愛云：「這個孟冬十月，據《資治通鑑·唐紀二十八》記載，是指唐玄宗開元八年（公元720年），『冬十月辛巳，上行幸長春宮，任午，畋於下邽。』」見林氏：〈李白身世及生卒年代新考〉，頁5。

〔註99〕　關於〈大獵賦〉繫年諸說，可參考呂華明：〈李白《大獵賦》系年新考〉，《徐州教育學院學報》第16卷第1期（2001年3月），頁12～14。

〔註100〕安旗、薛天緯：《李白年譜》（濟南：齊魯書社，1982年8月），頁15。

〔註101〕參考郁賢皓：〈李白晚年行蹤及思想考論〉，《李白叢考》，收入《李白與唐代文史考論》（南京：南京師範大學出版社，2007年12月），第1卷，頁114～139。

〔註102〕王琦認爲，〈明堂賦序〉歷述高宗、武后、中宗，〈大獵賦〉則提到「六聖」，此六聖爲高祖、太宗、武后、中宗、睿宗六代，則李白寫〈明堂賦〉時睿宗尚在，〈明堂賦〉更可能是李白十五年少時的作品。見〔清〕王琦注，《李太白全集》，下冊，頁1576。

（3）以《新唐書》李白本傳作為根據

由於〈自薦表〉偽作的理由並不充分，〈表〉自云五十七歲事當屬可信，則李白洗雪沈冤之後，尚有五年（以六十二歲為據）或七年（以六十四歲為據）餘生。上述二說雖有不同，但一般認為，李白於至德之前曾有牢獄之災，洗雪被救之後仍有干祿之心，於是又寫了〈自薦表〉，至德年間向後推五至七年，李白即已往生，但李士訓《記異》又說李白於大曆年間尚存於世，則所涉及的李白行蹤與史實資料多有衝突，故諸家多不採《記異》語。不過舒大剛先生認為，李白一生曾下獄兩次，一般所說的至德前下獄事是第一次，之後又再次下獄，宋若思救李白的是第二次，第二次被救之後，李白的身體情況大不如前，這就是李陽冰所序之「疾亟」。又〈自薦表〉可繫於第二次下獄之後，再根據李白卒年離〈自薦表〉尚有五或七年，則李白卒年有至於大曆年間的機會。〔註103〕

下獄兩次之說，主要根據《新唐書》李白本傳：

> 安祿山反，轉側宿松、匡廬間，永王璘辟為府僚佐。璘起兵，逃還彭澤。璘敗，當誅。初，白游并州，見郭子儀，奇之；子儀嘗犯法，白為救免。至是，子儀請解官以贖，有詔長流夜郎。會赦，還尋陽，坐事下獄。時宋若思將吳兵三千赴河南，道尋陽，釋囚，辟為參謀，未幾辭職。〔註104〕

所謂第一次下獄，指的是「還彭澤，璘敗，當誅」，繫獄於彭澤；第二次下獄是「長流夜郎，會赦，還尋陽，坐事下獄」，從夜郎回來後，又繫圄圄於尋陽。不過《新唐書》的說法可能有誤，曾鞏〈李太白文集後序〉辯曰：

> 天寶十四載，安祿山反。明年，明皇在蜀，永王璘節度東南。白時臥廬山，璘迫致之。璘軍敗丹陽，白奔亡至宿松，坐繫尋陽獄。宣撫大使崔渙與御史中丞宋若思驗治白，以為罪薄宜貰，而若思軍赴河南，遂釋白囚，使謀其軍事，上書肅宗，薦白才可用，不報。是時白年五十有七矣。乾元元年，終以汙璘事長流夜郎，遂汎洞庭，上峽江，至巫山，以赦得釋，憩岳陽、江夏。久之，復

〔註103〕舒大剛：〈再論李白生卒年問題〉，《四川大學學報（社會科學版）》2005年第5期，頁101～108。

〔註104〕〔宋〕歐陽脩、宋祁：《新唐書》（北京：中華書局，1975年2月），〈文藝中〉，第18冊，頁5763。

如尋陽，過金陵，徘徊於歷陽、宣城二郡。其族人陽冰爲當塗令，
白過之，以病卒，年六十有四，是時實應元年也。其始終所更涉
如此，此白之詩書所自敘可考者也。……《新書》又稱白流夜郎，
還尋陽，坐事下獄，宋若思釋之者，皆不合於白之自敘，蓋史誤
也。〔註105〕

事實上，如果把《新唐書》的話讀作：「會赦，還尋陽。坐事下獄時，宋若思
將吳兵三千赴河南，道尋陽，釋囚。」把「坐事下獄時」之後當作《新唐書》
的補述，就不會有曾鞏說的新史與史實不合的問題。但不論曾鞏是否誤讀新
史，若把《新唐書》理解爲李白「還尋陽」後又「坐事下獄」，可能真如曾鞏
指出的，「皆不合於白之自敘」。根據《舊唐書》所記，宋若思於至德二年歷
經宣城、尋陽一帶，〔註106〕若有所謂兩次下獄之事，宋若思在李白第一次下
獄時就救了他；又根據李白於夜郎歸來後之詩文，李白「會赦，還尋陽」之
後，即往洞庭湖與岳陽樓等南方名勝處遊歷，〔註107〕並沒有再次下獄的痕跡。
綜合以上所言，無論是根據李白其他詩文或《新唐書》來推遲李白的卒年，
其中疑點甚多，李士訓記李白尚存於大曆之後，與文集史料多有衝突，《記異》
所述之耕者於大曆初年得古文《孝經》又傳李白等事難以盡信，在沒有更多
文獻資料證明以前，似應保持著懷疑態度。

二、宋傳古文的分章系統

司馬光《孝經指解》、朱熹《孝經刊誤》、錢時《四書管見》與大足石刻
所錄，爲宋傳古文《孝經》的四種全文。石刻爲楷書，避宋太祖、英宗、孝
宗諱，根據避諱情形，石刻應在孝宗之後，而具名范祖禹者，馬衡先生推測
是後人景仰而補刻。〔註108〕四種傳本的文字大致相同，但分章結構則有明顯
異同。先論同者，以司馬光《古文孝經指解》爲例，今文〈聖治章〉，宋傳古
文本都分爲三章，後兩章有「子曰」發端，可表示爲：

〔註105〕〔清〕王琦注，《李太白全集》，下冊，頁1479。

〔註106〕〔後晉〕劉昫等：《舊唐書》，〈地理三〉，第5冊，頁1609。

〔註107〕參考安旗主編：《李白全集編年注釋》（成都：巴蜀書社，2000年4月），下
冊。

〔註108〕馬衡：〈宋范祖禹書古文孝經石刻校釋〉，《凡將齋金石叢稿》（北京：中華書
局，1977年10月），頁255。

今　文〈聖　治　章〉	宋　傳　古　文　分　章
曾子曰：「敢問聖人之德，無以加於孝乎？」子曰：「天地之性人為貴。人之行，莫大於孝。孝莫大於嚴父，嚴父莫大於配天，則周公其人也。昔者，周公郊祀后稷以配天，宗祀文王於明堂，以配上帝。是以四海之內，各以其職來祭。夫聖人之德，又何以加於孝乎？故親生之膝下，以養父母日嚴。聖人因嚴以教敬，因親以教愛。聖人之教，不肅而成，其政不嚴而治，其所因者本也。|父子之道，天性也，君臣之義也。父母生之，續莫大焉。君親臨之，厚莫重焉。|故不愛其親而愛他人者，謂之悖德；不敬其親而敬他人者，謂之悖禮。以順則逆，民無則焉。不在於善，而皆在於凶德，雖得之，君子不貴也。君子則不然，言思可道，行思可樂，德義可尊，作事可法，容止可觀，進退可度。以臨其民，是以其民畏而愛之，則而象之。故能成其德教，而行其政令。《詩》云：『淑人君子，其儀不忒。』	曾子曰：「敢問聖人之德，其無以加於孝乎？」子曰：「天地之性人為貴。人之行，莫大於孝。孝莫大於嚴父，嚴父莫大於配天，則周公其人也。昔者，周公郊祀后稷以配天，宗祀文王於明堂，以配上帝。是以四海之內，各以其職來助祭。夫聖人之德，又何以加於孝乎？故親生之膝下，以養父母日嚴。聖人因嚴以教敬，因親以教愛。聖人之教，不肅而成，其政不嚴而治，其所因者本也。」
	子曰：「父子之道，天性，君臣之義。父母生之，續莫大焉。君親臨之，厚莫重焉。」
	子曰：「不愛其親，而愛他人者，謂之悖德；不敬其親，而敬他人者，謂之悖禮。以順則逆，民無則焉。不在於善，而皆在於凶德，雖得之，君子所不貴。君子則不然，言斯可道，行斯可樂，德義可尊，作事可法，容止可觀，進退可度，以臨其民。是以其民畏而愛之，則而象之。故能成其德教，而行政令。《詩》云：『淑人君子，其儀不忒。』」

按：「\|」符號為古文分章處。

　　朱熹於古文「曾子曰敢問」章說：「『故親生之膝下』以下，意卻親切，但與上文不屬，而與下章相近，故今文連下二章為一章，但下章之首語已更端，意亦重複，不當通為一章。此語當依古文，且附上章，或自別為一章可也。」〔註 109〕朱熹以為「親生之膝下」至「本也」可別為一章，但他所見實無此分章，僅是提出建議。朱熹雖然以文意貫通的理由，對章節起訖提出建議，但從「今文連下二章為一章」可知，其所見同上圖所析，古文於今文〈聖治章〉處分為三章；朱熹於古文「子曰父子之道」章又云：「古文析『不愛其親』以下別為一章，而各冠以『子曰』。」〔註 110〕則朱熹所見古文也冠以「子曰」，與各本相同。

　　至於相異之處，朱熹《孝經刊誤》雖合古文數章「經一章」，但朱熹云：

〔註 109〕〔宋〕朱熹：《孝經刊誤》，《朱文公文集》（臺北：台灣商務印書館，1965 年，四部叢刊初編集部第 59 冊縮印明嘉靖刊本），卷 66，總頁 1216。
〔註 110〕〔宋〕朱熹：《孝經刊誤》，《朱文公文集》，卷 66，總頁 1216～1217。

「『故自天子以下，至於庶人，孝無終始，而患不及者，未之有也。』其首尾相應，次第相承，文勢連屬，脈絡通貫，同是一時之言，無可疑者。而後人妄分，以爲六、七章。」據此，朱熹雖合爲經一章，朱熹所見古文《孝經》於今文〈庶人章〉實有別，這與《指解》、《管見》相同；石刻於今文〈庶人章〉則不作分別，但該章又迄於今文〈三才章〉曾子讚嘆處，除此之外，石刻又於今文〈三才章〉分作兩章，可表示爲：

今文〈庶人〉、〈三才章〉	《指解》、《刊誤》、《管見》	石刻、黃震
用天之道，分地之利，謹身節用，以養父母。此庶人之孝也。故自天子至於庶人，孝無終始，而患不及者，未之有也。	子曰：「用天之道，分地之利，謹身節用，以養父母。此庶人之孝也。」 故自天子至於庶人，孝無終始，而患不及者，未之有也。	子曰：「用天之道，分地之利，謹身節用，以養父母。此庶人之孝也。」故自天子至於庶人，孝無終始，而患不及者，未之有也。曾子曰：「甚哉，孝之大也！」
曾子曰：「甚哉，孝之大也！」子曰：「夫孝，天之經也，地之義也，民之行也。天地之經，而民是則之。則天之明，因地之利，以順天下。是以其教不肅而成，其政不嚴而治。先王見教之可以化民也，是故先之以博愛，而民莫遺其親；陳之於德義，而民興行。先之以敬讓，而民不爭；導之以禮樂，而民和睦；示之以好惡，而民知禁。《詩》云：『赫赫師尹，民具爾瞻。』」	分章起訖同今文	子曰：「夫孝，天之經也，地之義也，民之行也。天地之經，而民是則之。則天之明，因地之利，以順天下。是以其教不肅而成，其政不嚴而治。」
		子曰：「先王見教之可以化民也，是故先之以博愛，而民莫遺其親；陳之於德義，而民興行。先之以敬讓，而民不爭；導之以禮樂，而民和睦；示之以好惡，而民知禁。《詩》云：『赫赫師尹，民具爾瞻。』」

石刻各以「子曰」發端，體式整齊，黃震〈讀孝經〉也說：

> 至於分章之多寡，今文〈三才章〉「其政不嚴而治」與「先王見教之可以化民」通爲一章，古文則分爲兩章。今文〈聖治章第九〉「其所因者本也」與「父子之道天性」通爲一章，古文則分爲兩章，「不愛其親而愛他人者」古文又分爲一章。章句之分合，率不過如此，於大義亦無不同。〔註111〕

黃震所說的〈聖治章〉分章，乃上述各本的相同之處，而所云古文於今文〈三

〔註111〕〔宋〕黃震：《黃氏日抄》，卷1，頁1。

才章〉的分章情況，自「先王見教」處，黃震所見分爲兩章，則所見本與石刻相同。綜合以上所言，宋儒所見古文《孝經》可分爲兩大系統，《指解》、《刊誤》、《管見》爲一系統，於今文〈庶人章〉、〈聖治章〉處有所分別，此與《經典釋文》小注所述相同；大足石刻與黃震所見本爲另一系統，此系統於今文〈聖治章〉與上述三種相同，但於今文〈庶人章〉處不作分別，結尾跨入今文〈三才章〉，又於今文〈三才章〉處分作兩章。其他關於今文與宋傳古文的各種異同之細節，再以下表作結。

今古文分章異文對照表

今　文　本		《孝經指解》	《孝經刊誤》	〈大足石刻〉	〈孝經管見〉	〈讀孝經〉
1 開宗明義章	仲尼居，曾子侍。子曰：「先王有至德要道，以順天下，民用和睦，上下無怨。汝知之乎？曾子避席曰：「參不敏，何足以知之？」子曰：「夫孝，德之本也，教之所由生也。復坐，吾語汝。身體髮膚，受之父母，不敢毀傷，孝之始也。立身行道，揚名於後世，以顯父母，孝之終也。夫孝，始於事親，中於事君，終於立身。〈大雅〉云：『無念爾祖，聿脩厥德。』」	作「仲尼閒居」、「侍坐」，「子曰」下多一「參」字。	同《指解》。	同《指解》。	同《指解》。	不可考。
2 天子章	子曰：「愛親者，不敢惡於人；敬親者，不敢慢於人。愛敬盡於事親，而德教加於百姓，刑于四海。蓋天子之孝也。〈甫刑〉云：『一人有慶，兆民賴之。』」	「天子之孝」下少一「也」字，其他同。	同《指解》。	同《指解》。	同《指解》。	不可考。
3 諸侯章	在上不驕，高而不危；制節謹度，滿而不溢。高而不危，所以長守貴也。滿而不溢，所以長守富也。富貴不離其身，然後能保其社稷，而和其民人。蓋諸侯之孝也。《詩》云：『戰戰兢兢，如臨深淵，如履薄冰。』」	「守貴」、「守富」、「諸侯之孝」下少一「也」字，其他同。	同《指解》。	石刻多「子曰」發端。	同《指解》。	不可考。
4 卿大夫章	非先王之法服不敢服，非先王之法言不敢道，非先王之德行不敢行。是故非法不言，非道不行；口無擇言，身無擇行。言滿天下無口過，行滿天下無怨惡。三者備矣，然後能守其宗廟。蓋卿大夫之孝也。《詩》云：『夙夜匪懈，以事一人。』	同。	同《指解》。	石刻多「子曰」發端。	同《指解》。	不可考。

章	經文	古文	號	《刊誤》	《指解》	號	石刻	號	黃震	號
5 士章	資於事父以事母，而愛同；資於事父以事君，而敬同。故母取其愛，而君取其敬，兼之者父也。故以孝事君則忠，以敬事長則順。忠順不失，以事其上，然後能保其祿位，而守其祭祀。蓋士之孝也。《詩》云：「夙興夜寐，無忝爾所生。」	同。		同《指解》。	石刻多「子曰」發端。同今文本作「爵位」。		同《指解》。		不可考。	
6 庶人章	用天之道，分地之利，謹身節用，以養父母。此庶人之孝也。故自天子至於庶人，孝無終始，而患不及者，未之有也。	多「子曰」發端，作「因」天之道，迄於「孝也」。	6	同今文用天之道，其他同《指解》。	發端與《指解》同。迄於「曾子曰：甚哉！孝之大也」。其他同《指解》。	6	同今文用天之道，其他同《指解》。		黃震並未言及庶人分章事，以其所言二十二章推測之，黃震所見古文本同石刻本，庶人章未分章，唯其止迄處不明。	6
		天子下多「已下」二字。	7	《指解》已下，《刊誤》作「以」下。			同今文無「已下」二字，其他同《指解》。	6		
7 三才章	曾子曰：「甚哉，孝之大也！」子曰：「夫孝，天之經也，地之義也，民之行也。天地之經，而民是則之。則天之明，因地之利，以順天下。是以其教不肅而成，其政不嚴而治。先王見教之可以化民也，是故先之以博愛，而民莫遺其親；陳之於德義，而民興行。先之以敬讓，而民不爭；導之以禮樂，而民和睦；示之以好惡，而民知禁。《詩》云：『赫赫師尹，民具爾瞻。』」	天之經、地之義、民之行下各少一「也」字。則天之明作「因」天之明。	8	同《指解》。	起於「子曰夫孝」，迄於「不嚴而治」。	7	同《指解》。		同石刻，三才章分為兩章，唯起處不明。	7
					起於「先王見教」，又多「子曰」二字發端。	8			同石刻。	8
8 孝治章	子曰：「昔者明王之以孝治天下也，不敢遺小國之臣，而況於公侯伯子男乎？故得萬國之懽心，以事其先王。治國者，不敢侮於鰥寡，而況於士民乎？故得百姓之懽心，以事其先君。治家者，不敢失於臣妾，而況於妻子乎？故得人之懽心，以事其親。夫然，故生則親安之，祭則鬼享之，是以天下和平，災害不生，禍亂不作。故明王之以孝治天下也如此。《詩》云：『有覺德行，四國順之。』」	首句明王之以孝治天下，少一「之」字。章尾孝治天下也，少一「也」字。失於臣妾，作「侮」於臣妾。	9	同今文作「明王之以孝治天下」，有「之」字。同今文作「失」於臣妾。	明王之以孝治天下，石刻本同今文，有一「之」字。侮於臣妾，石刻作「失」於臣妾。兩處同《刊誤》。		懽字作「歡」字。作「明王之以孝治天下」、「失」於臣妾，兩處同《刊誤》。		不可考。	

9 聖治章	曾子曰:「敢問聖人之德,無以加於孝乎?」子曰:「天地之性,人爲貴。人之行,莫大於孝。孝莫大於嚴父,嚴父莫大於配天,則周公其人也。昔者,周公郊祀后稷以配天,宗祀文王於明堂,以配上帝。是以四海之內,各以其職來祭。夫聖人之德,又何以加於孝乎?故親生之膝下,以養父母日嚴。聖人因嚴以教敬,因親以教愛。聖人之教,不肅而成,其政不嚴而治,其所因者	聖人之德下多一「其」字。迄於其所因者本也。	10	同《指解》。	同《指解》。	同《指解》。	不可考。
10 紀孝行章	本也。父子之道,天性也;君臣之義也。父母生之,續莫大焉。君親臨之,厚莫重焉。故不愛其親而愛他人者,謂之悖德;不敬其親而敬他人者,謂之悖禮。以順則逆,民無則焉。不在於善,而皆在於凶德,雖得之,君子不貴也。君子則不然,言思可道,行思可樂,德義可尊,作事可法,容止可觀,進退可度,以臨其民。是以其民畏而愛之,則而象之,故能成其德教,而行其政令。《詩》云:『淑人君子,其儀不忒。』	父子之道前多「子曰」發端。迄於「重焉」。 不愛其親前多「子曰」發端。	11 12	同《指解》。 同《指解》。	同《指解》。 「尊」字,作「遵」字。	同《指解》。 同《指解》。	不可考。 不可考。
10 紀孝行章	子曰:「孝子之事親也,居則致其敬,養則致其樂,病則致其憂,喪則致其哀,祭則致其嚴,五者備矣,然後能事親。事親者,居上不驕,爲下不亂,在醜不爭。居上而驕則亡,爲下而亂則刑,在醜而爭則兵。三者不除,雖日用三牲之養,猶爲不孝也。」	事親也少一「也」字。三者不除,三者前多一「此」字。	13	同《指解》。	同《指解》。	同《指解》。	不可考。
11 五刑章	子曰:「五刑之屬三千,而罪莫大於不孝。要君者無上,非聖人者無法,非孝者無親。此大亂之道也。」	聖人者少一「人」字,作「聖者」。	14	同今文作「聖人」。	同今文作「聖人」。	同今文作「聖人」。	不可考。
12 廣要道章	子曰:「教民親愛,莫善於孝。教民禮順,莫善於悌。移風易俗,莫善於樂。安上治民,莫善於禮。禮者,敬而已矣。故敬其父,則子悅;敬其兄,則弟悅;敬其君,則臣悅;敬一人,而千萬人悅。所敬者寡,而悅者眾。此之謂要道也。」	章尾少一「也」字。	15	同《指解》。	同《指解》。	同《指解》。	不可考。

13 廣至德章	子曰：「君子之教以孝也，非家至而日見之也。教以孝，所以敬天下之為人父者也。教以悌，所以敬天下之為人兄者也。教以臣，所以敬天下之為人君者也。《詩》云：『愷悌君子，民之父母。』非至德，其孰能順民，如此其大者乎！」	16	父者也、兄者也、君者也下各少一「也」字。教以悌作教以「弟」。	同《指解》。	同《指解》。	同《指解》。	不可考。
16 感應章	子曰：「昔者，明王事父孝，故事天明；事母孝，故事地察；長幼順，故上下治。天地明察，神明彰矣。故雖天子，必有尊也，言有父也；必有先也，言有兄也。宗廟致敬，不忘親也。脩身慎行，恐辱先也。宗廟致敬，鬼神著矣。孝悌之至，通於神明，光于四海，無所不通。《詩》云：『自西自東，自南自北，無思不服。』」	17	悌字作「弟」字。恐辱先作恐辱「親」也。其他同。	同今文本作悌字，其他同《指解》。	石刻同今文作恐辱「先」也。孝悌，同今文作悌字。	同《指解》。	不可考。
14 廣揚名章	子曰：「君子之事親孝，故忠可移於君；事兄悌，故順可移於長；居家理，故治可移於官。是以行成於內，而名立於後世矣。」	18	悌字作「弟」字，其他同。	同今文本作悌字，其他同《指解》。	悌字同今文。後世，石刻無世字。	同《指解》。	不可考。
無。		19	子曰闈門之內具禮矣乎嚴父嚴兄妻子臣妾猶百姓徒役也。	同《指解》。	同《指解》。	同《指解》。	不可考。
15 諫諍章	曾子曰：「若夫慈愛恭敬，安親揚名，則聞命矣。敢問子從父之令，可謂孝乎？」子曰：「是何言與，是何言與！昔者天子有爭臣七人，雖無道，不失其天下；諸侯有爭臣五人，雖無道，不失其國；大夫有爭臣三人，雖無道，不失其家；士有爭友，則身雖不離於令名；父有爭子，則身不陷於不義。故當不義，則子不可以不爭於父；臣不可以不爭於君；故當不義則爭之。從父之令，又焉得為孝乎！」	20	則聞命矣作「參」聞命矣。子從父之令少一「子」字。又焉得為孝乎少一「又」字。是何言與下多「言之不通也」五字。不爭於父、不爭於臣，不作「弗」字。	無「言之不通也」五字，其他同《指解》。	同《刊誤》。	同《指解》，有「言之不通也」五字。	不可考。
17 事君章	子曰：「君子之事上也，進思盡忠，退思補過，將順其美，匡救其惡，故上下能相親也。《詩》云：『心乎愛矣，遐不謂矣，中心藏之，何日忘之？』」	21	君子之事上也少一「之」字、「也」字。相親也又少一「也」字。	同《指解》。	同《指解》。	同《指解》。	不可考。

| 18 喪親章 | 子曰：「孝子之喪親也，哭不偯，禮無容，言不文，服美不安，聞樂不樂，食旨不甘，此哀戚之情也。三日而食，教民無以死傷生。毀不滅性，此聖人之政也。喪不過三年，示民有終也。為之棺槨衣衾而舉之；陳其簠簋而哀慼之；擗踊哭泣，哀以送之；卜其宅兆，而安措之；為之宗廟，以鬼享之；春秋祭祀，以時思之。生事愛敬，死事哀慼，生民之本盡矣，死生之義備矣，孝子之事親終矣。」 | 喪親也、哀戚之情也、聖人之政也、示民有終也，四句各少一「也」字。 | 22 | 同《指解》。 | 同《指解》。 | 鬼享之無「鬼」字，作享之。其他同《指解》 | 不可考。 |

三、今所見之《古文孝經孔氏傳》

（一）鄭珍辨偽的十項驗證

宋儒所見之密閣藏本，是經文單行的本子，孔《傳》似已消失於中國本地，欲窺孔《傳》面貌，必須仰賴日本保存的漢籍資料。乾隆年間，鮑廷博翻刻日傳《古文孝經孔氏傳》，這是目前孔《傳》所通行的全本。但自此本傳入開始，日傳古文《孝經》與孔《傳》之真偽，一直是學者所關心的問題，其中又以鄭珍〈辨日本國《古文孝經孔氏傳》之偽〉最具有代表性。鄭珍提出十項驗證來說明日傳本為日儒之偽，可概要分析為：〔註112〕（1）注疏之間理應相合，但日傳孔《傳》述《孝經》作者與劉炫的解說不同。（2）《孝經》原無章名標題，宋傳古文本也多無章名，日傳古文標示章名，其式非古。（3）桓譚《新論》云古文《孝經》異四百餘字，與日傳本異字字數不合。（4）孔《傳》、鄭《注》勢如水火，不應相同，但日傳孔《傳》有同鄭《注》處。（5）日傳孔《傳》與《注》、《疏》相同之處，有《疏》文無標示「依孔《傳》」處，此為日人誤抄《注》、《疏》的痕跡。（6）《疏》文標示孔《傳》者，有與日傳本不合之處。（7）據日傳孔〈序〉所推論的孔安國生平與事實不合。（8）日傳孔〈序〉述訓詁體例並非西漢可見。（9）日傳孔〈序〉誤述孔安國《尚書》師承。（10）日傳孔〈序〉所述經傳標注之體例襲自《經典釋文》。關於日傳本《古文孝經孔氏傳》的流傳問題，以下擬就此十驗談起。

鄭珍十驗大略分為兩個部份，一論此本為日人依傳世文獻湊合而成，二

〔註112〕〔清〕鄭珍，王鍈等點校：《鄭珍集・經學》（貴陽：貴州人民出版社，1991年1月），頁15～17。

論曰傳孔《傳》絕非西漢孔安國書；第一到六驗屬於前者，七到十驗屬於後者，此處先從後者論起。日傳本題有孔安國〈古文孝經序〉，此〈序〉云「昔吾逮從伏生論古文《尚書》誼」，〔註113〕鄭珍認爲，伏生所傳《尚書》爲今文，而此云「從伏生論古文《尚書》誼」，不合西漢傳經事實，此爲鄭珍辨其師法不明之第九驗。根據錢穆先生的分析，西漢言「古文」者多解作古籍舊書義，〔註114〕故劉炫與林秀一認爲，此孔〈序〉自言「古文」，不必以今古師法強作解釋，可說是孔安國師從伏生，學習古代經籍中的《尚書》，若依此解，孔〈序〉並無矛盾。〔註115〕後四驗中的第九驗，或許不必有鄭珍的懷疑，不過其餘三驗則指出了孔〈序〉與傳世文獻的矛盾，孔〈序〉云：

> 魯三老孔子惠，抱詣京師，獻之天子，天子使金馬門待詔學士，與博士羣儒，從隸字寫之，還子惠一通，以一通賜所幸侍中霍光。光甚好之，言爲口實，時王公貴人咸神祕焉，比於禁方，天下競欲求學。莫能得者，每使者至魯，輒以人事請索。或好事者，募以錢帛，用相問遺，魯吏有至帝都者，無不齎持以爲行路之資。……爲之訓傳，悉載本文，萬有餘言，朱以發經，墨以起傳，庶後學者，覩正誼之有在也。〔註116〕

《史記》曾記孔安國「蚤卒」，〔註117〕這是辨析舊題孔安國著的重要根據，此爲鄭珍之第七驗。雖然學者對於孔安國早卒的問題尚有疑義，〔註118〕但以司馬遷記事的下限可知，《史記》最晚至漢武、昭帝之際，則孔安國在武帝末年應已去世，但此〈序〉云「魯三老孔子惠，抱詣京師，獻之天子」，姑且不論孔惠此人可信與否，許慎云「古文《孝經》者，孝昭帝時魯國三老所獻」，若依此〈序〉，孔安國尚存於漢昭帝世，當時司馬遷可能都已經去世，如何說是孔安國早卒？此〈序〉與《史記》述孔安國早卒事差距太大，鄭珍第七驗可信。第八驗與第十驗都是訓詁體例的問題；鄭珍第十驗論孔〈序〉「朱以發經，墨以起傳」是襲

〔註113〕題作〔漢〕孔安國：《古文孝經孔氏傳》（臺北：藝文印書館，1966 年，百部叢書集成影印清乾隆知不足齋叢書據日本太宰純刻本），〈孝經序〉，頁 15 下。

〔註114〕錢穆：〈兩漢博士家法考〉，《兩漢經學今古文平議》（北京：商務印書館，2001 年 7 月），頁 183～261。

〔註115〕俱見〔日〕林秀一：《孝經述議復原に關する研究》（東京：林先生學位論文出版紀念會，1953 年 7 月），頁 47。

〔註116〕題作〔漢〕孔安國：〈古文孝經序〉，《古文孝經孔氏傳》，〈孝經序〉，頁 15。

〔註117〕〔漢〕司馬遷：《史記》，〈孔子世家〉，第 6 冊，頁 1947。

〔註118〕張岩：《審核古文〈尚書〉案》（北京：中華書局，2006 年 12 月），頁 15～20。

自《經典釋文》、又自以爲是的奇特之論，〔註119〕此與《經典釋文》朱墨體例的相同，是否一定是日人抄襲陸德明而來，兩者之間或無必然性，但此〈序〉又說「爲之訓傳，悉載本文」，據孔《疏》所記，「具載本文」就經爲注的體例，始自馬融《周禮注》，〔註120〕則孔《傳》的訓詁體式，似乎是東漢以來的作品。屏除爭議較多的第九驗與第十驗，第七驗與第八驗都有參考價值，同時許慎又說當時「孔氏古文說」是「皆口傳，官無其說」，這似乎也跟〈序〉云「爲之訓傳，悉載本文」略有不同。依此〈序〉所言，西漢古文《孝經》鼎盛，皇族大臣相競爭習，甚至可以「爲行路之資」，若古文之學如此興盛，爲何許慎以前又沈寂至此？綜合以上所言，此〈序〉與漢代史實有不合之處。

鄭珍第三驗言日傳古文字數與桓譚所言不合，進而作爲日人僞造的證據，不過除了日傳古文，宋傳古文也不合桓譚字數。參考毛奇齡的說法，如果古文多出四百餘字，則漢代古文多出數章，但漢儒只言又多一章，則此字數上的差異，應非文字內容的出入，而是字體書寫的差異。〔註121〕再以書寫字體論之，舒大剛先生比較日傳古文字體與《汗簡》、《古文四聲韻》等宋初字書不同，進一步判斷此本絕非隋唐傳本，〔註122〕不過參考日儒的說明，這只是傳抄過程中所發生的失誤而已。〔註123〕

第一驗與第四驗可視爲一組。鄭珍認爲，劉炫爲古文、孔《傳》作疏，理應保持著「疏不破注」的原則，應該沒有違背孔《傳》之處。鄭珍又認爲今古文有門戶之別，不應有與敵論相同的地方。鄭珍這組觀念，可能是對於注疏之學的誤解。義疏之學在六朝發展的過程當中，並沒有疏不破注的原則，〔註124〕如果相信日本保存的《疏議》原文（日儒應更沒有僞造劉炫《述議》

〔註119〕原文爲：「陸氏《經典釋文》，其初本標經文用朱書，標注文用墨書，故序例云：『朱以發經，墨以起傳。』本因摘字爲音，經傳相間，欲便覽者分別，乃如此書之。『起』、『發』云者，即標之謂也。今孔序亦云：『朱以發經，墨以起傳。』不知經何待發，所起者又何傳也？是直不解陸氏所謂，徒見其例於古無有，以爲甚奇異，可以欺世也。」見〔清〕鄭珍，王鍈等點校：《鄭珍集·經學》，頁17。

〔註120〕《毛詩注疏》（臺北：藝文印書館，2001年，影印嘉慶二十年江西南昌府學十三經注疏阮刻本），卷1之1，頁3下。

〔註121〕參見本論文頁84。

〔註122〕同註70。

〔註123〕參考〔日〕林秀一：〈仁治本古文孝經解說〉，《孝經學論集》（東京：明治書院，1976年11月），頁255～257。

〔註124〕張寶三：〈儒家經典詮釋傳統中注與疏之關係〉，《孔學與二十一世紀國際學術

的動機與必要），劉炫辯駁孔《傳》的地方不少，〔註125〕劉炫駁孔實不足怪；另一方面，關於日傳孔《傳》與鄭《注》的相同處，《注》、《疏》保留的鄭、孔之說，即有相同之處，〔註126〕孔《傳》、鄭《注》不必理解為兩不相涉的詮釋體系。

　　綜合以上所言，前六驗之第一、三、四驗，大概都不能作為日人偽作的證明，至於第二驗，日傳古文《孝經》前有章名，宋傳古文本則無，這或許是後人增添的痕跡，但若以章名的增添作為否定內容的根據，則隋、唐以來今文十八章本，都有後人偽作的可能，章名的增添應與內容之真偽無關。考察《孝經》於日本的流傳，自唐初傳入開始，日本國學生兼習鄭《注》、孔《傳》，又廣泛使用劉炫《述議》，〔註127〕故古文傳注在日本保存下來，同時古文經傳在日本國內的流傳堪稱穩定，〔註128〕日儒若另有更造，理應如同劉炫所引起的風波一般，會在日本國內引起不少的討論。基於上述理由，鄭珍前六驗較有辨偽效力者，在於第五驗與第六驗。

　　鄭珍第五驗與第六驗也可視為一組討論，此兩驗的依據，在於《疏》文有標示「依某注」之體例，鄭珍認為，凡是《疏》文無標示「依孔《傳》」者，必是原書所無，但日傳本有《傳》文見於《注》、《疏》，但《疏》無此標示，此為可疑者一；相對於此，《疏》文標示依孔《傳》者，又有日傳本所不可見者，此為可疑者二。關於前者，《疏》文沒有「依孔《傳》」之標示，是否必為原書所無，此論猶有可議之處，但《疏》文標示孔《傳》者，日傳孔《傳》竟不得見，後者具有十分明確的驗證效力，故以下將再針對第六驗覆議。

　　　　　研討會論文集》（臺北：國立政治大學，2001 年 10 月），頁 315～338。
〔註125〕　〔日〕林秀一：《孝經述議復原に關する研究》（東京：林先生學位論文出版紀念會，1953 年 7 月），頁 47～48、212、215、222、230、255、258、267、269、274～276、280、284、293。
〔註126〕　參見後文頁 190～191。
〔註127〕　〔日〕林秀一：《孝經述議復原に關する研究》，頁 3。林氏：〈仁治本古文孝經解説〉，《孝經學論集》，頁 250～251。
〔註128〕　參考吳哲夫：〈中日孝經書緣〉，《故宮文物月刊》第 6 卷第 9 期（1988 年 12 月），頁 66～75。胡平生：〈日本《古文孝經》孔傳的真偽問題〉，《文史》第 23 輯（1984 年 11 月），頁 287～299。美・何蘭若，王振華譯：《《古文孝經孔氏傳》的回傳〉，《文獻》1998 年第 3 期（7 月），頁 155～161。李學勤：〈日本膽澤城遺址出土《古文孝經》論介〉，《孔子研究》1988 年第 4 期（12 月），頁 95～98。顧永新：〈日本傳本《古文孝經》回傳中國考〉，《北京大學學報（哲學社會科學版）》第 41 卷第 2 期（2004 年 3 月），頁 100～108。

　　《疏》文標示孔《傳》、又不見於日傳本者，實不只於第六驗所舉出的兩條資料，今文〈天子章〉《疏》文有：

> 孔《傳》以人爲天下眾人，言君愛敬己親，則能推己及物，謂有天下者，愛敬天下之人；有一國者，愛敬一國之人也。〔註 129〕

《疏》云「孔《傳》以人爲天下眾人」，則原書應有「天下眾人」之類的解釋，但檢覆日傳本，日傳本孔《傳》〈天子章〉實無類似語句，依照鄭珍之說，這也是日儒淺陋、漏收《注》、《疏》的痕跡之一。此語雖爲日傳孔《傳》所無，但日存劉炫《述議》云：

> 議曰：欲明天子以下，皆當愛敬其親也，不敢惡人，不敢慢人，普謂不敢惡慢天下眾人也。不惡人者，緣己愛親，乃推以及物，故《傳》解其意，謂內愛己親，而外不惡於人也。有天下者，愛天下之民；有一國者，愛一國之民，故云「兼愛無遺」。〔註 130〕

對照《疏》文與劉炫殘語，《疏》云「孔《傳》以人爲天下眾人」，乃爲劉炫對於孔《傳》的闡發，而《疏》文一概歸屬於孔《傳》的意見，同時「愛敬己親，則能推己及物」、「有天下者，愛敬天下之人；有一國者，愛敬一國之人也」，《疏》文明顯是劉炫《疏議》的濃縮，《疏》文的解釋來自於劉炫《疏議》。藉由此例可知，《疏》文標示孔《傳》處，包含了劉炫對於孔《傳》的闡發，鄭珍第六驗的兩條資料都可作如是觀。今文〈孝治章〉「治國者，不敢侮於鰥寡」以下，《疏》文解道：

> 一國百姓，皆是君之所統理，故以「所統」言之，孔安國曰「亦以相統理」是也。〔註 131〕

日傳孔《傳》雖無「亦以相統理」語，但劉炫云：

> ……遺鰥寡人之劣弱，失在侵陵，故云「不悔」；臣妾營事生產，宜得其心力，故云「不失」，雖準人爲文，亦意相通也。〔註 132〕

鰥寡孤獨以至於士民百姓，這些都包含在一國的人民之類，《孝經》雖有所分別，但「亦意相通也」，《疏》文一國百姓「亦以相統理」之解似來自於此。今文〈感應章〉：「故雖天子，必有尊也，言有父也；必有先也，言有兄也。」

〔註129〕《孝經注疏》，卷1，頁5上。
〔註130〕引自〔日〕林秀一：《孝經述議復原に關する研究》，頁 225。按：引自後附《孝經述議》原本。
〔註131〕以上見《孝經注疏》，卷4，頁3上
〔註132〕引自〔日〕林秀一：《孝經述議復原に關する研究》，頁 269。

《注》云：「禮，君讌族人，與父兄齒也。」《疏》曰：

　　云「禮：君讌族人，與父兄齒也」者，此依孔《傳》也。〔註133〕

「此依孔《傳》也」，很可能也是劉炫的闡發，今殘文有云：

　　言人必有兄，故長事諸兄，天子與族人燕，則長幼……之也。〔註134〕

孔《傳》雖然沒有禮制上的註解，但劉炫作了相關的闡發。當時孔《傳》最主要的義疏就是劉炫《述議》，兩者互為唇齒相依的共同體，《注》、《疏》在參考濃縮之中，或許有將劉炫對於孔《傳》的闡發，標示為孔《傳》的部份。

（二）「言之不通」異文

　　檢討鄭珍的十項驗證，其論曰傳孔《傳》非西漢孔安國書，第七驗與第八驗當屬可信，至於第五、六驗，《注》、《疏》引述孔《傳》與日傳本的比較，其中實有不同，但此差別都可在《述議》殘文找到痕跡，日存古文經《傳》，應該還是隋唐傳入的本子，以此作為前提，最後擬再針對宋傳古文內的異文來作嘗試性的解讀。

　　今司馬光、范祖禹的《解》、《說》合刻本，第二十章經文為：

　　子曰：「是何言與，是何言與，言之不通也。……」〔註135〕

日傳本與錢時《管見》，同《解》、《說》合刻本，朱熹《刊誤》與今文〈諫諍章〉則無「言之不通也」五字。關於宋傳系統的異文，王應麟認為：

　　「是何言與」，司馬公解云「言之不通也」，范太史《說》誤以「言之不通也」五字為經文，古今文皆無，《朱文公集》所載《刊誤》亦無之。（原注：近世所傳《刊誤》以五字入經文，非也。）〔註136〕

據王應麟說可知，當時所見司馬光書已有「言之不通也」五字，《孝經刊誤》也有部份版本有此五字，這大概就是錢時《管見》本的時代。王應麟認此五字是范祖禹誤認司馬光的注文，把它添進了經文裏，不過，今題范祖禹大足石刻無此五字，范祖禹詮說此段云：「曾子從父之令，是何言與，是何言與？古者天子設四輔。」〔註137〕並沒有「言之不通」的串講，朱熹《刊誤》時也

〔註133〕以上見《孝經注疏》，卷8，頁2。
〔註134〕引自〔日〕林秀一：《孝經述議復原に關する研究》，頁276。按：「……」處磨泐難識。
〔註135〕〔宋〕司馬光：《古文孝經指解》，收入《孝經注解》，第35冊，頁17下。
〔註136〕〔宋〕王應麟撰，〔清〕翁元圻注：《翁注困學紀聞》（臺北：臺灣商務印書館，1956年4月，國學基本叢書第1集第14種），第3冊，頁693。
〔註137〕〔宋〕范祖禹：《古文孝經說》，收入《孝經注解》（臺北：漢京文化事業有限

還沒有此五字，范祖禹不是誤讀增添的元兇。

　　錢時曾說：「曾子至此乃復以從父之令爲問，則不惟不通於孝，是固未通於忠也。夫子責其言之不通，而於章末特與君父並言，最爲明切。」〔註138〕錢時大概是宋人最早針對「言之不通也」五字串講的學者，由此可知，錢時並不把五字當作誤入的經文。王應麟則認爲此五字爲錯字。歸納宋傳本的異文，《孝經刊誤》原本沒有「言之不通也」，孝宗以後的大足石刻也沒有五字，不過到了南宋後期，中國出現了有此五字的古文經文，如果跟鄭珍一樣抱持著懷疑的眼光來看待日傳本，大概可說，日傳古文有此五字，正是晚宋傳入的痕跡。

　　林秀一先生曾校勘日本今存的幾種傳本，各本都同太宰純本有「言之不通也」五字，〔註139〕似乎日本國內的流傳就是如此，不過日存通行本大約是十七世紀初刊刻，即使是最早的仁治本，也大概是錢時、王應麟時代，但今劉炫《述議》殘文云：

> 　　夫子方弘諫法，乃責而說之，子曰：「參乎，汝之有此問，是何言與！
> 　　是何言與！是言之不通於理也。昔者天子但能有諫爭之臣七
> 　　人……。」〔註140〕

《述議》開頭都會對全章經文串講翻譯，劉炫翻譯有「是言之不通於理也」，由此可知，與劉炫《述議》一起傳入的古文經《傳》必有此五字，則古文經《傳》自隋、唐傳入日本以來就有「言之不通也」。根據劉炫殘語的判斷，晚宋之古文本與日傳本有此五字，似乎是日傳本系統對宋傳諸本的影響。

　　　　公司，1985 年，通志堂經解第 35 冊），頁 18 上。

〔註138〕〔宋〕錢時：《融堂四書管見》（臺北：臺灣商務印書館，1969 年，四庫全書珍本初集第 89 冊），卷 11，頁 33 上。

〔註139〕〔日〕林秀一：〈太宰純の孝經孔伝の校刊とその影響〉，《孝經學論集》，頁280～288。

〔註140〕引自〔日〕林秀一：《孝經述議復原に關する研究》，頁 280。

第四章　漢代的《孝經》學

　　漢初曾立《孝經》博士，思考學術史的發展，《孝經》與其學術，都不應該是毫無理由的興起，然而兩漢《孝經》學的著作多已亡逸，今存孔《傳》有真偽的問題，鄭《注》又屬東漢末年作品，現有的經籍資料，不能討論漢代《孝經》學的各種問題。由於經籍資料的不足，必須藉由史書、子書，推測漢代《孝經》學的面貌。另一方面，漢代經學有「通經致用」的說法，[註1] 何休曾云：

　　　昔者孔子有云「吾志在《春秋》，行在《孝經》」，此二學者，聖人之
　　　極致，治世之要務也。[註2]

此論有三點值得注意：第一，何休引述的內容，其實來自於《孝經》緯。[註3]
第二，在《孝經》緯之中，《孝經》的地位與《春秋》相同，然而《孝經》是否有「經」的意義，這是值得討論的問題。第三，在漢儒的心目中，《孝經》有「治世要務」的意義，因此討論漢代的《孝經》學，實不限於經籍內容的考察，舉凡政治、教育、制度、風俗等面向，可能都存在著《孝經》或《孝經》學的影

〔註1〕　近代對於漢儒通經致用的說法，始於清末公羊學之爭辯，其中以俞正燮、皮
　　　錫瑞、章太炎的說法最具代表性。參考〔清〕俞正燮：〈公羊傳及注論〉，《癸
　　　巳存稿》，收入《俞正燮全集》（合肥：黃山書社，2005 年 9 月），第 2 冊，頁
　　　49～50。〔清〕皮錫瑞：〈論俞正燮謂春秋最謬乃不通經義不合史事疑誤後學
　　　之妄言〉，《經學通論》（北京：中華書局，1954 年 10 月），頁 90～91。章太
　　　炎：《春秋左傳讀敘錄》，收入《章太炎全集（二）》（上海：人民出版社，1982
　　　年 7 月），頁 848。
〔註2〕　〔漢〕何休注，舊題徐彥疏：《春秋公羊傳注疏》（臺北：藝文印書館，2001
　　　年，影印嘉慶二十年江西南昌府學十三經注疏阮刻本），序，頁 1。
〔註3〕　此語應來自於《孝經鉤命決》。見〔唐〕歐陽詢撰，汪紹楹校：《藝文類聚》（上
　　　海：上海古籍出版社，2007 年 8 月），上冊，卷 26，頁 464。

響，這是近年學者所致力的研究方向。〔註4〕綜合以上所言，《孝經》的興起、意義、內容與影響，是漢代《孝經》學的主要課題，本章將從《孝經》的興起開始，針對上述問題，略作討論。

第一節　《孝經》的興起

一、秦漢之際的孝論

　　韓非的反孝說，是針對某種與《孝經》類似的思想，這點可以再從《呂氏春秋・孝行覽・孝行》篇中獲得證明。綜觀此篇，前面一段「以孝爲本」，中間則從養父母與養自己兩方面論述「養」的重要，最後提出「敬」和「孝爲仁、禮之本」的論述；中、後兩段，又見於《禮記・祭義》篇，所言與「曾子十篇」、《孝經》相貫通，此前論已多，至於篇首以孝爲本之論，即是以孝作爲一種治國的道理，〔註5〕〈孝行〉篇云：

> 凡爲天下，治國家，必務本而後末。所謂本者，非耕耘種殖之謂，
> 務其人也。務其人，非貧而富之，寡而眾之，務其本也。務本莫貴
> 於孝。〔註6〕

在《呂覽》的討論中，「孝」超越了「農耕」與「富貴」，可以作爲治國的根本道理。對韓非而言，軍容壯盛是強國的象徵，軍備又以農耕爲本，故農耕才是治國的基礎。〔註7〕《論語・子路》篇曾記孔子有「既庶矣，富之；既富矣，教之」的思想，〔註8〕《論語》說的「庶」，也就是〈孝行〉篇說的「寡

〔註4〕　參考蕭群忠：《孝與中國文化》（北京：人民出版社，2001年7月），頁57～76。張濤：《經學與漢代社會》（石家莊：河北人民出版社，2001年12月），頁329～333。孫筱：《兩漢經學與社會》（北京：中國社會科學出版社，2002年10月），頁328～342。朱嵐：《中國傳統孝道的歷史考察》（臺北：蘭臺網路出版商務股份有限公司，2003年6月），頁151～190。

〔註5〕　王利器：《呂氏春秋注疏》（成都：巴蜀書社，2002年1月），第2冊，頁1357～1377。

〔註6〕　王利器：《呂氏春秋注疏》，第2冊，頁1358～1359。

〔註7〕　〈五蠹〉篇批評「儒以文亂法」其中的一個論述即是：「堅甲厲兵以備難，而美薦紳之飾；富國以農，距敵恃卒，而貴文學之士」。見陳奇猷：《韓非子集釋》（北京：中華書局，1974年7月），〈五蠹〉，下冊，頁1057～1058。

〔註8〕　〔宋〕朱熹：《四書章句集注》（臺北：大安出版社，1999年12月），〈子路〉，頁199。

而眾之」，是增加人口的意思，梁惠王也有「寡人之民不加多」的憂慮，〔註9〕
可見人口多寡一直是執政者所重視的。《呂覽·孝行》篇認為，治國的根本「非
耕耘種殖之謂」，這與韓非的看法不同，甚至可以說，這與一般厚殖國家經濟
實力與戰備的看法不同。國家的根本不在農耕等經濟基礎，而在於「務人」。
綜合「貧而富之」與孔子的「富之」，執政者應先提昇國家的經濟能力，再進
一步處理其他問題，以此為治理國家的先後順序；「寡而眾之」所注重的是人
口數與國家實力的關係，人口的數量不但代表兵源，國家的稅收也會增加。
綜合經濟實力與人口數，富庶之論認為，要先改善人民的生活，有了經濟基
礎，再來考慮人口的增加，否則增加了貧窮人口，對國家是沒有什麼幫助的。
如果說法家的農戰思想以國家本位，富庶之論則從民眾出發，富庶之後，進
而有更高層次的教育，這是孔子理想的施政程序。

　　孔子的理想可想像為一金字塔圖，富庶的要求是金字塔的下層，教化則
處於金字塔的上層，以民生為基礎，逐漸有更高層次的理想。對照《呂覽》，
「貧而富之，寡而眾之」即為富庶之意，此所務之人，指的就是一般民眾，
但對〈孝行〉篇而言，這種務人之義並不是最要緊的，所謂務人，應直指人
的內在德行，國家的根本必須在這更高層次的道德義上探究。

　　對照《論語》，〈孝行〉篇直指這上層問題，似乎是陳義過高，但本孝之
論，卻是人倫拓展的同心圓中，最核心的圓心，直指孝德之論，並不違背《論》、
《孟》之義。事實上，《呂氏春秋》並非不注意基礎問題，〈孝行〉篇接著說：

> 人主孝，則名章榮，下服聽，天下譽。人臣孝，則事君忠，處官廉，
> 臨難死。士民孝，則耕芸疾，守戰固，不罷北。〔註10〕

「人主孝，則名章榮」，與《孝經》首章立身揚名的思想相同；「人臣孝，則
事君忠」，此同於《孝經》移孝作忠的原則；至於「士民孝，則耕芸疾，守戰
固，不罷北」，提升士民之孝德，將連帶提昇農耕的效率，孝德還可加強士兵
的作戰信念，不會厭戰或逃兵。孝與農戰間的關係，《呂氏春秋》與韓非呈現
著二義背反的現象，彼此之間是相互對立的學說。就《呂覽》而言，提倡孝
道有助於農戰，因此不能說：〈孝行〉篇只重視孝德的教化義，不重視農戰之
事，只是《呂氏春秋》以「孝」來統攝一切國政要素，包含經濟、農戰、教
化與君臣關係，這種論述型態又與《孝經》相似。

〔註9〕 同上註，〈梁惠王上〉，頁282。
〔註10〕 王利器：《呂氏春秋注疏》，第2冊，頁1361。

除了孝與農戰的關係，對於賞罰的看法，《呂氏春秋》也與韓非對立，〈孝行覽‧義賞〉篇批評：

> 賞罰之柄，此上之所以使也。其所以加者義，則忠信親愛之道彰。久彰而愈長，民之安之若性，此之謂教成。教成則雖有厚賞嚴威弗能禁。故善教者，不以賞罰而教成，教成而賞罰弗能禁，用賞罰不當亦然。〔註11〕

〈義賞〉篇認為，「賞罰易而民安樂」，〔註12〕賞罰二柄應該要以教化的辦法取而代之；賞罰的影響只是一時的，必須要賞之以義，從人的德行涵養下手，才是最根本的辦法，這跟前篇務人的思維相同，一旦教化有成，就不會再受外力影響，效果是長久的。〈孝行〉篇會超越農耕、富庶等民生問題，直就人的道德特質討論，以「孝」來涵攝政治事務，著眼的也就是道德教化的影響力，比起農耕、富庶、賞罰等方略，〈孝行〉篇以教化為主要方針，以孝為本，強調內在德行與教化施用，此為〈孝行覽〉的一貫意見。根據劉咸炘與王利器的說法，〈孝行覽〉可與〈有始覽‧務本〉篇相互參照，〔註13〕〈務本〉篇云：

> 若夫內事親，外交友，必可得也。苟事親未孝，交友未篤，是所未得，惡能善之矣。故論人無以其所未得，而用其所以得，可以知其所未得也。〔註14〕

務人最重要的是人的德行，觀人、得人之法，自然也是以德行為主。觀察人才，首先要由其事親與交友狀況開始，事親孝、交友篤，此為「得」，雖然被觀察者沒有仕宦的經驗，但「用其所以得，可以知其所未得」，平時有居家交友的德性，作為執政的官員，想必也不會差到哪裏去，則《呂氏春秋》務人、觀人、得人之法，有一套論人選官之術，從居家之孝推想其仕官之德，此為《呂氏春秋》務人之論的政策發用。

綜合以上所言，「論人選官」與「務人本孝」是一體兩面，注重孝行可視為個人內在的道德修養，執政上的有為，則以教化興行為主，選官又以居家行孝為觀察重點，故必先有孝行，才可能有仕宦的機會，行為修養、仕宦選

〔註11〕 王利器：《呂氏春秋注疏》，第 2 冊，頁 1478～1479。
〔註12〕 王利器：《呂氏春秋注疏》，第 2 冊，頁 1482。
〔註13〕 劉咸炘：〈《呂氏春秋》發微〉，收入《增補全本推十書》（上海：上海科學技術文獻出版社，2009 年 1 月），乙輯第 2 冊，頁 597。王利器：《呂氏春秋注疏》，第 2 冊，頁 1338。
〔註14〕 王利器：《呂氏春秋注疏》，第 2 冊，頁 1338。

官、施政方針，這些都以孝作爲環扣的主軸，與《孝經》的思維相似。前章曾經辨析，《呂氏春秋》引述《孝經》，就以「孝經」爲書名，在沒有新資料出現之前，這些與《孝經》相似的論述，應該是編纂者采自《孝經》的看法。〈孝行〉篇說：

> 先王之所以孝治天下也。故愛其親不敢惡人，敬其親不敢慢人，愛
> 敬盡於事親，光耀加於百姓，究於四海，此天子之孝也。〔註15〕

〈孝行〉篇分天子、臣子、士民之孝，此分等爲孝的概念，應該也是《孝經》五等之孝的鑿痕，此法先王的論述，〔註16〕就是源於《孝經》的天子之孝，其所蘊含的意義，就是《孝經》先王兼愛天下的概念。由此可知，《呂氏春秋》論人、務人之說，基本上都是《孝經》孝治思想的發揮，《呂氏春秋》的孝論源自《孝經》。

　　《呂氏春秋》大概是秦、漢之際的孝論中，保存得最完整的資料，〔註17〕《呂覽》以外，秦始皇也曾以孝道自居。秦始皇二十八年登嶧山，立石刻恭頌秦德，〔註18〕今存徐鉉摹本，云：「皇帝立國，維初在昔，嗣世稱王。討伐亂逆，威動四極，武義直方。戎臣奉詔，經時不久，滅六暴強，廿有六年。上薦高號，孝道顯明。」〔註19〕此「上薦高號」即爲立「皇帝」號，《史記・秦始皇本紀》，嬴政自云：「寡人以眇眇之身，興兵誅暴亂，賴宗廟之靈，六王咸伏其辜，天下大定。」〔註20〕兩相對照，「孝道顯明」乃「賴宗廟之靈」之意，秦始皇自言，幸虧祖宗保佑，才能以統一天下之盛事，來告慰列祖列宗。

　　概括《呂氏春秋》的孝治思想，它展現在行爲涵養、政治教化、論人選官三方面，這些都可說是《孝經》思想的發展。〈孝行〉篇雖然也引曾子曰「能

〔註15〕王利器：《呂氏春秋注疏》，第 2 冊，頁 1364。

〔註16〕〈孝行〉篇有云：「夫孝，三皇五帝之本務，而萬事之紀也。」見王利器：《呂氏春秋注疏》，第 2 冊，頁 1362。

〔註17〕賈誼或有〈問孝〉一篇，《孟子外書》有〈說孝經〉一篇，然兩篇俱已亡逸。見閻振益、鍾夏校注：《新書校注》（北京：中華書局，2000 年 7 月），頁 213。〔清〕焦循，沈文倬點校：《孟子正義》，頁 15。

〔註18〕《史記・秦始皇本紀》云：「二十八年，始皇東行郡縣，上鄒嶧山。立石，與魯諸儒生議，刻石頌秦德，議封禪望祭山川之事。」見〔漢〕司馬遷：《史記》（北京：中華書局，1982 年 11 月），〈秦始皇本紀〉，第 1 冊，頁 242。

〔註19〕〔清〕王昶：《金石萃編》（臺北：藝文印書館，1966 年，石刻史料叢書第 7 冊影印嘉慶年間經訓堂本），卷 4，頁 2。

〔註20〕〔漢〕司馬遷：《史記》，〈秦始皇本紀〉，第 1 冊，頁 236。

全支體，以守宗廟，可謂孝矣」〔註21〕，但相較之下，秦始皇所說的孝道比較原始，是祭祀先王以爲孝的意思。秦始皇統一天下後，眞正實踐於政治領域的，卻是以韓非爲代表的法家，雖然沒有其他資料可一窺秦代的孝論，但是可以想見，當時有機會發展的，應該是韓非所代表的反孝說。這並不是說秦人都不講孝道，只不過在這種學術氛圍之下，《呂氏春秋》與《孝經》的孝論，可能不容易發揮。

進入漢初，在資料不足的情況下，研究者多以漢帝諡號冠以孝的現象，當作孝論、孝道、或者是孝治思想復甦的象徵。〔註22〕此諡號前面冠上孝名，似乎可以惠、文二帝爲例，對其意義再作討論。

《逸周書・諡法解》云「諡者，行之迹」，諡號是帝王死後，根據生平事蹟給予的稱號，「五宗安之」、「協時肇亨」、「秉德不回」、「大慮行節」，這些都可稱爲「孝」，又「慈惠愛親」也可稱爲孝，此義恰與惠帝之惠字爲一組。〔註23〕惠帝劉盈是兩漢第一個冠以孝名的皇帝，顏師古曾解釋：「孝子善述父之志，故漢家之諡，自惠帝已下皆稱孝也。」〔註24〕此解來自於《禮記・中庸》，孔子曰：「武王、周公，其達孝矣乎！夫孝者，善繼人之志，善述人之事者也。」〔註25〕漢高帝不喜歡惠帝，惠帝能繼承帝位，實賴呂后，〔註26〕而惠帝有何孝行？勉強來說，惠帝不受父愛，這可類比於舜，對於母親，又有一不得已之順從，這或許也是一種孝順義，〔註27〕但整體而言，惠帝所繼

〔註21〕王利器：《呂氏春秋注疏》，第 2 冊，頁 1370。

〔註22〕同註 4。

〔註23〕黃懷信、張懋鎔、田旭東：《逸周書彙校集注》（上海：上海古籍出版社，2007年 3 月），下冊，頁 625、648、650～651。

〔註24〕〔漢〕班固，〔唐〕顏師古注：《漢書》（北京：中華書局，1962 年 6 月），〈惠帝紀〉，第 1 冊，頁 86。

〔註25〕〔宋〕朱熹：《四書章句集注》，〈中庸〉，頁 35。

〔註26〕〔漢〕司馬遷：《史記》，〈呂太后本紀〉，第 2 冊，頁 395。

〔註27〕高祖愛戚夫人，本欲立其子，呂后極怨。惠帝朝，欲保齊王（即戚夫人子、惠帝弟），終不行，呂后又以酷刑施於戚夫人，惠帝見之不忍，言：「臣爲太后子，終不能治天下。」此後，惠帝以淫樂爲藉口，不再聽政，實權盡於呂后。從惠帝親迎齊王與設宴事可知，惠帝是有計劃、有方法的來保護齊王，他利用帝位，將齊王留在身邊，呂后不方便對齊王下手。然呂后趁齊王獨居時殺之，後施酷刑於戚夫人，又召惠帝觀戚夫人慘況。對於惠帝，呂后此舉乃一種警告，由「終不能治天下」一言可知，惠帝本有治天下、或想掌握實權之企圖，然觀戚夫人之慘況，一方面是自己仁弱之心，一方面是一種威脅，故終順應其母，不再過問政事。見〔漢〕司馬遷：《史記》，〈呂太后本紀〉，

之志爲何、所述之事爲何、所行之孝爲何，史料裏都不太清楚。由於惠帝事
蹟模糊，諡號加冠孝字，象徵性的意味濃厚，賈誼曾說：

> 禮，祖有功而宗有德，使顧成之廟稱爲太宗，上配太祖，與漢亡極。

> 建久安之勢，成長治之業，以承祖廟，以奉六親，至孝也。〔註28〕

據此試作詮釋。諡號冠之以孝，大概就是「建久安之勢，成長治之業，以承
祖廟，以奉六親」，所謂的繼父之志、述父之事，也就是傳承的意思，惠帝盡
其宗廟致孝之意，祭祀不絕，以期國祚不墜，這跟贏政自言居孝，期百代萬
世之繼，意思是一樣的，故田延年云：「漢之傳諡常爲孝者，以長有天下，令
宗廟血食也。」〔註29〕

　　藉由以上的分析，漢帝諡號冠以孝，其實是希望子孫都能繼承宗廟，王
朝能一代傳一代，永世不墜，這個意義勉強接近〈中庸〉，跟《孝經》與《呂
氏春秋》的孝治思想沒有直接關係。這種宗廟祭祀的意思，還可以從惠帝時
的〈安世房中歌〉觀察，茲錄六章，其詞曰：

> 大孝備矣，休德昭清。高張四縣，樂充宮庭。芬樹羽林，雲景杳冥，
> 金支秀華，庶旄翠旌。（1）

> 我定曆數，人告其心。敕身齊戒，施教申申。乃立祖廟，敬明尊親。
> 大矣孝熙，四極爰轇。（3）

> 王侯秉德，其鄰翼翼，顯明昭式。清明鬯矣，皇帝孝德。竟全大功，
> 撫安四極。（4）

> 雷震震，電燿燿。明德鄉，治本約。治本約，澤弘大。加被寵，咸
> 相保。德施大，世曼壽。（9）

> 都荔遂芳，窅窊桂華。孝奏天儀，若日月光。乘玄四龍，回馳北行。
> 羽旄殷盛，芬哉芒芒。孝道隨世，我署文章。（10）

> 磑磑即即，師象山則。烏呼孝哉，案撫戎國。蠻夷竭歡，象來致福。
> 兼臨是愛，終無兵革。（12）〔註30〕

此歌源於〈房中歌〉，房中言其於室內、堂內所歌，〔註31〕安世乃惠帝賜名，

　　　頁397。
〔註28〕〔漢〕班固：《漢書》，〈賈誼傳〉，第8冊，頁2231。
〔註29〕〔漢〕班固：《漢書》，〈霍光金日磾傳〉，第9冊，頁2938。
〔註30〕〔漢〕班固：《漢書》，〈禮樂志〉，第4冊，頁1046～1051。
〔註31〕〔唐〕司馬貞：《史記索隱》。見《史記》，〈封禪書〉，第4冊，頁1379。

〔註32〕蓋為歌詞大意。〈安世房中歌〉為禮樂祭祀之一環，此歌多言孝，又稱「大孝」、「大功」，此孝之大者，乃統一天下、平定四海之功，此迎送之神，指的是祖廟祭祀的先王，遵行孝道，又有華美奇蹟之應、治本約博之效，皇帝臨之以兼愛，番邦蠻夷都受此感化。

〈安世房中歌〉於典禮施用，雖有宗廟祭祀的歷史淵源，但作為一種歌曲，其中所蘊含的觀念，也該是時代的普遍反應，故宮廷加以吸收，作為官方使用的樂曲歌詞。呂亂之後，群臣議新君，之所以擁立文帝，其中一個原因是：「代王方今高帝見子，最長，仁孝寬厚。太后家薄氏謹良。且立長故順，以仁孝聞於天下，便。」〔註33〕從〈安世房中歌〉推測，因為當時普遍認為：皇帝要有孝德，剛好文帝以仁孝聞名，這增加了其政權的合理性，擁立新君方便得多，故群臣會說「以仁孝聞於天下，便」。總結以上所論，漢皇諡號冠以孝名，大致是宗廟致孝與平定四海的觀念，它最大的意義，在於政權上的繼承，這勉強與〈中庸〉相關，至於《孝經》，大概只有「兼臨是愛」可與《孝經》比附，諡號冠以孝名，與《孝經》、《呂覽》的孝治思想有所差別。

二、崇孝與提倡經學的意義

（一）漢初崇孝的意義

如果說秦代的學術風氣對於「孝」是一種阻礙，〈安世房中歌〉所反映的，或為一種復興，或可說：無論是民間，還是官方，依舊存在著崇孝的風氣，這是大家普遍接受的觀念。如果以「孝與政治的連結」，作為孝治一詞的定義，諡號冠以孝名，強調帝位的繼承，這或許也是孝觀念在政治上的一種展現，法家思想雖然反孝，但這種繼承意義，符合維持尊位的要求，在觀念上是不相衝突的。

孝治一詞首見於《戰國策》，趙國使者諒毅曾對秦昭王說：「大王以孝治聞於天下，衣服使之便於體，膳啗使之嗛於口，未嘗不分於葉陽、涇陽君。」〔註34〕秦昭王善待自己的親弟弟，諒毅希望秦王能將心比心，不要以殺害趙王的親弟弟——趙豹（平陽君）與平原君，作為外交上的交換條件。對照諒

〔註32〕〔漢〕班固：《漢書》，〈禮樂志〉，第 4 冊，頁 1043。

〔註33〕〔漢〕司馬遷：《史記》，〈呂太后本紀〉，第 2 冊，頁 411。

〔註34〕〔漢〕劉向集錄：《戰國策》（上海：上海古籍出版社，1978 年 5 月），〈趙四〉，中冊，頁 762。

毅所說的「大王以孝治聞於天下」，與《孝經》、《呂氏春秋》所說的「以孝治天下」，除了文詞句式的相似，思想內容沒有什麼關係，但秦昭王「孝治」之事，倒是可與孝惠帝互相比較。

秦昭王有很長的時間，權力盡在母親宣太后的手上，范雎曰：「聞秦之有太后、穰侯、涇陽，不聞其有王。」〔註35〕此母子間的權力關係，與惠帝、呂后相同。秦昭王與漢惠帝的政治情勢雖然相同，但手段與結果則有很大的差別。秦昭王奪太后權，〔註36〕出涇陽君，又質涇陽君於齊，後封於宛，〔註37〕諒毅雖然說秦昭王善待兄弟，以孝治聞天下，事實上是保持著距離與顧忌。由秦昭王與漢惠帝兩事可知，此「孝」與「孝治」的背後，牽扯著宮廷內部的政治鬥爭，秦昭王雖然善待兄弟，但以政治考量，其孝治之名，一方面有與太后及其黨人之妥協，一方面則是對兄弟的政治包裝。

除了繼承帝號或善待兄弟，漢成帝時的杜業曾說：「成王察牧野之克，顧羣后之勤，知其恩結於民心，功光於王府也，故追述先父之志，錄遺老之策，高其位，大其寓，愛敬飭盡，命賜備厚。大孝之隆，於是於至。」〔註38〕此義源自《左傳》定公四年與《尚書·康誥》。「恩結於民心」指的是安定殷民七族，「錄遺老之策」之事，可對照子魚云「昔武王克商，成王定之，選建明德，以蕃屏周」，說的是封建諸侯事。〔註39〕子魚又言此事見於〈康誥〉，今本〈康誥〉有「元惡大憝，矧惟不孝不友。子弗祗服厥父事，大傷厥考心」，〔註40〕以不孝不友為大惡，此即《孝經》「罪莫大於不孝」之義；後言傷其父心，在封建諸侯的脈絡下，指的是諸侯不能好好治理其人民，〈康誥〉以此告誡諸侯。〈康誥〉之孝，本是封建諸侯的涵義，在杜業的引述中，轉化為對於功臣後人的照顧。漢初功臣多得享邑，後代因享先人之功，久生驕逸之心，

〔註35〕〔漢〕劉向集錄：《戰國策》，〈秦三〉，上冊，頁193。

〔註36〕全祖望認為：「宣太后以憂死是實，但未必顯有黜退之舉，蓋觀於穰侯尚得之國於陶，無甚大譴，其所謂逐者如此，則所謂廢者，亦只是奪其權也。是時昭王年長，而宣太后尚事事親裁之，此便是不善處嫌疑之際。一旦昭王置之高閣，安得不憂死，故人以為廢。」見〔清〕全祖望，朱鑄禹彙校集注：《經史問答》，收入《全祖望集彙校集注》（上海：上海古籍出版社，2000 年 12 月），下冊，頁 1996。

〔註37〕〔漢〕司馬遷：《史記》，〈秦本紀〉，第 1 冊，頁 210、212。

〔註38〕〔漢〕班固：《漢書》，〈高惠高后文功臣表〉，第 2 冊，頁 529。

〔註39〕〔晉〕杜預注，〔唐〕孔穎達等疏：《左傳注疏》，卷 54，頁 15 上。

〔註40〕屈萬里：《尚書集釋》（臺北：聯經出版事業股份有限公司，1983 年 2 月），頁 152。

武帝時多殞命亡國，杜業認爲，君王之孝要能「追述先父之志」，封建諸侯爲先王所定，漢初重臣又有功於漢，雖然制度上已不允許再立諸侯，但至少要給予後人一些基本照顧，杜業「大孝」之意特指於此。

　　班昭曾稱東漢和帝「孝理天下」，其云：「妾竊聞古者十五受兵，六十還之，亦有休息不任職也。緣陛下以至孝理天下，得萬國之歡心，不遺小國之臣，況超得備侯伯之位，故敢觸死爲超求哀，乞超餘年。」〔註41〕此襲《孝經》「昔者明王之以孝治天下也。不敢遺小國之臣，而況於公侯伯子男乎？故得萬國之懽心」，今稱漢代以孝治天下，或濫觴於此。班昭此文，乃希望皇帝能讓班超告老還鄉，《孝經》雖無養老之說，不過《孝經》有敬長之意，〔註42〕在不敢遺忘卑微之人，表徵爲關懷全體的原則下，《孝經》可以推導出養老之義。和帝「以至孝理天下」，這與漢初對於皇帝要有孝德的要求相同，班昭即利用此等要求，從《孝經》引申，如果皇帝要實踐孝德，古聖王連卑賤之人都不敢遺忘了，更何況是有功於漢，封爲定遠侯的班超呢，故「帝感其言，乃徵超還」。

　　試作整理分類，兩漢論孝與政治的關係，大致有四種意義：第一種是王位的合理性，有繼承上的意義；第二種則強調繼承帝位者要延續先主的政策，它又與封建諸侯相關，如不能維持先主所立諸侯，至少也要對其家族有妥善的照顧；第三種則是執政者對於社會的關懷，也就是孟子說的庠序之教，《禮記》、班昭所說的養老之意。這三種意義都有古籍的依據，可與漢初事來作比附，〔註43〕加上《孝經》與《呂氏春秋》的孝治思想，孝與政治的關係有四種論述。四種意義之中，班昭引《孝經》作養老之論，可視爲《孝經》的引申，第一種與第二種則與《孝經》無關，這些論者雖然與漢初有一定的距離，但在資料不足的情況下，這四種孝與政治的關係，或可視爲漢初崇孝的外緣因素。

　　再以陸賈爲例。前面舉《新語》三條資料，說明《新語》與《孝經》的相似，經過《呂覽》引《孝經》的辨析，大致可推論：《新語》與《孝經》相

〔註41〕〔南朝宋〕范曄：《後漢書》，〈班梁列傳〉，第6冊，頁1585。

〔註42〕《孝經》有「長幼順」的理想，又說「事兄悌，故順可移於長」，在其移孝作忠，家庭德行可轉移爲社會政治的原則下，家族兄弟間的順與悌，自然也是對其他長者的原則。見《孝經注疏》，卷8，頁1上；卷7，頁2。

〔註43〕第一種意義可以諡號冠以孝名作爲代表，第二種涉及封建，漢初本有封建諸王事，杜業所論發詳於此，自然與漢初情勢相關。至於養老的意義，漢初延續秦制立三老之鄉官，賈誼論養老之義爲天子教育的重要內容，這都是養老事與孝觀念的連結，詳見後文所論。

似的部份，應該來自於《孝經》。又，陸賈引述《孝經》文雖然稱爲「孔子曰」，但考慮漢人引書多率稱的現象，這個現象不宜解讀爲：陸賈認爲孔子作《孝經》，這大概跟學者自《禮記》引述七十子語的現象相似，就是承認這些話爲本人所述。

　　劉邦說「試爲我著秦所以失天下，吾所以得之者，及古成敗之國」，〔註44〕陸賈作《新語》是有針對性的，它的讀者是皇帝，內容以秦政的檢討爲主，陸賈云：

> 夫居高者自處不可以不安，履危者任杖不可以不固。自處不安則墜，
> 任杖不固則仆。是以聖人居高處上，則以仁義爲巢，乘危履傾，則
> 以賢聖爲杖，故高而不墜，危而不仆。〔註45〕

此語包含了兩大主題，一爲「自處」，一爲「任杖」，前者乃論執政者的自我要求，後者意指得人輔弼，陸賈以此兩方面立論，企圖更替法家思想不當之處。〔註46〕在檢討秦政的聲浪中，知識分子多把矛頭指向執政者的德行，以此作爲法先王的價值。〔註47〕經過第一章的解析，此義與《孝經》、《文子》所說的「在上不驕，高而不危」同源，不過《孝經》特指爲諸侯之孝。無論人君還是諸侯，相較於平民，他們都有相當的高度，這種小心謹慎的涵義，都直指爲執政者的德行修養，此即陸賈的「自處」之義。

〔註44〕　〔漢〕司馬遷：《史記》，〈酈生陸賈列傳〉，第 8 冊，頁 2699。
〔註45〕　〔漢〕陸賈，王利器校注：《新語校注》（北京：中華書局，1986 年 8 月），〈輔政〉，頁 50。
〔註46〕　陸賈說：「秦以刑罰爲巢，故有覆巢破卵之患；以李斯、趙高爲杖，故有頓仆跌傷之禍，何哉？所任者非也。故杖聖者帝，杖賢者王，杖仁者霸，杖義者強，杖讒者滅，杖賊者亡。」陸賈說的聖、賢、仁、義，僅爲講述上的修辭策略，故本文以「得人」統稱之。此所得之人，是有別於李斯、趙高等法家人物，其爲讒爲賊，此篇雖論得人輔政之事，而論人的背後，其實有更替學術思想的意思。見〔漢〕陸賈，王利器校注：《新語校注》，〈輔政〉，頁 51。
〔註47〕　賈誼也說：「秦王懷貪鄙之心，行自奮之智，不信功臣，不親士民，廢王道，立私權，禁文書而酷刑法，先詐力而後仁義，以暴虐爲天下始。……借使秦王計上世之事，並殷周之跡，以制御其政，後雖有淫驕之主而未有傾危之患也。故三王之建天下，名號顯美，功業長久。」在秦政的檢討中，「仁義」被視爲古今對比的差異之一。賈誼以三王爲古，秦王爲今，秦王雖然成就統一大業，但以享國時間思考卻遠遠比不上三王，就內在的理由而言，是秦王「貪鄙」的個性，但後世諸王多有「淫驕」之事，之所以秦代覆滅如此迅速，主要就是以法家爲骨幹，政策上的錯誤。賈誼這些思考，與陸賈是一致的，或可視爲當時的普遍看法。見〔漢〕司馬遷：《史記》，〈秦始皇本紀〉，第 1 冊，頁 283。

陸賈認為，能有自處的德行修養，就能反省自己、檢視國政，這有導正的效果，《新語‧慎微》篇說：

> 夫建大功於天下者必先修於閨門之內，垂大名於萬世者必先行之於
> 纖微之事。……曾子孝於父母，昏定晨省，調寒溫，適輕重，勉之
> 於糜粥之間，行之於衽席之上，而德美重於後世。此二者，修之於
> 內，著之於外；行之於小，顯之於大。〔註48〕

二者為伊尹與曾子之事。陸賈認為，伊尹「躬執農夫之作，意懷帝王之道」，〔註49〕要成大事，必先起於小功，孝德雖然是小功，但「修父子之禮」可「及君臣之序」，〔註50〕曾子的孝行雖然只是居家昏定晨省之事，但有拓展於政治之可能，故陸賈云其「著之於外，顯之於大」。

君王的自處與驚戒，同源於《孝經》、《文子》，陸賈論孝之纖微，可發為君臣之禮，這因小顯大的說法，也是《孝經》移孝作忠的思維，陸賈重新抬舉出這些，作為漢朝祚國不絕的保證。綜合以上所言，《新語》論孝，除了與〈安世房中歌〉相符，更是對於皇德的要求，如果君主有仁孝之德，則可小心謹慎、自處不危，是反省與檢討的基礎，有避免重蹈覆轍與祚國不絕的理論意義，這是知識分子對新皇帝的期待。

（二）漢初儒者對禮、孝、經學的看法

「自處」之論是皇德的重要性，執政者的德行涵養，能對國政時事有所反省，孝德之類的道德修養，對執政者甚至是國家政策有導正的作用。至於「任杖」，陸賈認為，法家並沒有輔弼的效用，國家沒有輔政的人才，是秦亡的主因。如果法家不行輔政，那要以何人、何學來更替法家呢？陸賈云：

> 禮義不行，綱紀不立，後世衰廢；於是後聖乃定五經，明六藝，承
> 天統地，窮事察微，原情立本，以緒人倫，宗諸天地，纂脩篇章，
> 垂諸來世，被諸鳥獸，以匡衰亂，天人合策，原道悉備，智者達其
> 心，百工窮其巧，乃調之以管絃絲竹之音，設鐘鼓歌舞之樂，以節
> 奢侈，正風俗，通文雅。〔註51〕

夫謀事不竝仁義者後必敗，殖不固本而立高基者後必崩，故聖人防

〔註48〕 〔漢〕陸賈，王利器校注：《新語校注》，〈慎微〉，頁89。
〔註49〕 同上註。
〔註50〕 〔漢〕陸賈，王利器校注：《新語校注》，〈慎微〉，頁97。
〔註51〕 〔漢〕陸賈，王利器校注：《新語校注》，〈道基〉，頁18。

　　亂以經藝，工正曲以準繩。〔註52〕

要以仁義之人與經學作爲新朝的骨幹，即使君王是一驕逸無德之人，經學可提供一定的支撐力，至少不會與法家一樣有覆巢之危，〔註53〕仁義之人與經學學者可以維持必要的國政運作。由於經學有維持與防亂的功能，秦政拋棄先王仁義之道，不能以經學作爲骨幹，自然有二世而亡的結果。這種輔弼與防亂的功能，屬於道德與經學的消極意義，積極的說，經學可提供君主有爲的建設：「窮事察微，原情立本，以緒人倫。」經學是處理人事的知識基礎，這種基礎是根源於天地、來自於人情，進而可規範人與人之間的關係，穩定社會結構；「纂脩篇章，垂諸來世」，不一定要依靠刑法規範，經學同樣可以提供制度化的依據，更重要的，經學有移風易俗的功能，這可以端正社會風氣，如果上古三王已不可求，至少要掌握後聖的經學。綜合以上所言，對於秦政的檢討、皇德的自處要求、百世不絕的可能性、察微防亂的效用，這些都是提倡經學的意義，要瞭解秦之成敗，必須從經學入手，經學是新朝祚國不絕的保證。

　　討論漢初經學，尚要注意賈誼。賈誼雖然有法家淵源，不以經學（或是儒學）爲專，但其學術與政治上的表現，乃要求「改正朔，易服色，法制度，定官民，興禮樂」，這些都與號稱儒宗的叔孫通相似。〔註54〕《史記》述賈誼能「誦詩屬書」，《漢書》說他「能誦詩書屬文」，根據《史》、《漢》的習慣，此稱「詩書」有先秦經籍之意，〔註55〕則賈誼重禮之說，可視爲其經學的表現。

　　賈誼重禮之說，除了有改正朔、立新朝之法的意義，其實也是來自於秦政的檢討。商鞅變法中，兩男以上必須分家，秦法禁止大家庭制，在這種政策中，父子兄弟被分隔爲一個一個的小家庭，〔註56〕賈誼認爲，這種隔閡影響了秦人的家庭關係，導致秦俗的敗壞，故政策是影響風俗的關鍵。〔註57〕

〔註52〕　〔漢〕陸賈，王利器校注：《新語校注》，〈道基〉，頁 29。

〔註53〕　見註 46。

〔註54〕　〔漢〕司馬遷：《史記》，〈屈原賈生列傳〉，第 8 冊，頁 2491～2492。〔漢〕班固：《漢書》，〈賈誼傳〉，第 8 冊，頁 2221～2222。

〔註55〕　錢穆：〈兩漢博士家法考〉，《兩漢經學今古文平議》（北京：商務印書館，2001年 7 月），頁 202～204。

〔註56〕　〔漢〕司馬遷：《史記》，〈商君列傳〉，第 7 冊，頁 2230。

〔註57〕　〔漢〕班固：《漢書》，〈賈誼傳〉，第 8 冊，頁 2244～2245。按：兄弟間各自獨立爲一個一個的家庭，兄弟間的連結減少，這影響了兄弟間的長幼之「悌」。分家後的往來減少，除了同輩間的悌，上下間與父母的「孝」也減少了。

「移風易俗」是賈誼思考的核心，解決問題的方法，有代表先王的「禮」，與秦王使用的「法」。使用刑罰來禁制不良風俗，雖然有速成之效，但以秦帝國所給的警示，法並不是個長久之計，不可以再用法，來矯正因法而起的弊端。賈誼主張以禮作為政策的骨幹，賈誼認為「禮者禁於將然之前」、「禮義積而民和親」，〔註58〕賈誼與陸賈都重視禮的預防功能，禮同樣有禁制效果，卻不會有積怨的副作用，以預防為禁制的辦法，還可使「民和親」，把家庭關係導回正軌，這樣自然能導正因法而起的風俗問題。

藉由上述的分析，漢初儒者提倡經學的意義，重點在於「禮」的闡發，在檢討秦政的聲浪中，它重新被提舉出來，作為萬世法的依據。再看其具體內容，「叔孫通制禮儀，以正君臣之位」，〔註59〕賈誼說「立君臣，等上下，使父子有禮，六親有紀」〔註60〕，再加上陸賈所說的孝，他們都以「正君臣之位」作為論禮或論孝的訴求，這個共通點應該不是巧合。

《左傳》文公二年：「襄仲如齊納幣，禮也。凡君即位，好舅甥，脩昏姻，娶元妃以奉粢盛，孝也。孝，禮之始也。」〔註61〕男方對親家表示敬意，女方嫁入男方家族後，對男方家族有祭祀之助，新娘在此的宗廟祭祀，《左傳》稱之為孝，它是禮的開始。荀子論禮有三本，宗族來自於先祖，宗廟致孝的意義，是感念家族之始，〔註62〕在這種論述中，孝為禮的根源，以血緣關係作為禮制的基礎，禮即蘊含了天生自然之義，禮以孝作為血緣自然的源頭，孝以禮作為實際施用，孝與禮可相互補足，使論述較為圓滿。

回到歷史，當時魯國正為了宗廟致孝而有紛爭，《國語‧魯語上》記有司言：

夫宗廟之有昭穆也，以次世之長幼，而等冑之親疏也。各致齊敬於其

皇祖，昭孝之至也。故工史書世，宗祝書昭穆，猶恐其踰也。〔註63〕

昭穆制度的意義來自於家庭裏的長幼親疏，禮制仿照家庭內的親子關係，家庭內的長幼次序是天生又不可變動的，宗廟裏先王的次序同此，再從孝、禮重視長幼次序的基調引申，即是陸賈、叔孫通正定父子君臣之位的要求，這

〔註58〕以上見〔漢〕班固：《漢書》，〈賈誼傳〉，第8冊，頁2252～2253。

〔註59〕〔漢〕班固：《漢書》，〈禮樂志〉，第4冊，頁1030。

〔註60〕〔漢〕班固：《漢書》，〈賈誼傳〉，第8冊，頁2246。

〔註61〕〔晉〕杜預注，〔唐〕孔穎達等疏：《左傳注疏》，卷18，頁15下。

〔註62〕王天海：《荀子校釋》（上海：上海古籍出版社，2005年12月），〈禮論〉，下冊，頁757。

〔註63〕徐元誥撰，王樹民、沈長雲點校：《國語集解》（北京：中華書局，2002年6月），頁165。

同時也是賈誼「定經制」的重要意義。〔註64〕賈誼所說的「移風易俗」，漢初儒者論孝、論禮、對經學的概念、對風俗的看法，都強調了次序的重要性。賈誼又說：

> 古者聖王制爲等列，內有公卿大夫士，外有公侯伯子男，然後有官師
> 小吏，延及庶人，等級分明，而天子加焉，故其尊不可及也。〔註65〕

不可否認，賈誼尊君的理想，受到了法家的影響，主張以君王爲首，內外制度等級分明，又以官吏作爲政策的執行者，這種社會結構令人有森嚴之感。〔註66〕至於《禮記》內，禮容、稱號、葬期、廟制、祭祀、飲食等等，都有天子、諸侯、大夫、士、庶人等級上的區別。〔註67〕《孝經》有五等之孝，「等級分明」也是論禮、論孝的重要環節，這種現象，不妨當作當時學術風氣的特色之一。

三、孝與制度的連結

除了歷史背景的外緣因素、學術思想的原理原則，漢初的崇孝現象還可從制度面切入，文帝曾下詔曰：

> 孝悌，天下之大順也。力田，爲生之本也。三老，眾民之師也。廉吏，
> 民之表也。朕甚嘉此二三大夫之行。今萬家之縣，云無應令，豈實人
> 情？是吏舉賢之道未備也。其遣謁者勞賜三老、孝者帛人五匹，悌者、
> 力田二匹，廉吏二百石以上率百石者三匹。及問民所不便安，而以戶
> 口率置三老孝悌力田常員，令各率其意以道民焉。〔註68〕

除了以仁孝自居，文帝特別表彰四種人才，由於本文並非制度史，僅針對孝悌、三老進行討論。〔註69〕三老本爲秦制，《漢書》記秦制「大率十里一亭，

〔註64〕〔漢〕班固：《漢書》，〈賈誼傳〉，第 8 冊，頁 2248。
〔註65〕〔漢〕班固：《漢書》，〈賈誼傳〉，第 8 冊，頁 2254。
〔註66〕參考林聰舜：〈賈誼思想中的儒法結合特色〉，收入《西漢前期思想與法家的關係》（1991 年 4 月），頁 77～94。
〔註67〕參考《禮記·曲禮》、〈王制〉、〈內則〉諸篇。見〔清〕孫希旦，沈嘯寰、王星賢點校：《禮記集解》（臺北：文史哲出版社，1990 年 8 月），上冊，頁 143、155、340、343、352～353；下冊，頁 748。
〔註68〕〔漢〕班固：《漢書》，〈文帝紀〉，第 1 冊，頁 124。
〔註69〕「舉孝廉」是一科，或分爲「舉孝」、「舉廉」兩科，此爲制度史上的問題。文帝此條資料往往作爲孝、廉兩科的證據，鄙意以爲，此「孝悌」、「廉吏」分爲兩種，這是沒有問題的，但此「廉吏」與「舉孝廉」似乎又分爲兩事。雖然史料上的記載，舉孝廉、舉孝、舉廉，三者常有混同的現象，但《漢書·黃霸傳》記載張敞的奏議說：「宜令貴臣明飭長吏守丞，歸告二千石，舉三老、

亭有長。十亭一鄉，鄉有三老」、「三老掌教化」，〔註70〕《史記》又言呂后「置孝悌、力田」，〔註71〕漢代又增加了孝悌等科。從對孝、悌賞賜的不同可知，孝、悌應有分別，但總的來說，孝、悌、三老都是地方上的鄉官，〔註72〕鄉官並非地方政府的屬吏，而是地方的參政者，鄉官有位無祿，代表地方民意。〔註73〕《漢書》記楚、漢相爭時劉邦置縣三老，三老的職責爲「帥眾爲善」，此即爲教化之責。同時因爲三老並非吏員，故「縣令丞尉以事相教」。〔註74〕從劉邦置縣三老事可知，三老於地方上越來越重要；三老有資政之功，陳涉與劉邦都曾與三老商量，陳涉起義、劉邦擁立懷王，這些都有三老參議的影子。〔註75〕三老雖然只是地方鄉官，但影響力是很大的。

《禮記・文王世子》、〈禮運〉、〈樂記〉、〈祭義〉諸篇，都有供養三老於大學事，三老雖爲鄉里之制，但與皇族教育相關。〔註76〕賈誼云：「春秋入學，坐國老，執醬而親餽之，所以明有孝也。」〔註77〕養老之禮，就是表示孝道，孝順不限於家庭內的父母，舉凡地方、或是天下的長者，都在示孝敬老的範圍內。

文帝語：「今萬家之縣，云無應令，豈實人情？是吏舉賢之道未備也。」從而可知，置三老、孝悌又有舉賢的目的，高祖、呂后雖然有三老、孝悌，

孝弟、力田、孝廉、廉吏，務得其人。」則「孝悌」、「孝廉」、「廉吏」應有分別。勉強區分之，以孝舉者，大多是平民百姓舉爲官員，而廉吏主要是官吏的升遷。舉孝與舉廉之分類整理，見黃留珠：《秦漢仕進制度》（西安：西北大學出版社，1985 年 7 月），頁 94～96。又，廖伯源云：「郡國察孝廉之察舉對象爲其郡國之吏民，且吏僅限於屬吏。察廉之對象則僅止於吏，包括屬吏與低級之朝廷命官，而民不與焉。」則「孝廉」有吏有民，「廉吏」顧名思義，僅爲吏而已。廖先生此論有伊灣漢墓簡牘資料，可證前說不足之處。見廖伯源：〈漢代仕進制度新考〉，收入《簡牘與制度——伊灣漢墓簡牘官文書考證》（臺北：文津出版社，1998 年 8 月），頁 47～51。

〔註70〕 〔漢〕班固：《漢書》，〈百官公卿表〉，第 3 冊，頁 742。

〔註71〕 〔漢〕司馬遷：《史記》，〈漢興以來將相名臣年表〉，第 3 冊，頁 1123。

〔註72〕 〔清〕趙翼：《二十二史箚記》（臺北：洪氏出版社，1978 年 10 月），「三老孝悌力田皆鄉官名」條，頁 27。

〔註73〕 參考嚴耕望：原《秦漢地方行政制度》，收入《中國地方行政制度》甲部（臺北：中央研究院歷史語言研究所，1997 年 6 月），頁 245～256。

〔註74〕 原文爲：「舉民年五十以上，有脩行，能帥眾爲善，置以爲三老，鄉一人。擇鄉三老一人爲縣三老，與縣令丞尉以事相教，復勿繇戍。」見〔漢〕班固：《漢書》，〈高帝紀〉，第 1 冊，頁 33。

〔註75〕 〔漢〕班固：《漢書》，〈高帝紀〉，第 1 冊，頁 34。

〔註76〕 〔清〕孫希旦，沈嘯寰、王星賢點校：《禮記集解》，上冊，頁 576～577、615；下冊，頁 1028、1231

〔註77〕 〔漢〕班固：《漢書》，〈賈誼傳〉，第 8 冊，頁 2249。

但並非常員，文帝依人口比例，置諸科常員，三老、孝悌才成為定制。三老掌教化，敬老又有示孝之意，綜合兩項，三老教化的方向，就是彰顯孝道，民眾有孝名，又可被舉為孝悌，三老與孝悌相輔相成，都與孝的概念相互連接。除了三老以孝道為教化的核心內容，賈誼也認為：

> 古之王者，太子乃生，固舉以禮，使士負之，有司齊肅端冕，見之南郊，見于天也。過闕則下，過廟則趨，孝子之道也。……故乃孩提有識，三公、三少固明孝仁禮義以道習之，逐去邪人，不使見惡行。於是皆選天下之端士孝悌博聞有道術者以衛翼之，使與太子居處出入。故太子乃生而見正事，聞正言，行正道，左右前後皆正人也。〔註78〕

敬天之意乃孝子之道，這除了表示是對上天的敬畏，由於先祖配天的緣故，敬天也代表對於先祖的尊敬，同時在宗廟致孝的意義中，有長幼先後的上下次序，這是賈誼是論禮、論孝的重要內容。賈誼認為，禮、孝之義的掌握是三代所以長久、秦朝所以速滅之因，其中的關鍵，在於太子教育。〔註79〕賈誼的教育方針，以環境營造為主，要「選天下之端士孝悌博聞有道術者以衛翼之」，這也有舉賢的意思，不過賈誼以孝悌舉賢有更高一層的意義，他要建構一個良好的教育環境，在此環境之下，太子耳濡目染，自然習得孝、禮之義，掌握治亂之機。從三老的教化，到賈誼的太子教育，孝悌除了是地方性教育，更是成為皇族教育的要求。

　　三老、孝悌這些重孝觀念的影響，早期多在地方，不過到了武帝之時，又產生了變化。《漢書·武帝紀》記：「元光元年冬十一月，初令郡國舉孝廉各一人。」〔註80〕「元朔元年冬十一月，詔曰：……旅耆老，復孝敬，選豪俊，講文學，稽參政事，祈進民心，深詔執事，興廉舉孝，庶幾成風，紹休聖緒。……有司奏議曰：『……今詔書昭先帝聖緒，令二千石舉孝廉，所以化元元，移風易俗也。不舉孝，不奉詔，當以不敬論；不察廉，不勝任也，當免。』」〔註81〕此「紹休聖緒」、「昭先帝聖緒」，即文帝以孝悌為常員事，「稽參政事，祈進民

〔註78〕　〔漢〕班固：《漢書》，〈賈誼傳〉，第 8 冊，頁 2248。
〔註79〕　賈誼說：「夫三代之所以長久者，以其輔翼太子有此具也。……夫存亡之變，治亂之機，其要在是矣。天下之命，縣於太子；太子之善，在於早諭教與選左右。夫心未濫而先諭教，則化易成也。」見〔漢〕班固：《漢書》，〈賈誼傳〉，第 8 冊，頁 2251。
〔註80〕　〔漢〕班固：《漢書》，〈武帝紀〉，第 1 冊，頁 160。
〔註81〕　〔漢〕班固：《漢書》，〈武帝紀〉，第 1 冊，頁 166～167。

心」，是鄉官參議政事與教化的特質，兩者爲武帝舉孝廉與文帝舉孝悌的相同之處，不過武帝云「郡國」、「兩千石」，則舉孝廉乃由地方性的鄉官，一變爲正式的、可進入中央政府的仕途，自此成爲兩漢察舉制度的主流。〔註82〕

四、漢代《孝經》的興起

藉由秦、漢之際的孝論，與新制度的發展，《孝經》爲何在漢代興起，已經能有較爲具體的過程與理由。第一，《孝經》的孝治思想爲先秦顯學，韓非雖取得一時的領導地位，但漢初又重啓對孝的重視。經過第三章的辨析，《孝經》是《呂覽》成書的材料之一，〈孝行〉篇的孝治之論，除了是吸收《孝經》後的成果。〈孝行覽〉以〈孝行〉篇的孝治思想爲首，進而有務人、論人、得人之術，以孝統攝多方面的內容，這些都有《孝經》的影子。

從農戰之論與反對賞罰可知，《呂氏春秋》所發展的孝論，同樣也針對法家學說，它主張以教化更替刑罰，兩者之間呈對立關係。秦始皇平定天下以後，也以孝道自居，但細繹其意，此孝乃爲國祚不絕之意，不與法家的反孝有所衝突。秦政以法家爲骨幹，連帶否決了《孝經》、《呂覽》，孝治思想並無實踐的機會。

由於秦的速滅，漢初開始檢討秦政，在檢討的聲浪中，曾經作爲法家對立面的孝治思想，容易被重新抬舉出來，例如陸賈所論的孝德，就代表了知識分子的意見，同時〈安世房中歌〉中，孝更是皇德的核心要求，普羅大眾與知識分子之間，都瀰漫著重視孝道的觀念。

第二，漢初政策有利於《孝經》。惠帝謚號冠以孝，文帝因孝德即位，這些都是重孝觀念的反映與實踐。除了政治上的實踐，漢初的政策也有利於《孝經》的發展。漢初延續秦制的三老，三老爲鄉官，三老本身有敬老示孝的意義，又主掌地方性的教化工作，呂后又增孝悌，則《孝經》、《呂覽·孝行》等篇，極適合作爲地方教育的重要教材。除了合適於教育，習孝行孝可舉爲鄉官，教化與舉賢之間相互呼應，孝又是太子教育重要的要求，故石建雖無學，仍可擔任太子太傅一職，〔註83〕由上述二事可知，重視孝道有進仕之機會。

〔註82〕 參考黃留珠：《秦漢仕進制度》（西安：西北大學出版社，1985 年 7 月），頁92～93。廖伯源：〈漢代仕進制度新考〉，收入《簡牘與制度——伊灣漢墓簡牘官文書考證》（臺北：文津出版社，1998 年 8 月），頁46～49。

〔註83〕 漢元帝所受之《論語》、《孝經》，乃得之於太傅、少傅，此爲教育太子的重要官職。漢初曾有儒者任此官職，如叔孫通與賈誼兩人。兩人爲學者，他們可

　　第三，在舉孝廉與提倡經學之下，《孝經》眞正興盛於漢代。文帝以前的三老、孝悌並非常員，像石建一般僅以孝道來教育太子者，也稱不上多數。這種現象，文帝以後則有了改變，孝悌舉賢事成爲定制，武帝時又有孝廉之察舉，則因孝入仕的可能性制度化，同時從地方鄉官，變爲進入中央的辦法，誘因上是增加的。舉孝廉爲察舉制度的定制後，在現實條件的驅動之下，《孝經》才眞正的普及化。《漢書》曾記杜欽與皇帝間的策問：

> 其夏，上盡召直言之士詣白虎殿對策，策曰：「……人之行何先？取
> 人之術何以？……各以經對。」
>
> 欽對曰：「……不孝，則事君不忠，涖官不敬，戰陳無勇，朋友不信。
> 孔子曰：『孝無終始，而患不及者，未之有也。』孝，人行之所先也。」
> 〔註84〕

成帝所問的「人之行」與「取人之術」，其實就是漢代所行的察舉制度，以孝爲察舉之主要，其思維同於《呂氏春秋》所說的務人、觀人、得人，而《呂覽》的理論原則又來自於《孝經》，杜欽當然要以《孝經》來回答。《漢官儀》又記博士官舉狀：

> 博士，秦官也。武帝初置五經博士，後增至十四人。太常差選有聰
> 明威重一人爲祭酒，總領綱紀。其舉狀曰：「生事愛敬，喪沒如禮。
> 通《易》、《尚書》、《孝經》、《論語》，兼綜載籍，窮微闡奧。隱居樂
> 道，不求聞達。身無金痍痼疾，卅六屬不與妖惡交通、王侯賞賜。
> 行應四科，經任博士。」下言某官某甲保舉。〔註85〕

武帝時雖不立《孝經》博士，但孝是察舉的主要要求，故博士官的舉詞以《孝經》作爲發端，《孝經》不因不立博士而被忽略，《孝經》與教育的關係，反而是更加密切，甚至成爲帝王學的重要內容，〔註86〕故王國維說：

能以儒家或是先秦書籍作爲教導之用，但如石建並非學者，其所教爲何？據本傳推論，石建教子，主以「孝謹」，其家「以孝謹聞乎郡國」，石建能夠教導太子的，就是孝敬篤行之事，石慶能克紹箕裘，乃因此故。由石氏父子可知，武帝以前太子太傅一職，主要爲身教或輔導之功，石建以教孝爲本，《孝經》很適合作爲教孝的書籍。見〔漢〕班固：《漢書》，〈萬石衛直周張傳〉，第7冊，頁2194～2195。另參考安作璋、熊鐵基：《秦漢官制史稿》（濟南：齊魯書社，2007年1月），頁310～316。
〔註84〕〔漢〕班固：《漢書》，〈杜周傳〉，第9冊，頁2674。
〔註85〕引自〔南朝宋〕范曄，〔唐〕李賢等注：《後漢書》，〈朱馮虞鄭周列傳〉，第4冊，頁1145。
〔註86〕漢昭帝曾曰：「朕以眇身獲保宗廟，戰戰栗栗，夙興夜寐，修古帝工之事，通保

> 《論語》、《孝經》、《孟子》、《爾雅》雖同時並罷，其罷去之意則不
> 同。《孟子》以其爲諸子而罷去也。至《論語》、《孝經》，則以受經
> 與不受經者皆誦習之，不宜限於博士而罷之者也。〔註87〕

不論是否接受經學，大家都必須接受《孝經》教育，故《孝經》不宜僅限於
專經博士。綜合以上所論，漢代《孝經》的興起，一是秦政的檢討，二是教
育上的適宜，三是制度與仕途的誘因，《孝經》是察舉制度的原理原則。而除
了制度上的推動，禮論可以孝論作爲本源，論孝必須以禮論作爲施用，漢初
經學提倡制禮，連帶著有論孝的需要，在內在原理上，《孝經》幫助了經學的
完整性。

第二節　《孝經》與經學的關係──兼論魏文侯《孝經傳》

　　經書的範圍，隨著時代的演變，有所不同，根據晁公武〈石經考異序〉，
至少在唐太和年間，《孝經》已被列爲十二經，立石於國學。〔註88〕略探其因，
《唐六典》記：「正經有九：《禮記》、《左傳》爲大經，《毛詩》、《周禮》、《儀
禮》爲中經，《周易》、《尙書》、《公羊》、《穀梁》爲小經。」〔註89〕以上九種，
唐人視爲正經，其大、中、小乃因篇幅而分，與經書價值無關，考生可依其
篇幅，搭配考科；至於《孝經》，它與《論語》都是考生的必讀書目，〔註90〕
由於有科舉考試的要求，自然要立石刻於國學，作爲考生應試之定本。

傳，傳《孝經》、《論語》、《尙書》，未云有明。」從昭帝之語可知，昭帝少時曾
學習過《孝經》等經書，其後宣帝將繼承昭帝，霍光也議：「禮，人道親親故尊
祖，尊祖故敬宗。大宗毋嗣，擇支子孫賢者爲嗣。孝武皇帝曾孫病已，有詔掖
庭養視，至今年十八，師受《詩》、《論語》、《孝經》，操行節儉，慈仁愛人，可
以嗣孝昭皇帝後，奉承祖宗，子萬姓。」昭帝雖不好儒，太子時仍受《論語》、
《孝經》，可見《孝經》是太子教育的重要教材。見〔漢〕班固：《漢書》，〈昭
帝紀〉，第 1 冊，頁 223、228、277；〈雋疏于薛平彭傳〉，第 10 冊，頁 3039。

〔註87〕 王國維，彭林整理：〈漢魏博士考〉，《觀堂集林（外二種）》（石家莊：河北教
育出版社，2001 年 6 月），上冊，頁 106～107。

〔註88〕 引自明·曹學佺：《蜀中廣記》（臺北：臺灣商務印書館，1969～1970 年，四
庫全書珍本初集第 135 冊），卷 91，頁 1 下。

〔註89〕 〔唐〕李林甫等，陳仲夫點校：《唐六典》（北京：中華書局，1992 年 1 月），
頁 44。

〔註90〕 又分爲通兩經（即一大一小或兩中經）、通三經（大中小各一），或通五經（《禮
記》、《左傳》再任選三經）。詳見上揭《唐六典》。

因科舉制度，而有九經或十二經的名目，除此之外，尚有「七經」之稱，可資討論。今講「七經」有三義，其中《詩》、《書》、《禮》、《易》、《春秋》、《論語》、《孝經》，五經加上《論語》、《孝經》的講法較爲常見。〔註91〕不過《隋書‧經籍志》云：

> 後漢鐫刻七經，著於石碑，皆蔡邕所書。〔註92〕

《後漢書》蔡邕本傳僅求正定「六經文字」，〔註93〕而〈隋志〉多出一種。《後漢書注》引《洛陽記》，陸機僅見《尚書》、《周易》、《公羊傳》、《禮記》、《論語》石經。〔註94〕陸機所言《禮記》乃爲《儀禮》，洪适所見則多《魯詩》〔註95〕。再對照今所存熹平石經殘石，蔡邕所書者乃《詩》、《書》、《儀禮》、《易》、《春秋》、《論語》六種。至於〈隋志〉「七經」多出之一種，杭世駿認爲：

> 石經在漢時，從未有言七經者。彼蓋見一字有《周易》，有《尚書》，有《魯詩》，有《儀禮》，有《春秋》，有《公羊傳》，有《論語》，却合七經之數，遂斷以爲漢刻。〔註96〕

〔註91〕 近代討論「七經」名目，多以周予同的意見爲主。根據周先生的歸納，「七經」的另兩種說法爲「《詩》、《書》、《禮》、《樂》、《易》、《春秋》、《論語》」和「《詩》、《書》、《儀禮》、《周禮》、《禮記》、《易》、《春秋》」，不過周氏又認爲：「按《漢書‧藝文志》『六藝略』分爲九類，六經之後，附《論語》、《孝經》及小學。由上可知，漢武帝以後，《論語》、《孝經》逐漸升格。漢代『以孝治天下』，宣傳宗法封建思想，利用血緣作爲政治團結的工具，於是，貴族子弟先授《論語》、《孝經》，連同《詩》、《書》、《禮》、《易》、《春秋》五經，合稱『七經』。」此說對「五經加上《論語》、《孝經》」的解釋較詳，說明了《論語》、《孝經》納入經學的過程，與《孝經》在政治上的作用，故近年討論「七經」多以周先生的意見爲主。見周予同：《羣經概論》（臺北：臺灣商務印書館股份有限公司，1997 年 1 月），頁 8。周予同著，朱維錚編：《周予同經學史論著選集》（上海：上海人民出版社，1996 年 7 月），頁 850。

〔註92〕 〔唐〕魏徵、令狐德棻：《隋書》（北京：中華書局，1973 年 8 月），〈經籍一〉，第 4 冊，頁 946。

〔註93〕 〔南朝宋〕范曄，〔唐〕李賢等注：《後漢書》，〈蔡邕列傳下〉，第 7 冊，頁 1990。

〔註94〕 同上註。

〔註95〕 〔宋〕洪适：《釋隸》（臺北：臺灣商務印書館，1966 年，石刻史料叢書第 1 冊影印乾隆汪日秀樓松書屋刻本），卷 14，頁 6 下～7 上。屈萬里：《漢魏石經殘石》（臺北：聯經出版事業公司，1985 年 2 月），頁 12～13。按：鄭玄箋〈采蘩〉「夙夜在公」云：「《禮記》：『主婦髲鬄』，鄭箋「《禮記》」乃《儀禮》「少牢饋食禮」之「主婦被錫」（鄭玄《儀禮注》云：「被錫，讀爲髲鬄。古者或剔賤者、刑者之髮，以被婦人之紒爲飾，因名髲鬄焉。」）。見《毛詩注疏》，卷 1 之 3，頁 15 下。《儀禮注疏》，卷 48，頁 1 上。

〔註96〕 〔清〕杭世駿：〈隋書經籍志正誤〉，《石經考異》（臺灣：臺灣商務印書館，

《隋書‧經籍志》把《春秋經》與《公羊傳》記爲兩種，事實上，蔡邕石刻只有六種經典，乃五經加上《論語》。

　　就殘石所見，由漢石刻所衍生的「七經」或是「六經」名目，都與《孝經》無關，漢石經無七經名目，應爲事實，然石刻雖無七經，漢人卻有七經之言。七經之稱首見於《易緯稽覽圖》﹝註97﹞，謝承《後漢書》曰：

　　　（趙）典學孔子七經、河圖、洛書，內外藝術，靡不貫綜，受業者
　　　百有餘人。﹝註98﹞

《後漢書》張純傳云：

　　　（張純）案七經讖、明堂圖、河閒《古辟雍記》、孝武太山明堂制度
　　　及平帝時議，欲具奏之。﹝註99﹞

東漢末有內學、外學的分別，《太平經》曰：「夫學之大害也，合於外章句者，曰浮淺而致文而妄語也，入內文合於圖讖者，實不能深得其結要意，反誤言也。」﹝註100﹞外學乃章句之學，其敝牽合章句，入於浮華，僅爲利祿之途；內學則爲圖讖之學，學者又容易走火入魔，陷於大邪。趙典所謂「內外藝術」，內爲圖讖，外爲章句，此內外之別是東漢的一種習稱。

　　《太平經》所言內外之意，有朝廷與居家修身的分別，但從《後漢書》張純傳觀察，圖讖之學也是朝廷之學，圖讖可作爲明堂制度的根據，《孝經》有祭祀文王於明堂一事，《孝經讖》可能有對明堂制度的解釋。此外，《白虎通》曾引《孝經讖》，﹝註101﹞七經讖之七經，應包含《孝經》。《後漢書注》又有「七經緯」之稱，﹝註102﹞根據〈隋志〉所錄，緯書所謂七經有《易》、《書》、

　　　1981 年，四庫全書珍本十一集第 402 冊），卷上，頁 9 下。
﹝註97﹞　原文爲：「觀本所起，以知存亡，於中錄，於七經」，然「於七經」之文，黃
　　　震見於《易通卦驗》，此文或有脫誤。見鄭玄注：《易緯稽覽圖》（北京：中華
　　　書局，1991 年，叢書集成初編影印乾隆武英殿聚珍版叢書第 689 冊），卷上，
　　　頁 13 上（頁 29）。〔宋〕黃震：《黃氏日抄》（臺北：大化書局，1984 年，影
　　　印日本立命館大學圖書館藏清乾隆 33 年刊本），卷 57，頁 8 上。
﹝註98﹞　引自〔南朝宋〕范曄，〔唐〕李賢等注：《後漢書》，〈宣張二王杜郭吳承鄭趙
　　　列傳〉，第 4 冊，頁 947。
﹝註99﹞　〔南朝宋〕范曄，〔唐〕李賢等注：《後漢書》，〈張曹鄭列傳〉，第 5 冊，頁 1196。
﹝註100﹞王明：《太平經合校》（北京：中華書局，1960 年 2 月），〈學者得失訣〉，上
　　　冊，頁 277。
﹝註101﹞〔清〕陳立，吳則虞點校：《白虎通疏證》（北京：中華書局，1994 年 8 月），
　　　〈誅伐〉，上冊，頁 219。
﹝註102﹞〔南朝宋〕范曄，〔唐〕李賢等注：《後漢書》，〈方術列傳上〉，第 10 冊，頁

《詩》、《禮》、《樂》、《春秋》、《孝經》，〔註103〕綜合七經讖與七經緯的說法，緯書所針對的七種經書，或爲漢人所稱之七經。〔註104〕

讖緯的出現，除了是神秘思想的興起，另一方面也指出了漢人對此七種經典的重視，但讖緯七經之稱，不代表漢人把《孝經》與《易》、《書》、《詩》、《禮》、《樂》、《春秋》等價齊觀。以形制來說，《孝經》與諸經不同。漢代簡策有長短形制的不同，依序爲六經、《孝經》、《論語》，〔註105〕對於漢人來講，形制長短有不同的意義，王充記當時人說：「二尺四寸，聖人文語，朝夕講習，義類所及。」〔註106〕六經二尺四寸的形制，屬於「聖人之語」，以六經爲義類，與先秦視《詩》、《書》爲意義之淵藪相同。至於《論語》何獨八寸，王充認爲：「以八寸爲尺，紀之約省，懷持之便也。以其遺非經，傳文紀讖恐忘，故但以八寸尺，不尺四寸也。」〔註107〕一方面有「非經」之意，一方面有孔門弟子纂抄記憶上的方便，故《論語》簡冊最短。

據簡冊形制而論，《孝經》策雖長於《論語》，但同屬於「非經」之林，《孝經》、《論語》與諸經的區別，匡衡如此詮釋：

> 元帝崩，成帝即位，衡上疏戒妃匹，勸經學威儀之則，曰：……竊見聖德純茂，專精《詩》、《書》，好樂無厭。臣衡材駑，無以輔相善義，宣揚德音。臣聞六經者，聖人所以統天地之心，著善惡之歸，明吉凶之分，通人道之正，使不悖於其本性者也。故審六藝之指，則人天之理可得而和，草木昆蟲可得而育，此永永不易之道也。及《論語》、《孝經》，聖人言行之要，宜究其意。……孔子曰：「德義可尊，容止可觀，進退可度，以臨其民，是以其民畏而愛之，則而

2704。

〔註103〕〔唐〕魏徵、令狐德棻：《隋書》，〈經籍一〉，第4冊，頁940。

〔註104〕今僅見《論語》讖，其中有《論語比考讖》一種，孫轂題解云：「《論語》不入經，亦不立緯，惟讖八卷與老子、尹公諸讖並行，故其命曰『比考』。」見明・孫轂：《古微書》（臺北：臺灣商務印書館，1982年，四庫全書珍本第十二集第20冊），卷25，頁1上。

〔註105〕《儀禮疏》記：「鄭作《論語》序云：『《易》、《詩》、《書》、《禮》、《樂》、《春秋》，策皆尺二寸，《孝經》謙半之，《論語》八寸策者，三分居一，又謙焉。』」見《儀禮注疏》，卷24，頁3下。按：「尺二寸」或爲傳寫之誤，當依王充引當時人語作「二尺四寸」。參考《儀禮注疏》卷24附《校勘記》，頁2下～3上。

〔註106〕〔漢〕王充，黃暉校釋：《論衡校釋》（北京：中華書局，1990年2月），〈謝短篇〉，第2冊，頁557。

〔註107〕〔漢〕王充，黃暉校釋：《論衡校釋》，〈正說篇〉，第4冊，頁1136。

象之。」〔註 108〕

匡衡認爲經學蘊含了三個意義，首先，經學蘊含自然的準則，掌握了經學，就能統理自然，經學的價值可配於天地。除此之外，經學是善惡的依歸，經學有道德上的價值；學習經學，能了解事物的善惡福應，經學有預視之功，經學有效驗上的價值。在天地、善惡、吉凶三方面的價值上，經學可作爲人、事、物的指導，故可稱爲「人道之正」，皇帝身爲人道之極，自然要掌握經學，作爲領導國家、化育自然的寶典。

匡衡看重經學，經學有極高的價值，但《論語》、《孝經》，匡衡僅云「聖人言行之要，宜究其意」，二書爲聖人言行的紀錄，匡衡引「孔子曰」一段，即爲《孝經》之語，匡衡引述的目的，即是以《孝經》載孔子之言，加強其論「經學威儀」的合理性。依照匡衡論經學的三個價值，《孝經》、《論語》大略與「善惡之歸」的道德價值相合，《孝經》論孝蘊含感應原理，勉強有預視吉凶的意義，但對匡衡而言，《孝經》並非經學之林。

參考匡衡對經學的詮釋，《漢書‧藝文志》雖然說「序六藝爲九種」，〔註 109〕但《論語》、《孝經》列於六藝，或許就是「聖人言行之要，宜究其意」的緣故，《孝經》的價值雖然比不上諸經，卻是研究經學者所必須留意的書籍。

《漢志‧諸子略》有《曾子》十八篇，依照司馬遷「曾子作《孝經》」的看法，《孝經》應該與《曾子》十八篇相同，列於先秦諸子，但〈漢志〉將《孝經》置於六藝九種之一，其對《孝經》的看法已與司馬遷不同。〈漢志〉認爲《孝經》是孔子爲曾子講授的道理，同時引述《孝經》作爲《樂》類之論。〔註 110〕雖然《孝經》並非孔子的著作，但也屬於聖人的言行，職是之故，《孝經》與先秦諸子不同。從這個角度來看，《孝經》從司馬遷以爲曾子作的看法，到西漢後期，

〔註 108〕〔漢〕班固，〔唐〕顏師古注：《漢書》，〈匡張孔馬傳〉，第 10 冊，頁 3341、3343。

〔註 109〕〈六藝略〉第九種爲小學類，但《爾雅》歸於《孝經》類，〈漢志〉似有將《爾雅》別於「小學」之意。《方言》存劉歆與揚雄書，劉向、歆父子認爲：「歆先君數爲孝成皇帝言：當使諸儒共集訓詁，《爾雅》所及，五經所詁，不合《爾雅》者詁蘜爲病（按：蘜字原爲竹部，茲以輸入方便擅改）：及諸經氏之屬，皆無驗證，博士至以窮。」《爾雅》雖與小學同有識字「正讀」之功，然諸經必須以《爾雅》所解字義作爲依歸，在此作爲諸經文字的準則義上，《爾雅》已與小學不同。參考張舜徽：《漢書藝文志通釋》，收入《張舜徽集》（武漢：華中師範大學，2004 年 3 月），頁 255。〔清〕戴震：《方言疏證》，收入《戴震全書》（合肥：黃山書社，1994 年 7 月），第 5 冊，頁 240。

〔註 110〕〔漢〕班固：《漢書》，〈藝文志〉，第 6 冊，頁 1711。

繫屬於孔子的意見，這之間的變化，代表《孝經》從諸子的地位，上升爲六藝之附庸，在朝廷之學的經學中，《孝經》爲六藝九種之一，介於經學與諸子之間，在讖緯之學裏，《孝經》更是七經之一，此爲漢人對《孝經》概略的看法。

　　掌握了漢人對《孝經》的看法，附帶討論一個衍生問題。《後漢書注》引蔡邕〈明堂月令論〉曰：

　　　　魏文侯《孝經傳》曰：「太學者，中學明堂之位也。」〔註111〕

就訓詁體式觀察，「太學者，中學明堂之位也」，這似乎是在解釋「太學」，但《孝經》並沒有出現太學一詞，此語或非專解《孝經》之言。《孝經》雖然沒有說到太學，但有明堂制度之事，「中學明堂之位」，這倒是可與《孝經》相配。

　　〈漢志〉儒家內有《魏文侯》六篇，〔註112〕蔡邕所引的《孝經傳》，可能來自於此六篇。朱彝尊與馬國翰認爲《齊民要術》尚有一條資料可供輯佚，〔註113〕《齊民要術》云：

　　　　魏文侯曰：「民，春以力耕，夏以強耘，秋以收斂。」〔註114〕

此文又見於《淮南子‧人道訓》，其云：

　　　　解扁爲東封，上計而入三倍，有司請賞之。文侯曰：「吾土地非益廣
　　　　也，人民非益眾也，入何以三倍？」對曰：「以冬伐木而積之，於春
　　　　浮之河而鬻之。」文侯曰：「民春以力耕，暑以強耘，秋以收斂，冬
　　　　間無事，以伐林而積之，負軛而浮之河，是用民不得休息也。民以
　　　　散矣，雖有三倍之入，將焉用之？」此有功而可罪者也。〔註115〕

《經義考》認爲，《齊民要術》魏文侯語，是《孝經》「用天之道，分地之利，謹身節用，以養父母，此庶人之孝」的傳注。〔註116〕此語與《孝經》的相關性，朱彝尊與馬國翰並無解釋，或許是因爲「民」與「庶人」多以農業維

〔註111〕　〔南朝宋〕范曄，〔唐〕李賢等注：《後漢書》，〈祭祀中〉，第 11 冊，頁 3179。
〔註112〕　〔漢〕班固：《漢書》，〈藝文志〉，第 6 冊，頁 1724。
〔註113〕　〔清〕朱彝尊，張廣慶等點校：《點校補正經義考》（臺北：中央研究院中國
　　　　文哲研究所籌備處，1998 年 4 月），第 6 冊，頁 798。〔清〕馬國翰：《玉函山
　　　　房輯佚書》（濟南：山東大學出版社，山東文獻集成影印同治十年濟南皇華館
　　　　書局補刻本），第 1 輯第 47 冊，《孝經傳》，頁 1。
〔註114〕　〔後魏〕賈思勰：《齊民要術》（臺北：藝文印書館，1970 年，四庫善本叢書
　　　　影印北宋天聖年間崇文院校本），卷 1，頁 3 下。
〔註115〕　何寧：《淮南子集釋》（北京：中華書局，1998 年 10 月），下冊，頁 1270。
〔註116〕　〔清〕朱彝尊，張廣慶等點校：《點校補正經義考》，第 6 冊，頁 798。

生，認爲《孝經》說的「用天之道，分地之利」，指的就農業，魏文侯就是根據庶民以農業維生這個大方向來詮釋。然以《淮南子》魏文侯所言，春、夏、秋三時農事之別，是與時人應對之語錄，並非專論《孝經》，參考《淮南子》，這一條資料或爲《魏文侯》六篇之一，不一定是專門解釋《孝經》的作品。

對照《淮南子》，魏文侯《孝經傳》的可靠資料，僅爲蔡邕所引一條，論者或謂：魏文侯時已有《孝經》之傳注，此足證《孝經》爲戰國早期，甚至是春秋時代的作品，《孝經》爲曾子作或是孔子作的說法不假。〔註117〕這個說法是否成立，或可進一步討論，這是本節的延伸問題。

學者對魏文侯《孝經傳》的討論，多從《孝經》與《孝經傳》這一題名來發揮。「經——傳」的詮釋結構，並非六經或經學的專利，《墨子》、《管子》、《韓非子》都有相似的結構，這種針對該學派之經典，進行較長篇幅的解釋，類似之後解經著作的盛行，時間並不很早，以〈墨經〉爲例，雖然「經」的部份可說是墨子的意見，但出現經、說的相對關係，可能已經是戰國中後期了，同時，《孝經》被當作近似於經學的作品，應是西漢以後的觀念，《孝經》在戰國可能沒有「經——傳」結構中這「經」的地位。

再以《孝經》的價值論之，司馬遷視《孝經》爲曾子之學，有別於六藝，《孝經》成爲六藝之附庸，這種看法應流行於司馬遷之後。《孝經》雖有「經」之名，但漢儒並不把《孝經》等同於六經，《孝經》之書名，不宜有經學的價值意義。這種以經傳結構與書名「經」的意義，認爲《孝經》是春秋或戰國早期已有的說法，可能不是歷史史實；反過來說，東漢所出現的魏文侯《孝經傳》，間接反映了《孝經》從諸子到六藝的附庸，甚至是讖緯七經的過程。正因爲社會對《孝經》越來越重視，故有魏文侯《孝經傳》的出現，此書可能是東漢學者對古籍或《魏文侯》六篇摘要整理後，對《孝經》的一種解釋。

〔註117〕近持此說者，以皮錫瑞的意見最具代表性。皮錫瑞根據鄭玄《六藝論》，認爲《孝經》乃「諸經爲最要，故稱經亦爲先」，又云：「魏文侯已有《孝經傳》，是作傳者亦視諸經爲先。」皮氏以「經」之名論之，認爲《孝經》稱經最早，爲諸經之先，又以魏文侯《孝經傳》作爲此說之輔證。見〔清〕皮錫瑞，周予同注：《增註經學歷史》（臺北：藝文印書館，2004 年 3 月），頁 27。按：周予同雖爲皮錫瑞作注，但周先生對魏文侯《孝經傳》抱持懷疑態度。見周予同：《〈孝經〉新論》，收入《周予同經學史論著選集》（上海：上海人民出版社，1996 年 7 月），頁 850。

第三節 讖緯的經解：西漢中後期的《孝經》詮釋

一、西漢中後期《孝經》學的主要議題

由於漢代《孝經》的專著多已亡逸，想一窺當時的《孝經》學風貌，必須從史書或子書中鉤輯。從漢人引《孝經》語觀察，論者大多因事制宜，〔註118〕不過分析這些話語後，大致可歸納為兩個面向：一者主論教化，涉及禮樂與人性觀；一者與五行掛勾，與天地運行相關，以下就先從前者開始。

（一）禮樂與人性

西漢成帝時，曾於水濱得古磬十六枚，論者皆以為吉兆，劉向則警戒曰：

> 夫教化之比於刑法，刑法輕，是舍所重而急所輕也。且教化，所恃以為治也，刑法所以助治也。今廢所恃而獨立其所助，非所以致太平也。自京師有悖逆不順之子孫，至於陷大辟受刑戮者不絕，繇不習五常之道也。夫承千歲之衰周，繼暴秦之餘敝，民漸漬惡俗，貪饕險詖，不閒義理，不示以大化，而獨毆以刑罰，終已不改。故曰：「導之以禮樂，而民和睦。」〔註119〕

班固承劉向、歆父子之意，又說：

> 凡民函五常之性，而其剛柔緩急，音聲不同，繫水土之風氣，故謂之風；好惡取舍，動靜亡常，隨君上之情欲，故謂之俗。孔子曰：「移風易俗，莫善於樂。」言聖王在上，統理人倫，必移其本，而易其末，此混同天下一之虖中和，然後王教成也。〔註120〕

兩人引述《孝經》「導之以禮樂，而民和睦」、「移風易俗，莫善於樂」，都是用來表達禮樂教化的重要。雖然劉向的時代已是西漢後期，綜觀其論，討論禮樂教化的問題，還是從周衰秦弊的檢討開始，劉向認為，禮樂有使民和睦的意義，即使禮的施用過了頭，也不會有刑法積怨的副作用，故矯正不當風

〔註118〕例如昌邑王引《孝經》「昔者天子有爭臣七人，雖無道，不失其天下。」根據當時的語境，此「爭臣七人」，指的是霍光等人，因昌邑王德行不佳，霍光欲另立新君。昌邑王的意思是，古天子雖然「無道」，但幸好有諍臣（霍光等人）諫己之非，君王已知己過，希望能跟《孝經》裏的古天子一樣，「不失其天下」。見〔漢〕班固：《漢書》，〈霍光金日磾傳〉，第9冊，頁2946。

〔註119〕〔漢〕班固：《漢書》，〈禮樂志〉，第4冊，頁1033。

〔註120〕〔漢〕班固：《漢書》，〈地理志下〉，第6冊，頁1640。

俗的辦法，必須以禮樂爲主，而不能以刑罰爲主。〔註121〕劉向論禮、法之別，其實與漢初學者的論調相同。相較於劉向，班固直就「樂」來討論，班固認爲地理環境的不同，導致各地風俗有所區別，但「好惡取舍，動靜亡常，隨君上之情欲」，雖然各地有不同的民情風俗，民情風俗都繫於上位者之情欲，一旦君主的情欲能得其所正，風俗自然跟著導正，這是樂在風俗上的作用。班固之論，深入個人情欲，此據《禮記・樂記》而來。〈樂記〉云「人生而靜，天之性也。感於物而動，性之欲也」，又說「先王之制禮樂，人爲之節」，樂有節欲的功能，故可作爲導正情欲的工具，又能「樂和民聲」，達到使民和睦的效果。〔註122〕比較〈樂記〉與《孝經》，班固對禮樂、情欲、風俗三者間的論述，雖然來自於〈樂記〉之類的樂論，但班固還是以《孝經》作爲論述的證明與根據，由此可見《孝經》的重要性。除了上一節關於《孝經》興起的幾個理由，《孝經》也適合作爲禮論、樂論的經典根據，這是漢代學者看重《孝經》的原因之一。

進一步分析劉、班二人的意見，他們都認爲，人有與生俱來的道德質素，也就是所謂的五常之道、五常之性，而禮樂就是源自於這些與生俱來的質素，換句話說，禮樂也是與生俱來的。禮樂是先驗地存在於人，可視爲人類的特質，董仲舒也有類似的意見，他說：

> 冊曰：「善言天者必有徵於人，善言古者必有驗於今。」……人受命於天，固超然異於羣生，入有父子兄弟之親，出有君臣上下之誼，會聚相遇，則有耆老長幼之施；粲然有文以相接，驩然有恩以相愛，此人之所以貴也。生五穀以食之，桑麻以衣之，六畜以養之，服牛乘馬，圈豹檻虎，是其得天之靈，貴於物也。故孔子曰：「天地之性人爲貴。」〔註123〕

人有別於其他動物，懂得農耕畜牧，更重要的是有父子、兄弟、君臣、長幼等等上下間的人倫關係，在這種人際關係裏，有恩愛的感情，能以文飾，正因爲人生而具有這些特質，禮樂教化才有發揮、並改變人原本行爲的可能。董仲舒認爲，這種人類天生的特質，就是《孝經》說的「天地之性人爲貴」，《孝經》的言論，除了可證明禮樂教化之重要性，兼可作爲人性觀的依據，

〔註121〕 〔漢〕班固：《漢書》，〈禮樂志〉，第 4 冊，頁 1033。
〔註122〕 〔清〕孫希旦，沈嘯寰、王星賢點校：《禮記集解》，下冊，頁 984～986。
〔註123〕 〔漢〕班固：《漢書》，〈董仲舒傳〉，第 8 冊，頁 2517。

這是《孝經》被看重的另一個理由。

（二）五行與天地

　　漢儒論及《孝經》的言論，近似於以《詩》、《書》為證的形式，引述《孝經》的目的，不是討論經義，而是用來證明自己的言論有憑有據。至於漢人是如何解釋《孝經》的，《春秋繁露‧五行對》似乎透露了一點訊息。由於漢人詮釋《孝經》的資料實屬難得，故不厭其煩，將全文抄錄於此：

　　河間獻王問溫城董君曰：「《孝經》曰：『夫孝，天之經，地之義。』何謂也？」對曰：「天有五行：木、火、土、金、水是也。木生火，火生土，土生金、金生水。水為冬，金為秋，土為季夏，火為夏，木為春。春主生，夏主長，季夏主養，秋主收，冬主藏，藏，冬之所成也。是故父之所生，其子長之；父之所長，其子養之；父之所養，其子成之。諸父所為，其子皆奉承而續行之，不敢不致如父之意，盡為人之道也。故五行者，五行也。由此觀之，父授之，子受之，乃天之道也。故曰『夫孝者，天之經也』，此之謂也。」

　　王曰：「善哉！天經既得聞之矣，願聞地之義。」對曰：「地出雲為雨，起氣為風，風雨者，地之所為，地不敢有其功名，必上之於天，命若從天氣者，故曰天風天雨也，莫曰地風地雨也；勤勞在地，名一歸於天，非至有義，其庸能行此；故下事上，如地事天也，可謂大忠矣。土者，火之子也，五行莫貴於土，土之於四時，無所命者，不與火分功名：木名春，火名夏，金名秋，水名冬，忠臣之義，孝子之行取之土；土者，五行最貴者也，其義不可以加矣。五聲莫貴於宮，五味莫美於甘，五色莫盛於黃，此謂孝者地之義也。」王曰：「善哉！」〔註124〕

〈五行對〉紀錄了河間獻王與董仲舒的對話，按照時代排序，應該是陸賈、董仲舒、司馬遷，之後才是劉向、王莽，到了班固，已經是東漢時代。依照這個順序，〈五行對〉是西漢初期的作品，但這條資料還有爭議。程大昌以他書引《繁露》語，有不見《春秋繁露》者，遂判斷《春秋繁露》是北宋時候的偽書，不過根據樓鑰所見，程大昌的本子應非善本，宋人偽造說不能成立。

〔註124〕　〔清〕蘇輿，鍾哲點校：《春秋繁露義證》（北京：中華書局，1992 年 12 月），〈五行對〉，頁 314～317。

〔註125〕宋人僞造說雖然不能成立，但《春秋繁露》仍有部份資料被懷疑有後人增添的成份，〈五行對〉即是其中之一。〔註126〕《鹽鐵論》曾記：「文學曰：『始江都相董生推言陰陽，四時相繼，父生之，子養之，母成之，子藏之。』」〔註127〕此即〈五行對〉「父之所生，其子長之；父之所長，其子養之；父之所養，其子成之」，對照賢良文學所述，〈五行對〉源自董仲舒，這應該沒有問題；至於五行的論述，由於本節僅作概括性的討論，即使五行的說法不出自董仲舒，它也屬於西漢中後期的思想風氣。〔註128〕另一方面，劉向雖然晚於董仲舒，但陸賈即以《孝經》之義討論禮樂的重要，故本節將《春秋繁露》對《孝經》的詮釋，置於禮樂教化之後。

　　〈五行對〉大致可析爲三部份，論五行相生是第一個部份，五行與時令相配是第二個部份，論地義之貴是第三個部份；前面兩個部份是《孝經》的「天之經」，後者則是「地之義」，綜合天地之意，即爲《孝經》重孝之意，現在就從第一個部份開始。

　　早期的五德終始說爲相勝說，〔註129〕〈五行對〉則爲相生說。在一般的

〔註125〕樓鑰云：「程公跋語亦以篇名爲疑，又以《通典》、《太平御覽》、《太平寰宇記》所引《繁露》之書，今書皆無之，遂以爲非董氏本書。……今編修胡君仲方槩（筆者按：胡榘）宰萍鄉，得羅氏蘭堂本，刻之縣庠，攷證頗備，凡程公所引三書之言，皆在書中，則知程公所見者未廣，遂謂爲小說者非也。」見〔宋〕程大昌，張海鵬校訂：〈秘書省書繁露後〉，《演繁露》（北京：中華書局，1991年，叢書集成初編第294冊），附錄，頁183。〔宋〕樓鑰：〈跋春秋繁露〉，《攻媿集》（臺北：臺灣商務印書館，1979年，四部叢刊初編影印武英殿聚珍本第62冊），卷77，頁709。

〔註126〕戴君仁：〈董仲舒不說五行考〉，《梅園論學集》，收入《戴靜山先生全集》（臺北：戴顧志鵷，1970年9月），第2冊，頁319〜334。

〔註127〕王利器校注：《鹽鐵論校注》（北京：中華書局，1992年7月），〈論菑〉，下冊，頁556。

〔註128〕即使董仲舒不說五行，〈五行志〉言：「孝武時，夏侯始昌通五經，善推〈五行傳〉，以傳族子夏侯勝，下及許商，皆以教所賢弟子。其傳與劉向同，唯劉歆傳獨異。」由此可見武帝之時，學者間就有討論五行學說的風氣。見〔漢〕班固：《漢書》，〈五行志中之上〉，第5冊，頁1353。

〔註129〕這裏所說的「早期」，指的是戰國中葉到漢初這一段時間。王夢鷗先生雖然懷疑鄒衍的學說有五行相生的成份（王先生云「鄒衍所作的假定」），但據現存資料，這段時間內的五行說以五行相勝說佔絕大多數。參考顧頡剛：〈五德終始說殘存材料表〉，《顧頡剛古史論文集》（北京：中華書局，1988年11月），第1冊，頁288〜294。王夢鷗：《鄒衍遺說考》（臺北：臺灣商務印書館，1966年3月），頁51、68。李漢三：《先秦兩漢之陰陽五行學說》（臺北：維新書局，1968年1月），頁48〜49、110〜112。

觀念中，先有婚配，後有子嗣，家族得以延續，在這種延續之中，父母與子女間有血緣的相生關係，不過《春秋繁露》並不強調這種父母血緣的生化義，〈爲人者天〉說：「爲生不能爲人，爲人者天也。人之本於天，亦人之曾祖父也。」〔註130〕人雖來自於父母，但生成的問題不在一等親的父母上討論，而是跨越父母一層，就曾祖父──天來討論。生化來自於天的生化，特別是木、火、土、金、水這五種質素的運行，五行有如父子之間的相生承養，前者衍生出後者，後者繼承前者，在這種五行運行的觀點下，父子之倫只是一個比附，《孝經》所說的「天之經」，即是五行之間的相生運行。

　　五行的觀念固然有神秘之處，但放到時令或天文等自然觀測裏，它是當時所相信的科學知識的展現，〔註131〕在這種知識體系這裏，以五行詮釋《孝經》並不是一件詭異的事。《管子‧五行》篇紀錄了一種以五行爲綱領的時令，木、火、土、金、水分別掌握72天，把一年平均分爲五等分，但《管子‧四時》篇又紀錄了春夏秋冬常見的四等分法，在這種常見的四等分法中，〈四時〉篇的作者嘗試融入五行的概念，在五行與四時的配對中，土只有輔助的功用，並無掌管某個特定的時間。比較〈四時〉與〈五行〉兩篇，實爲兩種不同的時令分法，《管子》一書出現了兩種不同的時令。〔註132〕

　　王夢鷗認爲，五行與四時本來各成體系，五行有五行的時令，四時有四時的分法，現在要將兩者合併，奇偶的不同將導致配對上的困難，〔註133〕《管子‧四時》篇論土爲輔無時的說法，即爲配對困難的變通方法之一。《呂氏春秋‧六月紀》與《禮記‧月令》又紀錄了另一種配對方式：以夏秋之際的「季夏」爲土時，〔註134〕〈五行對〉基本上採納了這種辦法，但〈五行對〉之後又說：「土者，火之子也，五行莫貴於土，土之於四時，無所命者，不與火分功名；木名春，火名夏，金名秋，水名冬。」這其實還是把一年分爲春夏秋冬的四季，則〈五行對〉在一篇之內，就呈現了兩種解決方式，前面以季夏爲土時，將一年

〔註130〕〔清〕蘇輿，鍾哲點校：《春秋繁露義證》，〈爲人者天〉，頁318。

〔註131〕參考葛兆光：《中國思想史‧七世紀前中國的知識、思想與信仰世界》（上海：復旦大學出版社1998年4月），第1卷，頁397～398。

〔註132〕黎翔鳳校注，梁運華整理：《管子校注》（北京：中華書局，2004年6月），中冊，頁847、874。

〔註133〕王夢鷗：〈禮記月令讀後記〉，收入李曰剛等《三禮論文集》（臺北：黎明文化事業股份有限公司，1982年10月），頁251～265。

〔註134〕王利器：《呂氏春秋注疏》，第1冊，頁590～591。〔清〕孫希旦，沈嘯寰點校：《禮記集解》，上冊，頁460。

分爲不均等的五等分，但後頭還是採用春夏秋冬的四等分，主張不立土時的辦法，假設一個作者在解決相同問題時，應該有相同的解決辦法，這種前後齟齬的現象似乎指出了，〈五行對〉並不是單一作者的思想體系。

先對四時、五行的說法稍作整理。對照《鹽鐵論》可知，〈五行對〉有董仲舒的說法，但對四時、五行的配對問題則前後矛盾，〈五行對〉不單純是一個人的意見。據此推測，〈五行對〉的作者稍後於董仲舒，他以董仲舒的說法爲主，又企圖綜合不同的意見。再參考四時五行的配對方式：《史記·天官書》云「塡星之位。曰中央土，主季夏」，〔註135〕關於四時與五行的相配問題，司馬遷與《呂覽》、《禮記》相同，用的是季夏爲土的辦法，但到了《白虎通》，土不立時的辦法被官方採用。〔註136〕以《史記》與《白虎通》作爲兩個參考座標，西漢主張季夏爲土，東漢主張土不立時，〈五行對〉在一篇之內就呈現出了兩種說法的糾結，這可能是五行與四時的配對方式，正在改變中的過渡痕跡。

回到五行內的問題，鄒衍以土爲首，居首者往往比其他項目更受到重視，土可能很早就有「五行最貴者」的說法。〔註137〕在天文星象中，土是塡星，或許因爲土是大地的主要元素，塡星又稱地候。〔註138〕土除了是天所運行的五行，又含有大地的意思，土兼有天、地之義。天地是構成世界的重要觀念，以《呂氏春秋》爲例，當時的人認爲，天有天氣，地有地氣，天氣、地氣是自然運行的兩大質素，〔註139〕〈乾·象〉又說：「大哉乾元，萬物資始，乃統天。雲行雨施，品物流形。」〔註140〕以《易傳》爲代表，雲行雨施是天的職責，故一般人稱之爲「天風天雨」。〈五行對〉雖然提到了這種看法，但對風、雲、雨的生成另有解釋。〈五行對〉認爲，雲、雨其實是地的作爲，只不過雲雨形成後，上升於天，故一般人以爲是天所爲，事實上這些都是地的功勞，只是地不居功而已。

〔註135〕〔漢〕司馬遷：《史記》，〈天官書〉，第4冊，頁1319。
〔註136〕原文爲：「土所以不名時者，地，土之別名也。比於五行最尊，故不自居部職也。」又云：「四時爲時，五行爲節。故木王即謂之春，金王則爲之秋，土尊不任職，君不居部，故時有四也。」在這個解釋中，土更有「君」的涵義。〔清〕陳立，吳則虞點校：《白虎通疏證》，〈五行〉，上冊，頁168、194。
〔註137〕李漢三：《先秦兩漢之陰陽五行學說》，頁56～57。
〔註138〕〔漢〕司馬遷：《史記》，〈天官書〉，第4冊，頁1319。
〔註139〕〈孟春紀〉云：「是月也，天氣下降，地氣上騰，天地和同，草木繁動」，氣有天氣、地氣，天地二氣的運行帶動了草木的生化。見王利器：《呂氏春秋注疏》，第1冊，頁39。
〔註140〕〔清〕李道平，潘雨廷點校：《周易集解纂疏》（北京：中華書局，1994年3月），頁35～36。

這種重要、但不居功的特色，就像是忠臣孝子的德行，土德象徵孝德。綜合以上所論，《孝經》所謂的「天之經」，指的是五行相生之說，在五行之中，土兼有大地之意，土地有勤勞順天之德，象徵忠臣孝子的特質，故《孝經》稱「天經地義」，這種透過天地、五行的比附，是〈五行對〉詮釋《孝經》的特色。

二、《孝經》讖緯的經解

（一）《孝經》讖緯在漢代《孝經》學史上的定位與價值

　　將禮樂、五行這兩類主題作一前後期的區分，強調《孝經》禮樂教化的面向，可追溯至陸賈《新語》，而〈五行對〉所呈現出的特色，應是西漢中後期的代表作品。提到西漢中後期的學術思想，則不能不提到讖緯。讖緯的起源尚有爭議，但讖緯盛行於成、哀以後，是學者間的共識，〔註141〕本節以西漢中後期爲論，在歷史的脈絡中，讖緯自然是不可忽略的重要文獻。

　　在討論讖緯之前，必須先說明讖緯合論的理由。胡應麟認爲，讖、緯之間應有分別，四庫館臣採納這個意見，成爲明、清學人之通論。〔註142〕此說主張：緯書乃「經之旁流，衍及旁義」，讖則是預示吉凶的隱語，讖緯應分別論之，〔註143〕不過考察讖、緯的內容，緯有預言之類的隱語，讖也有解釋經典的成份，彼此之間重複互見、互相牽引，〔註144〕至於讖、緯、圖、候等不同稱呼，可能只是視角上的差別，從占驗的角度說爲讖，附經者則說爲緯，有圖者說圖，關於天氣的預測就說候，有福瑞之應的就說符，雖然讖、緯有這些不同的角度，但彼此之間相互共通、差別不大。〔註145〕基於上述理由，

〔註141〕張衡云：「讖書始出，蓋知之者寡。自漢取秦，用兵力戰，功成業遂，可謂大事，當此之時，莫或稱讖。若夏侯勝、眭孟之徒，以道術立名，其所述著，無讖一言。劉向父子領校祕書，閱定九流，亦無讖錄。成、哀之後，乃始聞之。」即使讖緯的起源與形成，歷經了相當的時間，據張衡所述，成帝、哀帝以後，讖緯的流傳才比較明顯。見〔南朝宋〕范曄：《後漢書》，〈張衡列傳〉，第 7 冊，頁 1912。關於讖緯起源與形成的各家說法，可參考鍾肇鵬：《讖緯論略》（臺北：洪葉文化事業有限公司，1994 年 9 月），頁 12～27。

〔註142〕明・胡應麟：《少室山房筆叢》（臺北：世界書局，1963 年 4 月，讀書箚記叢刊第二集第 12 冊），頁 389。〔清〕永瑢等：《四庫全書總目提要》（臺北：臺灣商務印書館，1965 年 2 月，萬有文庫薈要本），第 2 冊，頁 62。

〔註143〕同前註。

〔註144〕鍾肇鵬：《讖緯論略》，頁 5～9。

〔註145〕參考陳槃：〈讖緯釋名〉，《國立中央研究院歷史語言研究所集刊》第 11 本（1971 年 1 月），頁 297～316。陳氏：〈讖緯命名及其相關之諸問題〉，收入《古讖

這些資料以下統稱讖緯，使用上不作區別。

　　讖緯文獻裏有不少思想可與《春秋繁露》相互呼應，以〈五行對〉所提到的概念為例，關於五行的說法，讖緯也講五行相生，〔註146〕關於「地」的論述，《樂聲儀》也說：「下元者，地氣也，為萬物始，生育長養，蓋藏之主。」〔註147〕地也負擔生化養育的功勞。除此之外，《尚書考靈耀》說：「春政不失，五穀孳。夏政不失，甘雨時。季夏政不失，地無菑。秋政不失，人民昌。冬政不失，少疾喪。五政不失，日月光明。」〔註148〕這裏分為春、夏、季夏、秋、冬，此不對稱之五等分，即《禮記》、《呂氏春秋》與〈五行對〉前半部份配對五行與四時的辦法。再以《孝經》的讖緯文獻來觀照《春秋繁露》，〔註149〕《孝經援神契》云：「命有三科，有受命以保慶，有遭命以謫暴，有隨命以督行。」〔註150〕所謂受命，即是行善得善，人生的際遇有良好的結果；隨命是行惡遇惡，惡有惡報之意；遭命則是行善遇惡，這兩種命運的結果都不好。〔註151〕《春秋繁露·重政》篇也把命分為三種，其中，隨、遭兩種與《援神契》完全相同。〔註152〕《孝經援神契》又說：「人

〔註146〕　　緯研討及其書錄解題》（臺北：國立編譯館，1991年2月），頁141～177，特別是頁149～161。鍾肇鵬：《讖緯論略》，頁3～10。

〔註146〕參考徐興无：《讖緯文獻與漢代文化構建》（北京：中華書局，2003年3月），頁166～168。

〔註147〕引自〔唐〕白居易撰：《白氏六帖事類集》（臺北：新興書局，1969年，影印傅增湘藏南宋紹興年間刊本），卷1，頁4上，總頁25。

〔註148〕引自〔日〕中村璋八：《五行大義校註》（東京：汲古書院，1998年10月），頁140。

〔註149〕根據上海古籍出版社再編之《緯書集成》，這些文獻包括：《孝經援神契》、《孝經鉤命訣》、《孝經中契》、《孝經左契》、《孝經右契》、《孝經威嬉拒》、《孝經內事圖》、《孝經雌雄圖》、《孝經內記》、《孝經古秘》。見上海古籍出版社編：《緯書集成》（上海：上海古籍出版社，1994年6月）。

〔註150〕引自〔漢〕鄭玄注，〔唐〕孔穎達等疏：《禮記注疏》，卷46，頁13下。

〔註151〕趙岐云：「命有三名，行善得善曰受命，行善得惡曰遭命，行惡得惡曰隨命。」見〔清〕焦循，沈文倬點校：《孟子正義》，下冊，頁879。

〔註152〕《白虎通·壽命》章：「命有三科，以記驗。有壽命以保度，有遭命以遇暴，有隨命以應行。」這其實就是《孝經援神契》的話。《春秋繁露·重政》篇說：「人始生始有大命，是其體也。有變命存其間者，其政也。政不齊則人有忿怒之志，若施危難之中，而時有隨、遭者，神明之所接，絕屬之符也。」依此語，〈重政〉篇論命有大命、隨命、遭命，後兩種屬於變命。陳立引〈盟會要〉「天下無患，然後性可善」來釋此語，則人在政治安穩清明時，可以體現與生俱來的善性；再從變命反推大命，大命有不變之意，因良好的政治，引導出人的善性，又在「不變」的原則下，大命的最終結果應該也是善的。在

頭圓象天，足方法地，五藏像五行，四肱法四時，九竅法九分，目法日月，肝仁，肺義，腎志，心禮，膽斷，脾信，膀胱決難，髮法星辰，節法日歲，腸法鈴。」〔註 153〕頭與天、足與地、四肢與四時、五臟與五行、耳目與日月、髮與星辰，這些人體器官與天地自然的比附，正是〈人副天數〉的說法。〔註 154〕對照《孝經》讖緯關於五行相生、地氣、命運、人體與自然萬物等說法，都與《春秋繁露》十分相近。

讖書曾以孔子語曰「董仲舒，亂我書」，狹義的說，這裏所謂的「書」，指的是《春秋》，〔註 155〕不過把這句話套用到上述這些相似之處，它除了可作為董仲舒吸收了當時信仰與知識的旁證，讖緯的作者想借孔子之語來劃清與董仲舒的界線，同時也顯露了讖緯的作者參閱了董仲舒的說法。讖緯與《春秋繁露》有這麼多相似的地方，再加上讖緯的作者劃清界線的意圖，《孝經》讖緯應與〈五行對〉相同，是稍後於董仲舒的作品。

再作進一步的推論，讖緯除了是普遍知識的展現，讖緯的作者應該也吸收了知識分子的意見，進而豐富讖緯的內容，故讖緯內關於經典的解釋，除了是讖緯的一家之言，很可能也是學者對於經典的反映。職是之故，討論讖緯有兩大意義：首先，讖緯可展現西漢中後期知識體系的特色；其次，除了是普遍知識的展現，讖緯的作者也以知識份子的學說作為養分，我們可藉由讖緯來推測當時知識份子的看法。由於讖緯吸收了當時的知識與學說，讖緯內的歷史傳說、地理知識、天文觀測、禮儀制度、經典論述等內容，都可作為後人的參考資料。〔註 156〕茲舉一個與《孝經》相關的例子。〈禮運〉論禮「其居人也曰養」，鄭玄注：「養當為義，字之誤也。下之則為教令，居人身為義。

此等意義之下，〈重政〉篇說的「大命」，也有「受命」「得善」之意，不過〈重政〉篇把焦點放在政治對命運的影響力，一旦政治情勢有了變化，命運也有「變」的可能，在這種命運的變動中，即使把握住自身的善性，可能還是有不好的結果，在政治處於「變」的環境之下，命運不是自己可以控制得了的。見〔清〕蘇輿，鍾哲點校：《春秋繁露義證》，〈重政〉，頁 149。〔清〕陳立，吳則虞點校：《白虎通疏證》，〈壽命〉，上冊，頁 391～392。

〔註 153〕引自〔宋〕李昉等編纂，夏劍欽等點校：《太平御覽》（石家莊：河北教育出版社，2000 年 3 月），第 4 卷，頁 28。
〔註 154〕〔清〕蘇輿，鍾哲點校：《春秋繁露義證》，〈人副天數〉，頁 354～357。
〔註 155〕參考並轉引自王充《論衡·實知篇》、〈案書篇〉。見〔漢〕王充，黃暉校釋：《論衡校釋》，第 4 冊，頁 1069、1170。
〔註 156〕參考劉師培：〈讖緯論〉，《左盦外集》，收入《劉申叔先生遺書》（臺北：大新書局，1965 年 8 月），第 3 冊，頁 1610～1612。

《孝經說》曰：『義由人出。』」〔註157〕校正文字是學者的重要工作，在這個例子中，鄭玄用「《孝經說》」來校正〈禮運〉正文，這個「《孝經說》」其實就是讖緯，孔《疏》云：

「《易說》」者，鄭引云《易》緯也。凡鄭云「說」者，皆緯候也。時禁緯候，故轉緯爲說也。故《鄭志》：「張逸問《禮》：『注曰：《書說》，《書說》，何書也？』答曰：『《尚書》緯也。當爲注時，時在文網中，嫌引祕書，故諸所牽圖讖，皆謂之說。』」〔註158〕

《周禮》「大祝」鄭玄引「《孝經說》」爲注，賈《疏》也說：

《孝經說》曰「共授執授」者，《孝經》緯文。漢時禁緯，故云「說」。〔註159〕

按：鄭玄云「時在文網中」，乃因黨錮之禍而慎言讖緯，並非兩漢有禁緯之事。〔註160〕觀察鄭玄的操作，並非以版本對校來確定正文，而是從《孝經》讖緯的說法來反推。由鄭玄的操作可知，正因讖緯資料有相當的可信度，故鄭玄不因爲讖緯內有許多不可思議的思想而忽略它。

《漢書‧藝文志》所著錄的「說」是西漢某種著作體裁，到了東漢，「說」則成爲讖緯的代稱。許慎《說文解字》解釋「兆」字引「《孝經說》」，其云：

兆，分也，从重八。《孝經說》曰：故上下有別。〔註161〕

《孝經》正文並無「故上下有別」之文，緒論曾言及許慎《五經異義》引「今《孝經說》」事，「今《孝經說》」以社爲土地之主，稷爲五穀之長，祭社稷乃祭神之事，《孝經援神契》云：

社者，土地之主也。稷者，五穀之長也。〔註162〕

兩相對照可知，許慎引的「《孝經說》」，其實是《援神契》的說法，《說文解

〔註157〕〔漢〕鄭玄注，〔唐〕孔穎達等疏：《禮記注疏》，卷22，頁19上。

〔註158〕〔漢〕鄭玄注，〔唐〕孔穎達等疏：《禮記注疏》，卷10，頁15下。

〔註159〕〔漢〕鄭玄注，〔唐〕賈公彥等疏：《周禮注疏》，卷25，頁12下。

〔註160〕查閱四史，漢代應無禁緯之事，全祖望也說：「鄭康成於緯，或稱爲傳，或稱爲說，《正義》以爲漢時禁緯，故特諱之，則未必然。〈隋志〉：『漢時詔東平王蒼正五經章句，皆命從讖。』安在其禁之也？觀康成答張逸曰：『當爲注時，在文網中，嫌引祕書，故隱其名。』然則康成因己黨錮之故，有所忌而不言耳，非漢世禁緯之明文也。」見〔清〕全祖望，朱鑄禹彙校集注：〈原緯〉，《鮚埼亭集外編》，收入《全祖望集彙校集注》，中冊，頁1798。

〔註161〕〔漢〕許慎，〔清〕段玉裁：《說文解字注》（臺北：洪葉文化事業有限公司，1999年11月，影印清經韵樓本），卷2上，頁2下～3上。

〔註162〕引自〔南朝宋〕范曄：《後漢書》，〈祭祀下〉，第11冊，頁3200。

字》不見於《孝經》的「《孝經說》」，應該也是《孝經》讖緯的說法。應劭《風俗通義》云：

> 《孝經說》：「社者，土地之主，土地廣博，不可徧敬，故封土以為社而祀之，報功也。」〔註163〕

> 《孝經說》：「稷者，五穀之長，五穀眾多，不可徧祭，故立稷而祭之。」〔註164〕

應劭引《援神契》也稱「《孝經說》」。劉熙《釋名》曰：

> 《孝經說》曰：孝，畜也；畜，養也。〔註165〕

這也是《孝經援神契》的內容。〔註166〕依照劉熙、許慎、應劭等人的用法，「《孝經說》」就是「《孝經》讖緯之說」，此為東漢常見的習慣，所謂「時在文網中，嫌引祕書」，應該是鄭玄的個人理由，並不是讖緯稱說有避諱的微言大義。

　　藉由上述可知，《孝經》讖緯與〈五行對〉相同，應稍後於董仲舒，此為《孝經》讖緯的時序定位，另一方面，《孝經》讖緯的說法很可能也反映了當時知識份子的學說，在遺失專著所留下的空白裏，讖緯的吉光片羽顯得格外重要。再觀察劉熙、許慎、鄭玄、應劭等人引《孝經》讖緯的習慣，直接稱為《孝經說》，《孝經》讖緯與《孝經》關係密切，是漢代《孝經》學不可分割的一部份。由於《孝經》讖緯有這些經學史的價值，以下將從基礎問題開始，進一步討論《孝經》讖緯的經典詮釋。

（二）《孝經》的題解與制作

　　《孝經》雖然是讖緯的七經，不過《孝經》與六經之「經」仍有距離，《孝經鉤命決》說：

> 《孝經》者，篇題就號也，所以表指括意。序中書名出義，見道曰著。一字苞十八章，為天地喉襟，道要德本，故挺以題符篇冠就。

〔註163〕〔漢〕應劭，王利器校注：《風俗通義校注》（北京：中華書局，1981年1月），〈祀典‧社神〉，下冊，頁354。

〔註164〕同上註，頁356。

〔註165〕〔漢〕劉熙，〔清〕王先謙校勘補疏：《釋名疏證補》（臺北：臺灣商務印書館，1968年6月，國學基本叢書影印光緒年間刻本），上冊，卷4，頁169。

〔註166〕《禮記‧祭統》孔《疏》云：「孝也者，畜也者。……此據《援神契》庶人之孝曰『畜』。」孔《疏》應有所據，根據疏文，劉熙所謂「《孝經》說」即為《孝經援神契》。見〔漢〕鄭玄注，〔唐〕孔穎達等疏：《禮記注疏》，卷49，頁2下。

〔註167〕

《鉤命決》所見本爲十八章本。《鉤命決》認爲，「孝」字總括十八章要旨，也就是〈漢志〉「舉大者言」的意思。又，宋均釋「就號」爲：「成號，序中心之事，使孝義見於外。」〔註168〕根據此解，「孝經」總括全書之意，可彰明全書要旨，故以「孝經」爲書名，《鉤命決》與宋均論《孝經》書名，都只就「孝」字申論，不從「經」字發揮；至於「經」，《孝經》緯又說：「《易》建八卦，序六十四卦，轉成三百八十四爻，運機布度，其氣轉易，故稱經也。」〔註169〕《周易》解釋了天地的運行，在這層意義上，《周易》蘊含自然運行的原理原則，所以又稱《易經》。孝德雖爲「天地喉襟」，但其內容並無此等高度，故讖緯不申論《孝經》的「經」字。

《孝經》雖然沒有「經」的意義，但在讖緯的說法中，《孝經》與《春秋》同爲孔子親筆所著，這或許是《孝經》納入讖緯七經的理由。《宋書》云：

> 魯哀公十四年，孔子夜夢三槐之間，豐、沛之邦，有赤煙氣起，乃呼顏淵、子夏往視之。驅車到楚西北范氏街，見芻兒摘麟，傷其左前足，薪而覆之。孔子曰：「兒來，汝姓爲赤誦，名子喬，字受紀。」孔子曰：「汝豈有所見邪？」兒曰：「見一禽，巨如羔羊，頭上有角，其末有肉。」孔子曰：「天下已有主也，爲赤劉，陳、項爲輔，五星入井從歲星。」兒發薪下麟示孔子，孔子趨而往，麟蒙其耳，吐三卷《圖》，廣三寸，長八寸，每卷二十四字，其言赤劉當起，曰：「周亡，赤氣起，大燿興，玄丘制命，帝卯金。」孔子作《春秋》，制《孝經》，既成，使七十二弟子向北辰星磬折而立，使曾子抱《河》、《洛》事北向。孔子齋戒向北辰而拜，告備于天曰：「《孝經》四卷，《春秋》、《河》、《洛》凡八十一卷，謹已備。」天乃洪鬱起白霧摩地，赤虹自上下，化爲黃玉，長三尺，上有刻文。孔子跪受而讀之曰：「寶文出，劉季握。卯金刀，在軫北。字禾子，天下服。」〔註170〕

〔註167〕引自〔宋〕李昉等編纂，夏劍欽等點校：《太平御覽》，第5卷，頁799。
〔註168〕同上註。
〔註169〕引自〔唐〕孔穎達：〈周易正義序〉，《周易注疏》，《易》序，頁12下。
〔註170〕〔梁〕沈約：《宋書》（北京：中華書局，1974年10月），〈符瑞上〉，第3冊，頁766。

對照《搜神記》所錄，此語出自《孝經右契》與《孝經援神契》，〔註171〕《鉤命決》又說：

> 子曰：「吾作《孝經》，以素王無爵之賞，斧鉞之誅，與先王以託權，目至德要道以題行，首仲尼以立情性，言子曰以開號，列曾子示撰輔，《書》、《詩》以合謀。」〔註172〕

加上這條資料，孔子見麟，後成《春秋》、《孝經》，進而囑咐弟子，彼此之間構成一個首尾完足的故事，這解釋了《孝經》的制作。

《漢書·天文志》記：「漢元年十月，五星聚於東井，以曆推之，從歲星也。」〔註173〕《孝經右契》「五星入井從歲星」說的就是這次。就孔子時代的天文基礎，很難想像孔子能準確預測幾百年後的星象，這應該是漢人的托言。同時，漢爲火德之說並不早，〔註174〕「赤烟」、「赤氣」等與火相關的景象，〔註175〕說明了它是西漢中期以後的故事。

孔子見麟的故事來自於《春秋》，特別是《公羊傳》。〔註176〕根據《春秋繁露》的解釋，西狩獲麟是一種符命，代表上天有重大任務要託付給孔子，孔子體會了這種符命之後，作《春秋》以「明改制之義」。〔註177〕司馬遷也認爲孔子於獲麟之後作《春秋》，並視《春秋》爲一王之法，〔註178〕不過在《春秋繁露》與司馬遷的說法中，孔子獲麟制作之事只提到了《春秋》，《孝經》讖緯則包含了《孝經》，《孝經》也有當一王之法的意義。

〔註171〕〔晉〕干寶，李劍國輯校：《新輯搜神記》（北京：中華書局，2007年3月），上冊，頁78～80。按：干寶《搜神記》雖然比《宋書》早，但《搜神記》文獻上的問題多，反不如《宋書》來得可靠。
〔註172〕引自〔宋〕李昉等編纂，夏劍欽等點校：《太平御覽》，第5卷，頁800。
〔註173〕〔漢〕班固：《漢書》，〈天文志〉，第5冊，頁1301。
〔註174〕《漢書·郊祀志》贊云：「張蒼據水德，公孫臣、賈誼更以土色，足不能明。」無論是水德還是土德，漢初沒有以漢爲火德的說法。見〔漢〕班固：《漢書》，〈郊祀志〉，第4冊，頁1270。
〔註175〕《春秋演孔圖》云：「麟，木之精。蒼之滅也，麟不榮也。」何休也說：「麟者，木精。薪采者，庶人燃火之意。此赤帝將代周，居其位，故麟爲薪采者所執。」《孝經右契》的麒麟覆薪，大概有火德代木的意思。見〔宋〕羅泌：《路史》（臺北：臺灣商務印書館，1979年，四庫全書珍本第九集第108冊），卷42，頁12下。〔漢〕何休注，舊題徐彥疏：《春秋公羊傳注疏》，卷28，頁10上。
〔註176〕參考傅隸樸：《春秋三傳比義》（臺北：臺灣商務印書館股份有限公司，2006年7月），下冊，頁1382～1386。
〔註177〕〔清〕蘇輿，鍾哲點校：《春秋繁露義證》，〈符瑞〉，頁157。
〔註178〕〔漢〕司馬遷：《史記》，〈儒林列傳〉，第10冊，頁3115。

孔子完成了《春秋》與《孝經》之後，帶領弟子向北極星參拜，接著出現了白霧、地赤、彩虹等異象，今《史記·天官書》後有：「天行德，天子更立年。」司馬貞解釋：「言王者當天心，則北辰有光耀，是行德也。北辰光耀，則天子更立年也。」〔註179〕為何要向北辰星參拜，或許就是「更年」的意義，它代表新的帝王即將興起，不過這位新王並不是孔子，讖緯說「赤劉」、「帝卯金」、「劉季握，卯金刀」、「字禾子」，新的王者是劉邦。

《孝經援神契》說「丘為制法之主，黑綠不代蒼黃」，〔註180〕孔子是水德，依照五行相生的說法，水德不能繼承木所代表的周，孔子僅為制法而已。由於孔子無法真正稱王，故云「素王無爵」，僅以《春秋》、《孝經》作為新王的寶典。《論語摘輔象》說：「仲尼為素王，以顏淵為司徒，子路為司空也。」〔註181〕讖緯內的孔子就是素王，這應該沒有問題。〔註182〕綜合以上，在讖緯的故事裏，《孝經》也是孔子為新王（漢）所制定的一部寶典，《孝經》所說的「昔者明王之以孝治天下也」，不單純是上古聖王的傳述，更是孔子素王之意。

讖緯雖尊孔子為素王，但孔子不是真正的稱王，只好「與先王以託權」。「權」是公羊家的重要思想，權變雖可能違反常道，但謹守職分仍是變通辦法的基本要求下，〔註183〕孔子為素王、以《春秋》、《孝經》為新王之大法、寄託上古明王以示己意，這是孔子不得已的變通辦法。在這種論調之中，《孝經》一字一句都是孔子所著，「仲尼」、「子曰」、「曾子」諸言，不單純是語錄

〔註179〕〔漢〕司馬遷：《史記》，〈天官書〉，第4冊，頁1351～1352。

〔註180〕引自〔漢〕鄭玄注，〔唐〕孔穎達等疏：《禮記注疏》，卷4，頁8下：卷4，校勘記，頁3下。按：「代」字原作「伐」，據《校勘記》改。

〔註181〕〔唐〕虞世南輯：《北堂書鈔》（上海：上海古籍出版社，1995年，續修四庫全書影印光緒萬卷堂刻本），卷52，頁6下。

〔註182〕相關文獻裏，董仲舒最早提到孔子、《春秋》、素王三者間的關係，董仲舒云：「孔子作《春秋》，先正王而繫萬事，見素王之文焉。」由於董仲舒只說是「見素王之文」，故皮錫瑞認為孔子並沒有自稱素王，更沒有稱王的意圖，只是把新王之大法，灌注在《春秋》的微言大義之內。雖然董仲舒語在解讀上仍有爭議，不過《淮南子·主術訓》就說孔子「專行孝道，以成素王」，當時是有孔子為素王的說法，讖緯之內更是明顯。見〔漢〕班固：《漢書》，第8冊，頁2509。〔清〕皮錫瑞：〈論春秋素王不必說是孔子素王春秋為後王立法即云為漢制法亦無不可〉，《經學通論》，卷4，頁10～12。何寧：《淮南子集釋》，中冊，頁696。按：何寧疑《淮南子》孝字為非，然依讖緯論孔子「志在《春秋》、行在《孝經》」的脈絡，《淮南子》記孔子「專行孝道」並不奇怪。

〔註183〕參考陳柱：《公羊家哲學》（臺北：臺灣中華書局，1971年6月），頁96～97。

體的記述文字，它們都有孔子賦予的特別意義，孔子寫自己的字是表示「立情性」，自己說子曰是爲了「開號」，孔子稱曾參爲子是「示撰輔」，又因爲曾子是「撰輔」，《孝經》可說是孔子與曾子合著的作品，至於「《書》、《詩》以合謀」，即是前論引《書》、《詩》爲證之意，這些是讖緯解釋《孝經》的通論性說法。

（三）《孝經》讖緯的經典詮釋

前一節提過，《孝經》將孝分爲天子至庶人五等，具有階級分明的特色，《孝經援神契》也說：

> 天子孝曰就，就之爲言成也。天子德被天下，澤及萬物，始終成就，則其親獲安，故曰就也。諸侯孝曰度，度者法也。諸侯居國，能奉天子法度，得不危溢，則其親獲安，故曰度也。卿大夫孝曰譽，譽之爲言名也。卿大夫言行布滿，能無惡稱，譽達遐邇，則其親獲安，故曰譽也。士孝曰究，究者以明審爲義。士始升朝，辭親入仕，能審資父事君之禮，則其親獲安，故曰究也。庶人孝曰畜，畜者含畜爲義，庶人含情受朴，躬耕力作，以畜其德，則其親獲安，故曰畜也。〔註184〕

在五等之孝的基礎上，各階層的孝又有不同的稱呼：天子之孝曰就，取成就之意，在「先王先之以博愛」的原則下，以德治澤被天下自然是天子的要求，父母自然也能得其所安，這種以治天下視爲父母獲安的思想，與孟子以治天下爲大孝的思維相同。藉由天子之孝的例子，《援神契》所謂的孝，其實是各個階層都完成他所該做的事，諸侯要順從、並維持天子法度的運行，卿大夫協助德治的傳佈，士有執行基層的政務，庶人則有農業上的工作，各階層完成自身的事務，就是各階層不同的孝義。

《孝經鉤命決》又說：「元氣混沌，孝在其中。天子孝，天龍負圖，地龜出書，妖孽消滅，景雲出遊；庶人孝，則澤林茂，浮珍舒，怪草秀，水出神魚。」〔註185〕依五等之孝推測，五種等第應該各有其祥瑞，祥瑞也有階級的不同。除了五等之孝，尚可注意《鉤命決》論元氣與孝的關係。讖緯架構了

〔註184〕引自〔後晉〕劉昫等：《舊唐書》（北京：中華書局，1975 年 5 月），〈禮儀七〉，第 3 冊，頁 1029。

〔註185〕引自〔唐〕徐堅等：《初學記》（北京：中華書局，2004 年 2 月），下冊，頁 419。

一個以元氣爲主的世界，〔註186〕《孝經》讖緯云：「性者生之質，若木性則仁，金性則義，火性則禮，水性則信，土性則知。」〔註187〕前文提過，禮樂教化是學者引述《孝經》的主要議題，它往往涉及人性觀的討論，特別是五常之性；在讖緯的架構裏，隨著五行的運行，仁、義、禮、信、知就賦予在個人特質之內，這是五常之性的通解，人類與生俱來即蘊含著這五種道德特質。乍看之下，五常之性似乎不包含孝德，但在元氣這最基礎的構成質素裏，孝德即賦予其中，即使五常之性不包含孝，在「元氣混沌，孝在其中」的大前提裏，孝仍先驗地存在。

綜合《援神契》與《鉤命決》關於五等之孝與元氣運行的意見，在元氣的層面即存在孝德，故不論每個人有五常之性或五等階級的不同，孝德都蘊含在每個人或每個階級的質素裏，故每個人、每個階級都有行孝的可能性，同時，在實際的發用上，讖緯強調了五等之孝的職分，完成分內的工作即是孝道的完成。

從血緣親情的角度論述，孝是子女對父母的血緣親情，在人倫中屬於父子的層次，而《孝經》與《孝經》讖緯這一套關於五等之孝的區分，早已跨越了家庭的藩籬，進入了政治結構裏的上下關係，籠統的說，這是君主與臣子間的問題。在《援神契》的論述中，天子以下的階級等第，多以服從命令爲主，在上下關係裏，這是一種上對下的要求，經過第二章的分析，除了這種順從義，《孝經》也蘊含諫諍義，諫諍則屬於下對上的要求。如果說五等之孝的等第，幫助了君主政治的穩定，諫諍的反向要求，則可能破壞原本的穩定性，兩者之間如何取捨，可以參考黃生的一段話，他說：「桀、紂雖失道，然君上也；湯、武雖聖，臣下也。夫主有失行，臣下不能正言匡過，以尊天子，反因過而誅之，代立踐南面，非弒而何也？」〔註188〕黃生這段話有兩點必須注意：第一，西漢的政治環境實不容許臣子作太多的批評，史書中見到的這些諫語，多是君主有納諫的心胸；〔註189〕第二，黃生是黃、老道家的代表人物，是漢初的主流思想，黃、老之學強調君臣間的分際，人主有絕對的

〔註186〕 參考金春峰：《漢代思想史》（北京：中國社會科學出版社，2006年2月），頁312～316。

〔註187〕 〔漢〕鄭玄注，〔唐〕孔穎達等疏：《禮記注疏》，卷12，頁27上。

〔註188〕 〔漢〕司馬遷：《史記》，〈儒林列傳〉，第10冊，頁3123。

〔註189〕 參考李偉泰：〈賈山至言上書的時間及其影響〉，收入《漢初學術及王充論衡述論稿》（臺北：長安出版社，1985年5月），頁69～75。

權威，臣子要絕對的效忠，〔註190〕這種立場之下，諫諍的思想絕非主要，黃生會抬舉出諫諍，實乃避免革命的不得已辦法，匡過可視爲君主政治的修正機制，但這種下對上的要求，絕對不能顛覆原本的君臣關係，其論述重心，還是在維持君臣間的絕對分際。

回到《孝經》，《孝經》與《孝經》讖緯建構了一套五等之孝的階級等第，諫諍的思想又是《孝經》的主要成份，《孝經》有維護君主政治的意義，同時也強調了諫諍的修正機制，上對下、下對上，兩者是並存於《孝經》的。經過黃生的討論，黃老道家講諫諍，是避免走到革命的一步，其目的是維持尊位，並非以諫諍的理想爲主；前面提過，《孝經》諫諍的態度近於荀子，道義上的原則，《孝經》有毫不妥協的剛直，而這種剛直的諫諍，在漢代的學術與政治環境裏，是需要修正的，《援神契》說：

　　　三諫，待放復三年，盡惓惓也。〔註191〕

對《孝經》諫諍義的詮釋，《援神契》說「復三年，盡惓惓」，臣子經歷了長時間又多次的諫諍，不得已只好「待放」。《白虎通》說明了「待放」的程序：臣子三諫不成之後，必須先在城郊處等待、安頓家裏的經濟問題，接著交代宗廟祭祀的事務，最後才離開皇帝身邊，〔註192〕相較於《孝經》與荀子，《孝經》讖緯這一套程序，是十分的婉轉的。

《孝經》讖緯這一套三諫的程序，除了有其時代的背景，很可能也是當時常見的說法，《禮記‧曲禮下》說：「爲人臣之禮，不顯諫，三諫而不聽則逃之。子之事親也，三諫而不聽，則號泣而隨之。」〔註193〕父子之間也講三諫，《公羊傳》莊公二十四年也說：「三諫不從，遂去之，故君子以爲得君臣之義也。」〔註194〕三諫不成必須離去，這有維持君臣等第的意義，不過禮家與公羊家都比較直接，《孝經》讖緯與《白虎通》則有更細緻的步驟，交代完家庭與國家的事務，臣子才離開君父。

歸納《孝經》的讖緯資料，關於《孝經》的解說其實不多，由於讖緯把《孝經》與《春秋》相提並論，《春秋》的解釋反而比較明顯，接著再把焦點

〔註190〕參考林聰舜：〈漢初黃老思想中的法家傾向〉，收入《西漢前期思想與法家的關係》，頁25～59。

〔註191〕〔清〕陳立，吳則虞點校：《白虎通疏證》，〈諫諍〉，上冊，頁229。

〔註192〕同上註。

〔註193〕〔清〕孫希旦，沈嘯寰、王星賢點校：《禮記集解》，上冊，頁147。

〔註194〕〔漢〕何休注，舊題徐彥疏：《春秋公羊傳注疏》，卷8，頁11下。

轉到《春秋》。

讖緯「孔子作《孝經》」的說法，其實依附著《春秋》，特別是公羊家的詮釋，在現存的《孝經》讖緯裏，也殘見些公羊學的蛛絲馬跡。《孝經援神契》云：

> 《春秋》三世，以九九八十一為限。〔註195〕

對此，鄭玄曾解釋：「九者，陽數之極，九九八十一，是人命終矣。」〔註196〕八十一年是陽壽的極限，一世是指人的壽命。王充《論衡》紀錄了漢代幾種三世說，其中之一為：

> 或說《春秋》二百四十二年者，上壽九十，中壽八十，下壽七十，
>
> 孔子據中壽三世而作，三八二十四，故二百四十年也。〔註197〕

此說雖採整數八十，與《援神契》九九八十一之數不同，然以陽壽為解的觀念，兩者是相同的，《衡論》此說或為《援神契》三世說之流衍。三世說是公羊學家的重要說法，不過《公羊傳》並沒有明顯的劃分三世，只說「所見異辭，所聞異辭，所傳聞異辭」，〔註198〕《春秋繁露‧楚莊王》曰：「《春秋》分十二世為三等，有見，有聞，有傳聞。有見三世，有聞四世，有傳聞五世。故哀、定、昭，君子之所見也。襄、成、宣、文，君子之所聞也。僖、閔、莊、桓、隱，君子之所傳聞也。所見六十一年，所聞八十五年，所傳聞九十六年。」〔註199〕根據公羊學家的說法，所謂的三世，指的是孔子「所見、所聞、所傳聞」，三世並不整齊，《孝經》讖緯雖然有三世的說法，但非以《公羊傳》「所見、所聞、所傳聞」來劃分，而是以陽壽術數另作解釋。從這個現象推測，《援神契》的說法，很可能是公羊學家提出了三世說之後，又反過來替三世說所作的新解，《孝經》讖緯用了公羊家的語言，但與公羊家的學說有所距離。

《孝經鉤命決》又記：

> 周襄王不能事其母弟，彗入斗，亡其度。〔註200〕

此為《春秋》僖公二十四年，「天王出居于鄭」的解釋。文公十四年經曰「有星孛入于北斗」，《公羊傳》云「孛者何？彗星也」，〔註201〕此即《鉤命決》「彗

〔註195〕〔漢〕何休注，舊題徐彥疏：《春秋公羊傳注疏》，卷1，頁3下。
〔註196〕〔漢〕何休注，舊題徐彥疏：《春秋公羊傳注疏》，卷1，頁3下。
〔註197〕〔漢〕王充，黃暉校釋：《論衡校釋》，〈正說篇〉，第4冊，頁1131。
〔註198〕〔漢〕何休注，舊題徐彥疏：《春秋公羊傳注疏》，卷1，頁23上。
〔註199〕〔清〕蘇輿，鍾哲點校：《春秋繁露義證》，〈楚莊王〉，頁9～10。
〔註200〕引自〔宋〕李昉等編纂，夏劍欽等點校：《太平御覽》，第8卷，頁10。
〔註201〕〔漢〕何休注，舊題徐彥疏：《春秋公羊傳注疏》，卷14，頁8下。

入斗」之淵源。《孝經內記》曰：「彗星入北斗，禍大起；在三台，臣害君；在太微，君害臣；在天獄，諸侯作禍。」〔註202〕彗星入北斗有星占上的預言，《鉤命決》以文公十四年星象上的異象，回頭來解釋僖公二十四年「天王出居于鄭」事。

比較《春秋》三傳，「孛入北斗」事，《公羊傳》於訓詁解釋較詳，〔註203〕故《鉤命決》採納《公羊傳》的解釋，但《公羊傳》的說法，天王出居鄭乃「不能乎母也」，〔註204〕《鉤命決》言「母弟」，其實是《左傳》的意思。〔註205〕依照《鉤命決》與《孝經內記》的解釋，人事有天象的對應，周襄王出居鄭與其星象上的異象，並非皇帝與太后間的矛盾，而是皇帝與臣弟間的問題，這屬於君臣間的範圍，《孝經內記》的預言，大致也就此發揮。從星占上的考量，除了公羊家的說法，讖緯可能也吸收了《左傳》之類關於星占的資料，就「母弟」一解深論，《孝經》讖緯雖然多有孔子見麟與三世說這類公羊家的話語，但不全是公羊家的意見。現存《孝經》讖緯留下最多的，其實是這類涉及異象的解釋，從「周襄王不能事其母弟」之例可知，讖緯也以此來解釋經典。依照讖語的理論，星占其實是人事、天象的交相呼應，先有人事上的起因，才有天象上的變化，星占雖然有迷信的負面觀感，但它也有檢視人事的正面意義，文公十四年會有彗星的異象，早在僖公二十四年時就種下了禍因。

由於今存《孝經》的讖緯資料多是斷簡殘篇，討論只能點到為止，但藉由這些討論，已經可以把僅見的資料作一較有系統的整理：首先，以陸賈《新語》為例，早在漢初，《孝經》已經是討論禮樂與教化問題的重要根據，學者的討論從禮樂的重要性與功能性開始，逐漸涉及人性觀的問題。他們認為，禮樂之所以可行，乃因禮樂制度與道德善性相同，都是人類與生俱來的重要質素，在這種論調裏，《孝經》也適合作為人性觀的依據。隨著學術與知識的演進，〈五行對〉與《孝經》讖緯進一步對人性觀的問題做出回應，它們架構了一個以元氣、五行為主的宇宙世界，在這個知識體系裏，孝德存在於最基礎的元氣中，故不論五行、五常、五等的不同，每個人都有行孝，甚至是行禮的可能性，劉向、歆父子與班固的討論，也是在這個架構下進行的。

〔註202〕引自〔宋〕李昉等編纂，夏劍欽等點校：《太平御覽》，第 8 卷，頁 11。
〔註203〕參考傅隸樸：《春秋三傳比義》，上冊，頁 610～611。
〔註204〕〔漢〕何休注，舊題徐彥疏：《春秋公羊傳注疏》，卷 12，頁 3 上。
〔註205〕《左傳》云：「天子無出，書曰『天王出居于鄭』，辟母弟之難也。」見〔晉〕杜預注，〔唐〕孔穎達等疏：《左傳注疏》，卷 15，頁 24 上。

　　就經學史的問題而言，從《孝經》讖緯的討論可知，即使抬高《孝經》地位如讖緯者，《孝經》也沒有經或者是經學的意義，同時，讖緯對《孝經》著成的解釋，展現了「曾子作《孝經》」到「孔子作《孝經》」的轉折。我們可以想像「曾子作《孝經》」的解釋，應該是從語錄體的觀點來說明，一旦轉換成「孔子作《孝經》」的立場，《孝經》就好像是孔子自問自答、自言自語的作品，於是讖緯的作者必須對這些地方另作解釋。這種轉換其實有一個過程：《孝經》先與《春秋》相提並論，《孝經》進入了公羊學孔子獲麟著書的故事裏。由於《孝經》有同樣的符命，都是孔子的作品，素王、制法這些說法，都可資為《孝經》之用，於是《孝經》也是一部孔子為漢制法的寶典，一字一句都有孔子所賦予的特別涵義，合理化了這種轉變過程。不過《孝經》讖緯這些公羊家的說法，可能只得其皮相而已，借用公羊家的語彙可幫助《孝經》讖緯的合理性，但與實際的公羊家說不同，《孝經》讖緯更強調了命運術數、天象災異上的解說，這是其經典詮釋的特色。

第四節　　《孝經》學於禮制、政治、風俗上的影響

　　相較之下，東漢《孝經》學的現況比西漢更難明瞭，不過藉由史事推測，東漢出現的祥瑞，大都與《孝經》讖緯相關，〔註206〕《孝經》讖緯可能是東漢《孝經》學最具代表性的部份。此說或可再由兩事觀察。王充曾云：

　　　　說《易》者曰：「元氣未分，渾沌為一。」儒書又言：「溟涬濛澒，
　　　　氣未分之類也。及其分離，清者為天，濁者為地。」如說《易》之
　　　　家、儒書之言，天地始分，形體尚小，相去近也。〔註207〕

根據金春峰的看法，「元氣」的架構源於讖緯，〔註208〕王充「說《易》者」云云，應指《周易》讖緯之說，其後「濛澒」與「清濁」之言，實自《援神契》與《乾鑿度》，〔註209〕讖緯諸書，王充稱為「儒書」；王充又曰：

　　　　儒者又言，古者蓂莢夾階而生，月朔（一）日一莢生，至十五日而

〔註206〕 金發根：〈讖緯思想下的東漢政治和經學〉，刊於《沈剛伯先生八秩榮慶論文集》
　　　　　（臺北：聯經出版事業公司，1976年12月），頁17～55，特別是頁32～34。
〔註207〕 〔漢〕王充，黃暉校釋：《論衡校釋》，〈談天篇〉，第2冊，頁472。
〔註208〕 同註186。
〔註209〕 《孝經援神契》曰：「天度濛澒。」《乾鑿度》云：「輕清者上為天，重濁者下
　　　　　為地。」見《後漢書注》引，第7冊，頁1937。〔唐〕虞世南輯：《北堂書鈔》，
　　　　　卷149，頁1上。

十五莢：於十六日，日一莢落，至月晦，莢盡。來月朔，一莢復生。
王者南面視莢生落，則知日數多少，不須煩擾，案日曆以知之也。
〔註210〕

蓂莢的祥瑞，始見《孝經援神契》，其後採入《白虎通・封禪》篇，〔註211〕
《孝經》讖緯之言，王充稱爲「儒者之言」，《孝經》讖緯在當時乃儒學之一
環，此其一也。應邵《風俗通義・山澤》又稱：

《孝經》曰：「聖不獨立，智不獨治，神不過天地，同靈造虛，由立
五嶽，設三台。」〔註212〕

《列仙傳》玄俗贊語曾引述《孝經援神契》「天地造靈洞虛，猶立五嶽，設三
台」，〔註213〕兩相對照可知，此「孝經」文是《援神契》語，《孝經》讖緯，
應邵直接稱呼爲「孝經」，這比稱作「《孝經說》」更加顯現《孝經》讖緯與東
漢《孝經》學密不可分的關係。

再借用蓂莢的祥瑞爲例，《白虎通》採用《孝經》讖緯的說法，代表讖緯的
說法被官方認可，〔註214〕加上「儒書」、「儒者之言」、「《孝經說》」、「孝經」這
些稱呼，東漢《孝經》學雖曰難明，但其主流意見，應該就是《孝經》讖緯的
內容。綜合以上所言，西漢中後期以降，《孝經》學以《孝經》讖緯爲主，《孝
經》與《孝經》讖緯之間逐漸成爲一整體。以此說爲本，本節擬再對《孝經》
與《孝經》讖緯的關係進行討論，即：《孝經》與《孝經》讖緯如何形成一密不
可分的整體，此爲本節所及第一個問題。除此之外，由於討論的框架多以史事
爲例，兼可呈現《孝經》與《孝經》讖緯的影響，這是另一個著眼之處。

一、郊祀、封禪與明堂

本章第二節引東漢張純事與《後漢書・方術列傳》，《孝經》讖緯的興起，

〔註210〕〔漢〕王充，黃暉校釋：《論衡校釋》，〈是應篇〉，第3冊，頁755～756
〔註211〕〈禮運〉《疏》引《援神契》云：「德及於天，斗極明、日月光、甘露降，德
　　　　及於地，嘉禾生、蓂莢起、秬鬯出。」見〔漢〕鄭玄注，〔唐〕孔穎達等疏：
　　　　《禮記注疏》，卷32，頁25下。〔清〕陳立，吳則虞點校：《白虎通疏證》，〈封
　　　　禪〉，上冊，頁283。
〔註212〕〔漢〕應邵，王利器校注：《風俗通義校注》，〈山澤〉，下冊，頁445。
〔註213〕王叔岷：《列仙傳校箋》（北京：中華書局，2007年6月），頁202。
〔註214〕本文不打算對《白虎通》引《孝經》、《孝經》讖緯諸語作逐條的討論，僅在
　　　　相關議題處提及。相關研究請參考洪春音：《緯書與兩漢經學關係之研究》（臺
　　　　中：私立東海大學中國文學系博士論文，陳鴻森先生指導，2002年7月），
　　　　第五章〈由《白虎通》論緯書與經學〉，特別是頁369～393。

或可從武帝泰山封禪與明堂制度開始討論。〔註 215〕《漢書・郊祀志》實本《史記・封禪書》，而郊祀之名可能比封禪早，《尚書・召誥》云：「周公朝至于洛，則達觀于新邑營。越三日丁已，用牲于郊，牛二。」〔註 216〕《逸周書・作雒解》云：「作大邑成周於土中，……乃設丘兆於南郊，以（祀）上帝，配（以）后稷，日、月、星辰、先王皆與食。」〔註 217〕新城落成之後，周公於郊行祭天之禮，此或爲傳世文獻裏最早提及郊祀的史事。比較〈召誥〉篇與〈作雒解〉，雖然都是周公築城祭天之事，然而兩篇有繁簡之別，〈召誥〉僅云「用牲于郊，牛二」，點出地點與祭品，〈作雒〉則把郊祀之禮講得更加清楚，地點特定爲南郊，也提出配食的祖先與日月星辰。根據卜辭所錄，殷人郊禮無祭人帝、祖先、宗廟等事，〔註 218〕則〈召誥〉所述，可能比較接近殷、周之際的情況。

殷人的天神系統已有方位的概念，〔註 219〕東周初期又加入了顏色，《史記》云：「秦襄公既侯，居西垂，自以爲主少暤之神，作西時，祠白帝，其牲用駵駒黃牛羝羊各一云。」〔註 220〕其中可注意的是，少暤雖爲古人帝，〔註 221〕但在秦襄公時祠事裏實爲神祇，並非配祖之祖先。〈作雒解〉「配以后稷」事又見《詩經》，〈大雅・生民〉云：「卬盛于豆，于豆于登。其香始升，上帝居歆。胡臭亶時，后稷肇祀，庶無罪悔，以迄于今。」〔註 222〕由「其香始升」與「胡臭亶時」推測，此章所述爲祭天之禮。〔註 223〕在周人的傳說中，后稷

〔註 215〕〔南朝宋〕范曄，〔唐〕李賢等注：《後漢書》，〈方術列傳上〉，第 10 冊，頁 2705。

〔註 216〕屈萬里：《尚書集釋》，頁 172。

〔註 217〕黃懷信、張懋鎔、田旭東：《逸周書彙校集注》，上冊，頁 525、533。按：祀、以二字乃盧文弨增補。

〔註 218〕周何：《春秋吉禮考辨》（臺北：嘉新水泥公司文化基金會，1960 年 10 月），頁 8～9、15～17。

〔註 219〕同上註，頁 17～18。

〔註 220〕〔漢〕司馬遷：《史記》，〈封禪書〉，第 4 冊，頁 1358。

〔註 221〕《呂氏春秋・孟秋紀》云：「孟秋之月，日在翼，昏斗中，旦畢中。其日庚辛，其帝少暤。其神蓐收。」照《呂氏春秋》的系統，少暤乃人帝，另有蓐收之神。見王利器：《呂氏春秋注疏》，第 1 冊，頁 688～690。

〔註 222〕程俊英、蔣見元：《詩經注析》（北京：中華書局，1991 年 10 月），下冊，頁 807。

〔註 223〕《禮記・郊特牲》云「殷人尚聲，臭味未成」、「周人尚臭」，「胡臭亶時」是周人祭祀的特稱。〈祭法〉又說：「燔柴於泰壇，祭天也」，則「其香始升」應爲祭天之禮。見〔清〕孫希旦：《禮記集解》，上冊，頁 711～713；下冊，頁 1194。

是祭天之禮的肇始者，〈周頌・思文〉又說「思文后稷，克配彼天」，〔註224〕則〈作雒〉篇「配以后稷」亦或可信。《左傳》襄公七年又記：

> 孟獻子曰：「……夫郊祀后稷，以祈農事也。」〔註225〕

據〈生民〉之詩所述，后稷因神跡而生，帶領周人進入農業社會，孟獻子所述之「郊祀后稷」，也不是感念先祖而已，而是帶有特殊祈福性質的祭拜，后稷或有農業相關的神格。以孟獻子之語推測，春秋或有郊祀后稷之事，不過后稷可能不是配食，而是祭祀的主要對象，是對一年農事的祈福之禮。不過到了戰國，郊祀之禮可能又產生了變化。《荀子・禮論》云：

> 王者天太祖，諸侯不敢壞，大夫士有常宗，所以別貴始。〔註226〕

「王者天太祖」一句的「天」字，應當動詞解，楊倞釋爲「配天」，〔註227〕即天子郊天，兼有以祖配天之式。此「天太祖」之意似爲一常態原則，天子祭天時可以祖宗配天，此爲「貴始」之義，配太祖是尊敬祖先，沒有特殊的神格義。

　　總理古禮資料，先秦郊天之禮似有三種形式，一種如卜辭、〈召誥〉、秦襄公時祠所述，郊祀單純是祭拜天神之禮；一種則如《詩經》、《逸周書・作雒解》、《左傳》孟懿子之言，郊祀有配以后稷之制，但祭拜后稷有祈福農事之義，后稷有神格義；最後一種以荀子爲代表，郊祀有配以祖先之制，比起前一種，這種配食的禮制比較複雜，但配食的祖先沒有神格義，乃對祖先表達感念之情，祖先單純是祖先，竊疑以祖配天之式乃後起之制。

　　武帝封禪之事，本於郊祀祭天之禮，《史記・封禪書》云：

> 周公既相成王，郊祀后稷以配天，宗祀文王於明堂以配上帝。自禹
> 興而修社祀，后稷稼穡，故有稷祠，郊社所從來尚矣。〔註228〕

《孝經》曰：「人之行莫大於孝，孝莫大於嚴父，嚴父莫大於配天，則周公其人也。昔者周公郊祀后稷以配天，宗祀文王於明堂，以配上帝。是以四海之內，各以其職來祭。」〔註229〕由此可知，司馬遷對先秦郊祀的解釋，全本《孝

〔註224〕程俊英、蔣見元：《詩經注析》，下冊，頁952。
〔註225〕〔晉〕杜預注，〔唐〕孔穎達等疏：《左傳注疏》，卷30，頁8下。
〔註226〕王天海：《荀子校釋》（上海：上海古籍出版社，2005年12月），〈禮論〉，下冊，頁757。
〔註227〕同上註，頁759。
〔註228〕〔漢〕司馬遷：《史記》，〈封禪書〉，第4冊，頁1357。
〔註229〕《孝經注疏》，卷5，頁1～2。

經》，《孝經》所述，成爲漢代郊祀、宗祀之定制。《漢書・平帝紀》元始四年：

> 四年春正月，郊祀高祖以配天，宗祀孝文以配上帝。〔註230〕

依照以祖配天的常態原則，劉邦爲漢代帝系之祖，自然以劉邦配以郊祀祭天之禮，此配劉邦者，絕無神化之意，後「宗祀孝文」也是比照《孝經》辦理。對於郊祀祭天之禮，王莽解釋：

> 王者父事天，故爵稱天子。孔子曰：「人之行莫大於孝，孝莫大於嚴父，嚴父莫大於配天。」王者尊其考，欲以配天，緣考之意，欲尊祖，推而上之，遂及始祖。是以周公郊祀后稷以配天，宗祀文王於明堂以配上帝。〔註231〕

此語釋《孝經》「天子之孝」。〔註232〕在君主政治裏，皇帝位居人極，在人類的社會裏是高高在上的，但即使皇帝的地位再高，仍處於昊天之下，佐以君權神授的思想，故君王以天爲父，爵稱天子，這意味著，即使如皇帝這麼有權力的人，也不敢任意自爲，此有自抑自謙之意，此義又見《孝經》讖緯與《白虎通》，爲兩漢通解。〔註233〕諸禮之中，郊祀祭天之禮最能表達這種以父爲天的思想，故《孝經》以此爲「天子之孝」，這一方面有自謙敬天之義，一方面又展現自己位居人極的特殊地位。

　　從漢代所行的郊祀制度可知，古籍所呈現的郊祀祭天之禮可能有三種形式，但兩漢俱以《孝經》爲本，即使光武帝起初不依《孝經》配祖之制，天下安定之後，又恢復前漢之制，〔註234〕此爲《孝經》對兩漢禮制的影響。

　　次及封禪與明堂的討論。封禪有祭天之意，〔註235〕且祭祀地點不在城郊，

〔註230〕〔漢〕班固：《漢書》，〈平帝紀〉，第 1 冊，頁 356。

〔註231〕〔漢〕班固：《漢書》，〈郊祀志下〉，第 4 冊，頁 1264。

〔註232〕王莽居攝時又說：「周武王孟津之上，尚有八百諸侯。周公居攝，郊祀后稷以配天，宗祀文王於明堂以配上帝，是以四海之內各以其職來祭，蓋諸侯千八百矣。《禮記・王制》千七百餘國，是以孔子著《孝經》曰：『不敢遺小國之臣，而況於公侯伯子男乎？故得萬國之歡心以事其先王。』此天子之孝也。」由於《孝經》以爲周公之制，故王莽利用《孝經》義來合理化自己爲何可行「天子之孝」。由此可知，王莽這兩條與郊祀相關的說法，與《孝經》「天子之孝」有密切關係。見〔漢〕班固：《漢書》，〈王莽傳上〉，第 12 冊，頁 4089。

〔註233〕〔清〕陳立，吳則虞點校：《白虎通疏證》，〈爵〉，上冊，頁 1～6。

〔註234〕〔南朝宋〕范曄：《後漢書》，〈祭祀上〉，第 11 冊，頁 3157～3161。

〔註235〕張守節云：「此泰山上築土爲壇以祭天，報天之功，故曰禪。」見〔漢〕司馬遷：《史記》，〈封禪書〉，第 4 冊，頁 1355。

而在泰山，〈封禪書〉云：「岱宗，泰山也。柴，望秩于山川。」〔註236〕則郊祀之外，封禪亦淵源自望祀。古禮舉行郊祀之後，很可能緊接著進行望祀，〔註237〕簡單地說，望祀乃祭祀山川之禮，祭祀的對象是山神，由於先民相信山川出雲，故望祀有雨水之祈，又有避免水災之意。〔註238〕綜合郊祀與望祀，封禪有祭天之義，又有土地上的名山大川，是大禮中的大禮。

漢武議封禪、明堂事源自儒者，司馬遷云：

> 元年（筆者按：建元元年 140 B.C.），漢興已六十餘歲矣，天下艾安，薦紳之屬皆望天子封禪改正度也。而上鄉儒術，招賢良，趙綰、王臧等以文學爲公卿，欲議古立明堂城南，以朝諸侯。草巡狩封禪改曆服色事未就。會竇太后治黃、老言，不好儒術，使人微得趙綰等姦利事，召案綰、臧，綰、臧自殺，諸所興爲者皆廢。〔註239〕

真正舉行封禪、明堂禮，已是三十年後，《漢書·武帝紀》元封六年（110 B.C.）：「春三月，還至泰山，增封。甲子，祠高祖于明堂，以配上帝，因朝諸侯王列侯，受郡國計。」〔註240〕參照《孝經》，漢武議明堂事也有《孝經》的影子，《孝經》言「宗祀文王於明堂，以配上帝」，武帝明堂禮則是以漢高祖劉邦替換《孝經》周文王的角色。另一方面，趙綰、王臧初議明堂時有「朝諸侯」的理想，漢武封禪後明堂禮加以執行，這正是《孝經》「是以四海之內，各以其職來祭」的實踐。王莽僭禮也是採用此義。

依司馬遷所述，當時儒術與黃、老勢如水火，封禪與明堂屬於儒術的一面，竇太后因「不好儒術」而「諸所興爲者皆廢」，此學術立場的對立，常爲學者所引用。〔註241〕除了學術立場的不同，此語尚有兩點可以注意：一、漢初議明堂者有賈山、田蚡，賈山立意在於「造太學，修先王之道」，此乃學術

〔註236〕〔漢〕司馬遷：《史記》，〈封禪書〉，第 4 冊，頁 1355～1356。

〔註237〕《周禮》小宗伯職云：「兆五帝於四郊，四望、四類亦如之」，陳祥道《禮書》引〈三正記〉云：「郊後必有望」，郊祀與望祀可能緊接著舉行。見〔宋〕陳祥道：《禮書》（臺北：臺灣商務印書館，1974 年，四庫全書珍本第五集第 29 冊），卷 91，頁 4 下。〔漢〕鄭玄注，〔唐〕賈公彥疏：《周禮注疏》，卷 19，頁 1 下。

〔註238〕參考林素英：《古代祭禮中之政教觀──以〈禮記〉成書前爲論》（臺北：文津出版社有限公司，1997 年 9 月），頁 122～130。

〔註239〕〔漢〕司馬遷：《史記》，〈孝武本紀〉，第 4 冊，頁 1384。

〔註240〕〔漢〕班固：《漢書》，〈武帝紀〉，第 1 冊，頁 196。

〔註241〕關於漢初「儒術」與「黃老」的衝突，請參考熊鐵基：《秦漢新道家》（上海：上海人民出版社，2001 年 3 月），第四章〈學老子者則絀儒學──漢初的儒道之爭〉，頁 74～103。

教化之事，立明堂確實有修儒術的言外之意；〔註242〕至於趙綰、王臧實乃田蚡所薦，建明堂乃「朝諸侯」，明得來說是彰顯皇權，實際上是箝制外家諸侯。〔註243〕比較賈、田所論，賈山比較單純，可以說是真正從學術立場上著眼，而趙綰、王臧議封禪、明堂事，背後有田蚡（甚至是武帝）與竇太后的政治衝突，漢武初年議封禪、明堂有政治上的目的。

　　二、觀察賈山、田蚡、司馬遷的論述，明堂是一個獨立的問題，學者「欲議古立明堂城南」，明堂自有其址，不必與泰山封禪事掛勾，封禪與明堂實為兩事。兩者會有伴隨性的關係，實因武帝相信「泰山東北阯古時有明堂處」的說法。〔註244〕分析司馬遷語，黃、老站在儒者的對立面，武帝是儒者的這一方，不過武帝真正要行封禪、建明堂時，並不是採用「儒術」，而是以公玉帶「黃帝時明堂圖」為本。在方士的說法中，黃帝藉由封禪得以不死，〔註245〕漢武帝採「黃帝時明堂圖」，固然是儒者不能說清楚禮制，〔註246〕但實際上是為了求仙永生，漢武早年雖重視儒術，但儒家思想終不能滿足武帝之心理。

　　漢武帝封禪、明堂之制，因儒術而起，終以方術為定，《孝經》言郊祀、明堂，雖為儒術所採，發為漢家之制，但《孝經》之義尚不足以滿足皇帝心理。《孝經援神契》云：

> 五嶽之神聖，四瀆之精仁，河者水之伯，上應天漢。太山，天帝孫也，主召人魂。東方萬物始成，故知人生命之長短。〔註247〕

〔註242〕〔漢〕班固：《漢書》，〈賈鄒枚路傳〉，第 8 冊，頁 2336。

〔註243〕興建一座宮室，即使有宣揚儒術的意義，但此舉竟然引來殺機，很難想像這是一個單純的學術問題。《漢書》記：「嬰（筆者按：竇嬰）、蚡俱好儒術，推轂趙綰為御史大夫，王臧為郎中令。迎魯申公，欲設明堂，令列侯就國，除關，以禮為服制，以興太平。舉謫諸竇宗室無行者，除其屬籍。諸外家為列侯，列侯多尚公主，皆不欲就國，以故毀日至竇太后。」根據《漢書》所記，漢初建明堂事的主要目的是「令列侯就國」，這些外家諸侯與竇太后有相同的政治利益，竇太后自然處心積慮地要廢除明堂議。見〔漢〕班固：《漢書》，〈竇田灌韓傳〉，第 8 冊，頁 2379。

〔註244〕〔漢〕司馬遷：《史記》，〈封禪書〉，第 4 冊，頁 1401。

〔註245〕李少君云：「祠竈則致物，致物而丹沙可化為黃金，黃金成以為飲食器則益壽，益壽而海中蓬萊僊者乃可見，見之以封禪則不死，黃帝是也。」丁公也說：「封禪者，合不死之名也。」見〔漢〕司馬遷：《史記》，〈封禪書〉，第 4 冊，頁 1385、1397。

〔註246〕〔漢〕司馬遷：《史記》，〈封禪書〉，第 4 冊，頁 1397、1401。

〔註247〕引自〔晉〕張華，范寧校證：《博物志校證》（臺北：明文書局，1981 年 9 月），頁 12。

根據此解，當時人相信人死後的靈魂將歸於泰山，泰山掌管人類之死；五嶽之中，泰山居處最東，東方有始生之義，泰山也掌管人類之生，泰山兼管人類生死，封禪會選在泰山，乃希冀泰山能賦予長生，已非望祀祈求農事風調雨順。

　　綜合以上的討論，《孝經》是儒術的根據，成爲漢代郊祀、明堂禮的基礎，它一方面有本章第一節討論的提倡經學與崇禮的意義，又有強調皇權、號令諸侯的政治意含，《援神契》的解釋更滿足了帝王長生求仙的心理，同時在形制上，無論讖緯的說法是臆測或是有憑有據，至少它提供了明堂的具體形制，〔註248〕這些都補充了《孝經》的簡要。基於這些理由，張純爲漢光武帝定禮制乃引「七經讖」，同時漢光武帝會捨棄洛陽的明堂不用，行泰山明堂禮，或許就是《孝經援神契》的影響。〔註249〕

　　總而言之，漢武初年的儒術已有《孝經》義，《孝經》是儒者的根據，但《孝經》只提出了一些原理原則，《孝經》讖緯則補充了《孝經》的不足，加上長生求仙的說法，帝王更樂於施行《孝經》所涉及的禮制，《孝經》與其讖緯成爲互相依存的整體。

　　除了行禮地點與建築形制，讖緯對於郊祀、宗祀的神祇也有解釋。鄭玄注《禮記・大傳》提到：「《孝經》曰『郊祀后稷以配天』，配靈威仰也，『宗祀文王於明堂，以配上帝』，汎配五帝也。」〔註250〕《春秋文耀鉤》有五帝的說法，按照土爲季夏的時令，春爲靈威仰，夏爲赤熛怒，季爲夏含樞紐，秋爲白招拒，冬爲汁光紀，〔註251〕鄭玄用讖緯五帝說來解釋《孝經》的祭祀，南朝的宋、〔註252〕齊、〔註253〕梁，〔註254〕北朝的後周、甚至是隋初，〔註255〕

〔註248〕鄭玄引「《孝經》說」云：「明堂，文王之廟，夏后氏曰世室，殷人曰重屋，周人曰明堂。東西九筵，南北七筵，堂崇一筵。五室，凡室二筵，蓋之以茅，周公所以祀文王於明堂，以昭事上帝。」鄭玄又說：「淳于登之言，取義於《孝經援神契》，說『宗祀文王於明堂，以配上帝』曰：『明堂者，上圓下方，八窗四闥，布政之宮，在國之陽。帝者諦也，象上可承五精之神。五精之神實在大微，在辰爲巳，是以登云『然今漢立明堂於丙巳』，由此爲之。」依鄭玄所述，淳于登這一套關於明堂的形制位置，來自於《孝經援神契》，《孝經》讖緯是漢明堂的主要根據。見〔漢〕鄭玄注，〔唐〕孔穎達等疏：《禮記注疏》，卷31，頁1。

〔註249〕張一兵對漢光武帝不用洛陽明堂曾有疑問。光武帝會以泰山明堂爲主，或許也是長生求仙的心理因素。參考張一兵：《明堂制度源流考》（北京：人民出版社，2007年2月），頁129。

〔註250〕〔漢〕鄭玄注，〔唐〕孔穎達等疏：《禮記注疏》，卷34，頁1上。

〔註251〕引自〔漢〕鄭玄注，〔唐〕賈公彥疏：《周禮注疏》，卷18，頁4上。

〔註252〕〔梁〕沈約：《宋書》，〈禮一〉，第1冊，頁434～435。

都是依照鄭注行禮，而鄭注實本讖緯，雖然這已不是兩漢的範圍，但可為《孝經》與讖緯結合的影響力之一，於此附帶一題。

二、《孝經》學於政治、風俗上的影響

（一）喪葬的相關問題

墨子對先秦喪葬制度曾有「厚葬」與「久喪」的批評，〔註256〕不論此評是否得宜，厚葬與久喪點出了喪葬論的兩個重要問題，前者是禮器、陪葬品等物質條件，後者是喪期的合理時間。關於漢代厚葬與喪期的問題，文帝曾有遺詔：

> 朕聞蓋天下萬物之萌生，靡不有死。死者天地之理，物之自然者，奚可甚哀。當今之時，世咸嘉生而惡死，厚葬以破業，重服以傷生，吾甚不取。……已下，服大紅十五日，小紅十四日，纖七日，釋服。
> 〔註257〕

以考古所得可知，漢代所謂的厚葬，指的是使用精細的棺槨，再以隨葬品來炫耀財富，又有壁畫豐富其飾，甚至有以不符合死者生前身份的禮制器物以提昇死者的身份地位。〔註258〕考量當時的政經情勢，文帝新承前敝、外有匈奴、內有天災，現實條件不允許國家有額外的開銷。〔註259〕同時文帝喜好黃、老之學，對於自己的身後事看得很開。文帝的作法有黃、老學者的仿效；楊王孫是武帝時的黃、老學者，他與文帝一樣立下了薄葬的遺囑，甚至要求不用棺槨，直接將遺體埋入土裏，這讓楊氏的子孫十分不忍，於是求助父親的

〔註253〕〔梁〕蕭子顯：《南齊書》（北京：中華書局，1972 年 1 月），〈禮上〉，第 1 冊，頁 127～128。

〔註254〕梁初曾有隱士何胤，諫罷靈威仰等五帝事，不過高祖蕭衍似乎沒有採納這個意見。許懋傳云「今泛祀五帝」，又說「時之功是五帝」，讖緯五帝的說法分屬春、夏、季夏、秋、冬五時，當時還是延續前朝（宋、齊）的習慣。見〔唐〕姚思廉：《梁書》（北京：中華書局，1973 年 5 月），〈列傳第三十四〉，第 2 冊，頁 578～579；〈列傳第四十五〉，第 3 冊，頁 736～737。

〔註255〕〔唐〕杜佑：《通典》（蘇州：古吳軒出版社，2004 年，隋唐文明影印咸豐九年崇仁謝氏刊本），卷 42，頁 19。

〔註256〕王煥鑣：《墨子集詁》（上海：上海古籍出版社，2005 年 4 月），〈節葬下〉，上冊，頁 576～593。

〔註257〕〔漢〕司馬遷：《史記》，〈孝文本紀〉，第 2 冊，頁 433～434。

〔註258〕蒲慕州：《葬墓與生死——中國古代宗教之省思》（臺北：聯經出版事業公司，1993 年 6 月），頁 193～205。

〔註259〕參考〔漢〕應劭，王利器校注：《風俗通義校注》，〈正失·孝文帝〉，上冊，頁 96～97。

友人祁侯，希望能說服楊王孫不要薄葬：

> 祁侯與王孫書曰：「……竊聞王孫先令嬴葬，令死者亡知則已，若其有知，是戮屍地下，將嬴見先人，竊爲王孫不取也。且《孝經》曰『爲之棺椁衣衾』，是亦聖人之遺制，何必區區獨守所聞？願王孫察焉。」〔註260〕

死後的有知、亦或無知的問題，漢儒並無確切看法，〔註261〕祁侯云「若其有知」，基本上是寧可信其有的態度。漢文帝與楊王孫雖然也沒回應死後有知／無知的問題，不過他們認爲，生與死並不是從這個世界消失，而是從一個形體、狀態，轉化成另一個形體、狀態，〔註262〕棺椁則阻礙了這種自然變化，薄葬有學理上的要求。不過從前註徵引的考古資料與楊氏後人的反應可知，文帝詔書與黃老道家，對民間的影響有限，祁侯對薄葬的意見，可能就是一般民眾的普遍看法。這可再注意《鹽鐵論》的一段話：

> 古者，事生盡愛，送死盡哀。故聖人爲制節，非虛加之。今生不能致其愛敬，死以奢侈相高；雖無哀戚之心，而厚葬重幣者，則稱以爲孝，顯名立於世，光榮著於俗。故黎民相慕效，至於發屋賣業。
>
> 〔註263〕

前者「事生盡愛，送死盡哀」，是《孝經》「生事愛敬，死事哀慼」的意思，之後「顯名立於世」，則是《孝經》首章「揚名於後世，以顯父母」的涵義。〔註264〕對於祁侯與《鹽鐵論》，《孝經》是上古理想的喪葬制度，也就是棺椁

〔註260〕〔漢〕班固：《漢書》，〈楊胡朱梅云傳〉，第9冊，頁2908。

〔註261〕《說苑・辨物》篇記：「子貢問孔子：『死人有知無知也？』孔子曰：『吾欲言死者有知也，恐孝子順孫妨生以送死也；欲言無知，恐不孝子孫棄不葬也。賜欲知死人有知將無知也？死徐自知之，猶未晚也！』」由於還沒歷經死亡，無法確定死後有知、亦或無知，生前討論死後的問題，都只是推論而已，更重要的，無論提倡有知、還是無知，都會影響民間風俗，這很可能會破壞儒者理想中的社會。在無法證實，更害怕有負面的影響下，儒者不回應死後世界的問題。見〔漢〕劉向，向宗魯校證：《說苑校證》（北京：中華書局，1987年7月），頁474～475。

〔註262〕楊王孫云：「且夫死者，終生之化，而物之歸者也。歸者得至，化者得變，是物各反其眞也。」人因自然而生，死亡之後，形化歸土，對黃、老學者而言，死亡並不是消逝，而是「變化」，同時還有「回歸自然」的意義。漢文帝說「死者天地之理，物之自然者，奚可甚哀」，大概也是這個道理。見〔漢〕班固：《漢書》，〈楊胡朱梅云傳〉，第9冊，頁2908。

〔註263〕〔漢〕桓寬撰，王利器校注：《鹽鐵論校注》，〈散不足〉，頁354。

〔註264〕《孝經注疏》，卷1，頁3上。

與厚葬的理論根據，不過對於一般大眾，棺槨與厚葬竟成了炫耀財富、甚至是揚名立萬的手段，這與《孝經》所重視的哀戚的感情、行道的理想，已經有很大的距離。《孝經》代表著儒家理想的喪葬制度，但其末流，可能只是一般人合理其炫耀心理的一種說詞。

這種哀戚之心，可再從久喪之制觀察。漢文帝以黃、老學說為根基，自然不采儒家三年之喪的說法，文帝自定喪期「服大紅十五日，小紅十四日，纖七日」，合三十六日，喪服也去了斬衰。〔註 265〕文帝薄葬的影響力不大，不過短喪之制倒成了常規，〔註 266〕《漢書‧原涉傳》又記：「天下殷富，大郡二千石死官，賻斂送葬皆千萬以上，妻子通共受之，以定產業。時又少行三年喪者。及涉父死，讓還南陽賻送，行喪冢廬三年，繇是顯名京師。」〔註 267〕民間依照儒家三年喪來行禮的大概也很少。在儒家理想的喪葬觀裏，厚葬、久喪是為一體，相對於此，黃、老道家的薄葬、短喪也是一組，但風俗習慣取《孝經》所代表的厚葬，再取文帝遺詔的短喪，兩種學說是選擇性的接受。如果把厚葬視為一種物質條件的展現，以財力、物力來表達喪葬盡孝之意，或許比維持長時間的哀戚來得容易，這大概是民間接受厚葬、不取久喪的原因。

相較於物質性的厚葬，行三年喪展現了比一般人更高的感情層次，行三年喪比厚葬更是「稱以為孝，顯名立於世，光榮著於俗」，原涉也因此入仕居官。顯名與干祿的因素，佐以政策的提倡，兩漢之際逐漸有行三年喪的風氣，〔註 268〕進一步又有了強制性的規範，《後漢書》記：

> （漢安帝元初三年　A.D.116）元初中，鄧太后詔長吏以下不為親行

〔註 265〕 〈喪服四制〉說：「資於事父以事君而敬同，貴貴尊尊，義之大者也。故為君亦斬衰三年，以義制者也。」為何君臣間也服斬衰、三年，禮家的解釋是「資於事父以事君而敬同」，無論是思維、文字，〈喪服四制〉與《孝經》完全相同。見〔清〕孫希旦，沈嘯寰、王星賢點校：《禮記集解》，下冊，頁 1469。

〔註 266〕 《漢書‧翟方進傳》云：「及後母終，既葬三十六日，除服起視事，以為身備漢相，不敢踰國家之制。」根據此語，居 36 日喪成為通制。見〔漢〕班固：《漢書》，〈翟方進傳〉，第 10 冊，頁 3416～3417。

〔註 267〕 〔漢〕班固：《書》，〈游俠傳〉，第 11 冊，頁 3714。

〔註 268〕 哀帝時已經規定博士弟子要為父母行三年之喪。平帝駕崩時，王莽規定六百石以上（即郡縣首長以上官吏）皆服喪三年，自此之後，漢人多有行三年之喪者。見〔漢〕班固：《漢書》，〈哀帝紀〉，第 1 冊，頁 336；〈王莽傳上〉，第 12 冊，頁 4078。另參考楊樹達：《漢代婚喪禮俗考》（臺北：華世出版社，1976 年 12 月），頁 242～244。

服者，不得典城選舉。〔註269〕

應劭也說：「漢律以不爲親行三年服不得選舉。」〔註270〕漢代的舉賢制度的理論來自於《呂氏春秋》與《孝經》，家、國爲一體而論，有孝行而能理家者，自然能忠於君而治於國，故孝名成爲選舉任官的標準，三年之喪自然與仕途相關。

三年喪成爲官方以此作爲舉賢的標準，如何行三年之喪，自然成爲學者討論的焦點。這裏僅舉與《孝經》相關的部份。使用語言與否、或者是使用語言的程度，是居喪期間的重要問題；當時主要的說法有二，一種以《尚書》爲代表，另一種以《孝經》爲代表。〔註271〕《尚書·無逸》篇記殷高宗武丁「三年不言。其惟不言，言乃雍」，《論語·憲問》篇又記子張與孔子論《書》之義，〔註272〕根據〈無逸〉篇，三年喪期之內，基本上是不使用語言的。相較於《尚書》、《論語》，《孝經》記：「子曰：『孝子之喪親也，哭不偯，禮無容，言不文。』」根據《孝經》的說法，居喪期間沒有到不使用語言的地步，只要不用太華麗的修辭即可。漢人大多相信《孝經》所記是孔子的實錄（甚至是孔子有意爲之的作品），對漢儒來說，兩者的可信度相同；《孝經》讖緯又以禮制的等差來解說，則《尚書》高宗不言者，是君王之重禮，《孝經》言不文者，屬於臣子與普遍大眾較輕的禮制，〔註273〕漢代三年喪的風氣是從民

〔註269〕〈劉愷傳〉又說「時有上言牧守宜同此制」，鄧太后從之；〈陳忠傳〉云「元初三年有詔，大臣得行三年喪，服闋還職」，則詔令太守以上行三年喪事，應在元初三年。又按：東漢章、和二帝時，尚無兩千石（即太守以上官吏）與刺史（即王莽規定六百石以上官員）行三年喪的規定，大臣行三年喪之制始立於鄧太后，建光年間（A.D. 121）旋即廢止，直到桓帝永興二年（A.D. 154）又再施行。這裏要說明的是，其間廢止是「大臣行三年喪與否」，不包括「行三年喪得以選舉」的規定。見〔南朝宋〕范曄：《後漢書》，〈劉趙淳于江劉周趙列傳〉，第5冊，頁1307；〈郭陳列傳〉，第6冊，頁1560；〈孝桓帝紀〉，第2冊，頁299。

〔註270〕引自〔漢〕班固，〔唐〕顏師古注：《漢書》，〈揚雄傳〉，第11冊，頁3569。

〔註271〕參考〔漢〕王充，黃暉校釋：《論衡校釋》，〈儒增篇〉，第2冊，頁369～371。

〔註272〕屈萬里：《尚書集釋》，頁198。〔宋〕朱熹：《四書章句集注》，〈憲問〉，頁221。

〔註273〕王充云：「高宗諒陰，三年不言。尊爲天子不言，而其文言『不言』，猶疑於增。」從王充語可知，不言之禮較重，是爲天子之禮，這很可能是當時（光武至和帝）通行的說法之一。不過王充懷疑此說不合情理，天子行三年喪沒有到不言的地步。鄭玄的門人也有討論這個問題，他們的根據是《禮記·檀弓》：「子張問曰《書》云：『高宗三年不言，言乃讙』，有諸？」仲尼曰：『胡爲其不然也！古者天子崩，王世子聽於冢宰三年。』」他們雖區分爲「天子不言、臣下有言」，不過天子、諸侯有冢宰代言，臣下與一般民眾沒有專責的代言人，自然是「須言而辨」了。鄭玄門人的疏通，或許是前說的修正，但整

間進而影響上位者，同時以《孝經》爲代表的說法在實踐上比較容易，《孝經》自然成爲當時有意行三年喪者的準則。

（二）「孝治」的相關問題

舉孝廉是兩漢人才任用最主要的方式，東漢行三年喪才得以選舉的規定，自然是受到重視孝德、又以孝德舉賢的影響。《說苑・建本》篇認爲：

> 親之所安，子皆供之。賢臣之事君也，受官之日，以主爲父，以國爲家，以士人爲兄弟。故苟有可以安國家，利民人者，不避其難，不憚其勞，以成其義。故其君亦有助之，以遂其德。夫君臣之與百姓，轉相爲本，如循環無端。夫子亦云「人之行莫大於孝」，孝行成於內，而嘉號布於外，是謂建之於本，而榮華自茂矣。君以臣爲本，臣以君爲本，父以子爲本，子以父爲本，棄其本者，榮華槁矣。〔註274〕

物質條件是個人家族安養和樂的基礎，國家之間如食物鏈的牽連，孝子爲了家族的經濟，自然要進入朝廷以食君之祿，爲了家族的經濟來源，自然會好好治理國政，《說苑》「轉相爲本，循環無端」之說，其實是一種以經濟關係來解釋孝子賢臣的看法，〔註275〕而「孝行成於內，嘉號布於外」，如何能「榮華自茂」，自然是舉孝廉的舉賢政策了。

《孝經》論孝子忠臣間並沒無朝廷、家族的分野，《說苑》這一套君臣父子轉相爲本的說法，其實就是《孝經》的思維。《孝經》視「顯名」爲孝道的一環，強調孝子應進入仕途，鼓勵民眾居孝顯孝，只不過《說苑》更敷以經濟現實的考量，這或許是當時對於《孝經》與舉孝廉的一種心態。

不論這種心態是否可議，這種人才進用上的考量，是《孝經》對漢代最大的影響，不過兩漢並沒有大張旗鼓的號稱「孝治天下」，眞正打出「孝治」名號的，其實是晉朝。何曾曾建議司馬昭：「公方以孝治天下，而阮籍以重喪，

體而言，他們還是傾向於三年喪期可以使用語言。見〔漢〕王充，黃暉校釋：《論衡校釋》，〈儒增篇〉，第 2 冊，頁 369～371。〔清〕皮錫瑞：《鄭記攷證》，附於《鄭志疏證》（臺北：世界書局，1963 年 4 月，讀書箚記叢刊第二集第 2 冊影印光緒原刊本），頁 25 下～26。〔清〕孫希旦，沈嘯寰、王星賢點校：《禮記集解》，上冊，頁 274。

〔註274〕〔漢〕劉向，向宗魯校證：《說苑校證》（北京：中華書局，1987 年 7 月），頁 58～59。

〔註275〕〔漢〕劉向，向宗魯校證：《說苑校證》，頁 58～59。

顯於公坐飲酒食肉，宜流之海外，以正風教。」〔註276〕司馬家可能是第一個自稱「孝治」的朝代。前面提過，愼葬守喪是孝子的要求之一，阮籍的行爲違背了司馬家的基本國策，故何曾要求司馬昭應加以懲戒。潘岳〈藉田賦〉云：「昔者明王以孝治天下，其或繼之者，鮮哉希矣！逮我皇晉，實光斯道。」〔註277〕潘岳以《孝經》稱美司馬炎，認爲晉朝繼承了「孝治」的明王之道，李密拒絕仕晉也說：「伏惟聖朝以孝治天下，凡在故老，猶蒙矜愍，況臣孤苦，特爲尤甚。」〔註278〕由此可知，司馬家從掌權開始，就定下了孝治的方針，在朝野內外形成了一個重要的口號。

在《孝經》的觀點內，孝自然能忠，不過司馬家篡弒曹魏，講忠德是站不住腳的，司馬家的孝治，是奪權的立場，更是驅除異己的手段，〔註279〕但孝治爲何能作爲一種政治立場？這可能要回到漢代重孝的傳統，才能解釋。

漢光武帝行封禪事，曾引兩條讖緯，分別爲：

《雒書甄曜度》曰：「赤三德，昌九世，會修符，合帝際，勉刻封。」

《孝經鉤命決》曰：「予誰行，赤劉用帝，三建孝，九會修，專茲竭行封岱青。」〔註280〕

三、九之數劃可畫分爲兩個重點，先論三。〈三代改制質文〉認爲，朝代的更迭循環是依據三種曆法，分別是以寅月（農曆正月）爲首的黑統紀年法，以丑月（農曆十二月）爲首的白統，以子月（農曆十一月）爲首的赤統，〔註281〕《漢書・律曆志》又以子半、丑初、寅初爲天、地、人三統，代表朝代循環的三種曆法。〔註282〕依照三統說的背景，皇朝是依照著白、黑、赤的循環，《甄曜度》說的「赤三德」，講的就是在這朝代更迭的循環裏，來到了赤所代表的曆法，這種曆法循環的觀點，代表皇帝的天命。《孝經鉤命決》云「赤劉用帝，

〔註276〕〔南朝宋〕劉義慶，余嘉錫箋疏：《世說新語箋疏》（臺北：華正書局，1991年10月），下冊，頁728。

〔註277〕引自〔梁〕蕭統：《文選》（臺北：五南圖書出版股份有限公司，1991年10月），上冊，頁188。

〔註278〕〔晉〕陳壽，〔南朝宋〕裴松之注，趙幼文校箋：《三國志校箋》（成都：巴蜀書社，2001年6月），〈鄧張宗楊傳〉，下冊，頁1468。

〔註279〕魯迅：〈魏晉風度及文章與藥及酒之關係〉，《而已集》，收入《魯迅全集》（北京：人民文學出版社，2005年11月），第3卷，頁534。

〔註280〕〔南朝宋〕范曄：《後漢書》，〈祭祀上〉，第11冊，頁3165～3166。

〔註281〕〔清〕蘇輿，鍾哲點校：《春秋繁露義證》，〈三代改制質文〉，頁191～195。

〔註282〕〔漢〕班固：《漢書》，〈律曆志〉，第4冊，頁984～985。

三建孝」，這是漢初以來，皇德以孝爲首的傳統。綜合以上所言，所謂「赤三德」、「三建孝」，講的是天命與皇德，意指朝代的正統與皇權的合理。九則比較單純。九爲陽數之極，九九八十一年的三世說，以九爲人壽之極，應用到朝代的循環，九則爲國祚，是朝代的時限，一朝約爲九世。〔註283〕扣掉王莽掌權的時期，高祖到漢光武帝爲九世，漢臣引這兩條讖緯，意指劉秀兼具天命、天時與皇德。

劉備稱帝時，也引了《甄曜度》與《鉤命決》，不過蜀臣引作「赤三德，昌九世，會備合爲帝際」、「帝三建九會備」，〔註284〕裏頭出現了劉備之名。曹魏接受禪讓時曾引《孝經中黃讖》，讖云：「日載東，絕火光。不橫一，聖聰明。四百之外，易姓而王。」〔註285〕日載東、不橫一，講的就是曹丕。〔註286〕蜀臣引讖緯多「備」字，自然是預言新皇帝的手法，不過兩者手法雖同，思想內容則大異其趣。曹魏強調了「絕火光」、「易姓而王」，這是取代漢家天下的意思。扣除一些短命的皇帝，光武帝到劉備也是九世，劉備模仿東漢「三建九會」之說，除了強調有天命、天時、皇德，更有延續漢朝的意義。

以「三建孝」作爲一種象徵，漢初到三國，一直都有孝爲皇德的傳統，魏臣引《孝經中黃讖》，大概也有靠攏《孝經》的意味，不過《孝經》的綱領並不是曹魏的主要方針，求才三令云：「或不仁不孝而有治國用兵之術，其各舉所知，勿有所遺。」〔註287〕曹操認爲，治國的能力與個人道德沒有關係，〔註288〕用人在於治國，像「孝」這種個人、家庭內的道德，自然是可以打破

〔註283〕谷永對成帝云：「陛下承八世之功業，當陽數之標季，涉三七之節紀，……。」加上成帝即爲「九世」；所謂「三七」就是210年；西漢末年的「九世」說與「三七」說，都是國朝大限的預言。見〔漢〕班固：《漢書》，〈谷永杜鄴傳〉，第11冊，頁3468。

〔註284〕〔晉〕陳壽，〔南朝宋〕裴松之注，趙幼文校箋：《三國志校箋》，〈先主傳〉，下冊，頁1195。

〔註285〕〔晉〕陳壽，〔南朝宋〕裴松之注，趙幼文校箋：《三國志校箋》，〈文帝紀〉，上冊，頁76。按：原作「赤三日，德昌九世」，依趙幼文校，應無「日」字。

〔註286〕「日載東」即爲古文曹字。考證請見陳槃：《古讖緯研討及其書錄解題》（臺北：國立編譯館，1991年2月），頁304～307。

〔註287〕見裴注引《魏書》。〔晉〕陳壽，〔南朝宋〕裴松之注，趙幼文校箋：《三國志校箋》，〈武帝紀〉，上冊，頁44。

〔註288〕這種可用「不孝不仁」之人的政策，大大違背了漢代徵辟取士的傳統。曹操所說的才，指的是治理政事的能力，忠孝仁愛之類，在當時屬於性的範疇。曹操求才令的理論根據，應是當時「才性異」或是「才性離」這一類的看法。以《孝經》代表漢代取士的大原則，漢代徵辟取士的傳統，則屬於「才性同」、

的。可用「不孝」之人的政策，與《孝經》的理論大相徑庭，但要加以說明的是，曹操並不「非孝」，他不否定《孝經》的用人原則。〔註289〕

　　依照儒家的理論，喪期必須盡哀，不適合行田獵、歌舞之事，不過曹魏並不是儒家的信徒，鮑勛以《孝經》孝治義力諫，曹丕「手毀其表而竟行獵」；〔註290〕曹丕又「設伎樂百戲」，東晉學者孫盛就批評：

> 昔者先王之以孝治天下也，內節天性，外施四海，存盡其敬，亡極其哀，……魏王既追漢制，替其大禮，處莫重之哀，而設饗宴之樂，居貽厥之始，而墜王化之基，及至受禪，顯納二女，忘其至恤，以誣先聖之典，天心喪矣，將何以終！是以知王齡之不遐，卜世之期促也。〔註291〕

對儒家學者而言，守喪居喪是孝子的大事，曹丕的行徑，完全違背孝子所該有的行為，這已經違背皇德，曹魏的國祚自然不長。相較於曹丕，司馬炎居喪期間行儒家之禮，〔註292〕意即自己更是「王化之基」、更合於「天心」，是「明王孝治之道」，晉代孝治之名，宣示了自己比曹魏更適合居於正統，取代曹魏是非常合理。除了居喪顯孝的政治涵義，司馬炎又詔曰：

> 士庶有好學篤道，孝弟忠信，清白異行者，舉而進之；有不孝敬於父母，不長悌於族黨，悖禮棄常，不率法令者，糾而罪之。〔註293〕

晉朝的取士政策，重新回到《孝經》的理論基礎，司馬家孝治之名，除了是孝為皇德的舊傳統，在取士政策上更屏棄了曹魏的施政方針，司馬家的孝治，

「才性合」之類。參考萬繩楠整理：《陳寅恪魏晉南北朝史演講錄》（臺北：知書房出版社，2003 年 12 月），頁 12～14、51。

〔註289〕〈魏書〉云：「張邈之叛也，邈劫（畢）諶母弟妻子。公謝遣之，曰：『卿老母在彼，可去。』諶頓首無二心，公嘉之，為之流涕。既出，遂亡歸。及布破，諶生得，眾為諶懼，公曰：『夫人孝於其親者，豈不亦忠於君乎！吾所求也。』以為魯相。」曹操所云忠孝，實本《孝經》忠孝之論。見〔晉〕陳壽，〔南朝宋〕裴松之注，趙幼文校箋：《三國志校箋》，〈武帝紀〉，上冊，頁 14。

〔註290〕鮑勛原文為：「臣聞五帝三王，靡不明本立教，以孝治天下。陛下仁聖惻隱，有同古烈。臣冀當繼蹤前代，令萬世可則也。如何在諒闇之中，修馳騁之事乎！臣冒死以聞，唯陛下察焉。」見〔晉〕陳壽，〔南朝宋〕裴松之注，趙幼文校箋：《三國志校箋》，〈崔毛徐何邢鮑司馬傳〉，上冊，頁 73～74。

〔註291〕見裴《注》引。〔晉〕陳壽，〔南朝宋〕裴松之注，趙幼文校箋：《三國志校箋》，〈文帝紀〉，上冊，頁 73～74。

〔註292〕〔唐〕房玄齡等：《晉書》（北京：中華書局，1974 年 11 月），〈帝紀第三〉，第 1 冊，頁 54；〈禮中〉，第 3 冊，頁 614。

〔註293〕〔唐〕房玄齡等：《晉書》，〈帝紀第三〉，第 1 冊，頁 57。

帶有與曹魏對抗的思想涵義。

把孝治拆開爲孝德與政治兩端,晉朝孝治天下的口號,是政權合理的象徵,阮籍居喪期間的放蕩行爲,對於晉朝政權是一種反諷,故何曾會要求司馬炎要加以懲戒。在政治方面,晉朝重回《孝經》的理論基礎,這是對曹魏國策的調整,更是思想原則的對抗,以結果論而言,「孝治」與「可用不孝之人」的路線,司馬家是勝利的一方。

(三)民間忌諱與趨吉避凶

《孝經》認爲,透過祭祀的禮儀,可與先王溝通祈福,這是《孝經》的感應原理,到了東漢,這種感應原理,出現了曾母嚙臂的傳說,王充解釋:「夫『孝悌之至,通於神明』,乃謂德化至天地。俗人緣此而說,言孝悌之至,精氣相動。」〔註294〕根據身體觀的討論,《論語》、「曾子十篇」、《孝經》都有親子一體的概念,因爲曾子大孝,己身與雙親的聯繫更強,故曾母嚙其臂,曾子感其痛。《孝經》「孝悌之至,通於神明」的感應原理,到了魏、晉又有郭巨埋兒奉母、王祥臥冰求鯉,這類孝感動天的故事,〔註295〕這些故事至今仍廣爲流傳,《孝經》對風俗、文化的影響,由此可見一斑。

《論衡》又紀錄了漢代「徒者不上丘墓」的忌諱,王充釋其義曰:

> 徒用心以爲先祖全而生之,子孫亦當全而歸之。故曾子有疾,召門弟子曰:「開予足!開予手!而今而後,吾知免夫。小子!」曾子重慎,臨絕效全,喜免毀傷之禍也。孔子曰:「身體髮膚,受之父母,弗敢毀傷。」孝者怕入刑辟,刻畫身體,毀傷髮膚,少德泊行,不戒慎之所致也。愧負刑辱,深自刻責,故不升墓祀於先。
> 〔註296〕

曾子以《孝經》都以身體的保全爲孝行的首要,受刑者已經不符合保身的首要條件,在這個標準下,徒者自然是不孝的。依照《孝經》的感應原理,透過祭祀可與父母、祖先相互感應,單就義理而言,爲了不讓死後的父母、祖先傷心難過,這是「徒者不上丘墓」的道理。不過《孝經》又說:「孝悌之至,

---

〔註294〕以上見〔漢〕王充,黃暉校釋:《論衡校釋》,〈感虛篇〉,第 1 冊,頁 256~257

〔註295〕〔晉〕干寶,李劍國輯校:《新輯搜神記》(北京:中華書局,2007 年 3 月),上冊,頁 138。按:中華書局《新輯》本不輯王祥事,另見《晉書》,〈列傳第三〉,第 4 冊,頁 987。

〔註296〕〔漢〕王充,黃暉校釋:《論衡校釋》,〈四諱篇〉,第 3 冊,頁 970~971。

通於神明」，除了父母、祖先，感應的範圍還包括神明，故本來是道德上的不孝義，逐漸變成禍福吉凶忌諱義，故「徒者不上丘墓」成了漢代忌諱的大事。

東漢的《孝經》學包括了術數、星占等思想，出現「徒者不上丘墓」這類與禍福吉凶相關的例子，是可以想像的，而這種這種吉凶禍福之事，是東漢《孝經》學的重要內容。《後漢書》記：

> （仇）覽初到亭，人有陳元者，獨與母居，而母詣覽告元不孝。覽
> 驚曰：「吾近日過舍，廬落整頓，耕耘以時。此非惡人，當是教化未
> 及至耳。母守寡養孤，苦身投老，奈何肆忿於一朝，欲致子以不義
> 乎？」母聞感悔，涕泣而去。覽乃親到元家，與其母子飲，因為陳
> 人倫孝行，譬以禍福之言。元卒成孝子。〔註297〕

《孝經》是漢代的基礎教育，循吏的教法是「陳人倫孝行，譬以禍福之言」，這種內容在民間是有影響力的。從吉凶禍福之言引申，《孝經》可作趨吉避凶之用，《後漢書》又記：

> 會張角作亂，（向）栩上便宜，頗譏刺左右，不欲國家興兵，但遣將
> 於河上，北向讀《孝經》，賊自當消滅。〔註298〕

《後漢紀》也記：

> 尚書令王允奏曰：「太史王立說《孝經》六隱事，令朝廷行之，消却
> 灾邪，有益聖躬。」〔註299〕

向栩和王允都相信，誦讀《孝經》有消災解厄的功用，甚至可弭平黃巾之亂，就連朝廷裏的官員也相信這一套吉凶禍福的說法。

除了人事上的吉凶，《孝經》還可驅除厲鬼。《風俗通義》記：

> 北部督郵西平郅伯夷，年三十所（筆者按：通「許」字），大有才決，
> 長沙太守郅君章孫也，日晡時到亭，敕前導人，錄事掾白：「今尚早，
> 可至前亭。」曰：「欲作文書，便留。」吏卒惶怖，言當解去，傳云：
> 「督郵欲於樓上觀望，亟掃除。」須臾便上，未冥樓鐙，階下復有
> 火，敕：「我思道，不可見火，滅去。」吏知必有變，當用赴照，但
> 藏置壺中耳。既冥，整服坐誦《六甲》、《孝經》、《易本》訖，臥有
> 頃，更轉東首，絮巾結兩足幘冠之，密拔劍解帶，夜時，有正黑者

〔註297〕〔南朝宋〕范曄：《後漢書》，〈循吏列傳〉，第9冊，頁2480。
〔註298〕〔南朝宋〕范曄：《後漢書》，〈獨行列傳〉，第9冊，頁2694。
〔註299〕〔晉〕袁宏，張烈點校：《後漢紀》，《兩漢紀》（北京：中華書局，2002年6
　　　　月），下冊，頁505。

四五尺，稍高，走至柱屋，因覆伯夷，伯夷持被掩足，跣脫幾失，

再三，徐以劍帶繫魅腳，呼下火上，照視老狸正赤，略無衣毛，持

下燒殺，明旦發樓屋，得所㪍人結百餘，因從此絕。〔註300〕

郅伯夷在黑暗中「整服坐誦《六甲》、《孝經》、《易本》」，《孝經》似乎或是某種法術咒語，可幫助其定靜心神，有助於其驅除厲鬼。《梁書》云皇侃：「性至孝，常日限誦《孝經》二十徧，以擬《觀世音經》。」〔註301〕在佛教的信仰中，觀世音有驅除厲鬼、消災解厄的形象，皇侃將《孝經》比作《觀世音經》，更加突顯了《孝經》關於神秘之事的流衍。〔註302〕

〔註300〕〔漢〕應劭，王利器校注：《風俗通義校注》，〈怪神·世間多有精物妖怪百端〉，
　　　　下冊，頁 427～428。
〔註301〕〔唐〕姚思廉：《梁書》，〈儒林〉，第 3 冊，頁 680。
〔註302〕道安〈檄魔文〉云：「匡教大將軍十九天都督錄魔諸軍事羣邪校尉中千王觀世
　　　　音，……或託跡羣邪耀奇鋒起，……揮手則鐵圍摧巖，噓吸則浮雲頹崿，能
　　　　為十方作不請之益。」佛教信仰中，觀世音能驅除邪魔，〈檄魔文〉又類似咒
　　　　語，這些都與郅伯夷誦《孝經》、除厲鬼事相似。見〔唐〕釋道宣撰：《廣弘
　　　　明集》（臺北：商務印書館，1965 年，四部叢刊初編子部第 28 冊影印明刊本），
　　　　卷 29 下，頁 471。關於觀世音信仰的感應說研究，可參考林淑媛：《慈航普
　　　　渡——觀音感應故事敘事模式析論》（臺北：大安出版社，2004 年 11 月）。